2023

COORDENADOR
HUGO DE BRITO
MACHADO SEGUNDO

ORGANIZADOR
FELIPE COELHO
TEIXEIRA

PODER PÚBLICO E PROCESSO
SOLUÇÃO DE CONFLITOS

ANA DÉBORA **ROCHA SALES**
BÁRBARA **TEIXEIRA DE ARAGÃO**
DANIEL **HOLANDA IBIAPINA**
FELIPE **COELHO TEIXEIRA**
FRIDTJOF CHRYSOSTOMUS **DANTAS ALVES**
HÉLIO **RIOS FERREIRA**
JANAINA **MENDES BARROS DE LIMA**
JOSÉ **ARAÚJO DE PONTES NETO**
RANÍVIA MARIA **ALBUQUERQUE ARAÚJO**
THIAGO **BRAGA PARENTE**
VICTOR FELIPE **FERNANDES DE LUCENA**
WELITHON **ALVES DE MESQUITA**

Dados Internacionais de Catalogação na Publicação (CIP) de acordo com ISBD

P742

    Poder Público e Processo: solução de conflitos / Ana Débora Rocha Sales ... [et al.] ; organizado por Felipe Coelho Teixeira ; coordenado por Hugo de Brito Machado Segundo. - Indaiatuba, SP : Editora Foco, 2022.

    256 p. ; 16cm x 23cm.

    Inclui bibliografia e índice.

    ISBN: 978-65-5515-619-5

    1. Direito. 2. Poder Público. 3. Processo. 4. Conflitos. I. Sales, Ana Débora Rocha. II. Aragão, Bárbara Teixeira de. III. Ibiapina, Daniel Holanda. IV. Teixeira, Felipe Coelho. V. Alves, Fridtjof Chrysostomus Dantas. VI. Ferreira, Hélio Rios. VII. Lima, Janaína Mendes Barros de. VIII. Pontes Neto, José Araújo de. IX. Araújo, Ranívia Maria Albuquerque. X. Parente, Thiago. XI. Lucena, Victor Felipe Fernandes de. XII. Mesquita, Welithon Alves de. XIII. Segundo, Hugo de Brito Machado. XVI. Título.

2022-3018   CDD 340   CDU 34

Elaborado por Vagner Rodolfo da Silva - CRB-8/9410
Índices para Catálogo Sistemático:
1. Direito 340
2. Direito 34

COORDENADOR
HUGO DE BRITO **MACHADO SEGUNDO**

ORGANIZADOR
FELIPE COELHO **TEIXEIRA**

PODER PÚBLICO E PROCESSO
SOLUÇÃO DE CONFLITOS

ANA DÉBORA **ROCHA SALES**
BÁRBARA **TEIXEIRA DE ARAGÃO**
DANIEL **HOLANDA IBIAPINA**
FELIPE **COELHO TEIXEIRA**
FRIDTJOF CHRYSOSTOMUS **DANTAS ALVES**
HÉLIO **RIOS FERREIRA**
JANAINA **MENDES BARROS DE LIMA**
JOSÉ **ARAÚJO DE PONTES NETO**
RANÍVIA MARIA **ALBUQUERQUE ARAÚJO**
THIAGO **BRAGA PARENTE**
VICTOR FELIPE **FERNANDES DE LUCENA**
WELITHON **ALVES DE MESQUITA**

2023 © Editora Foco
Coordenador: Hugo de Brito Machado Segundo
Organizador: Felipe Coelho Teixeira
Autores: Ana Débora Rocha Sales, Bárbara Teixeira de Aragão, Daniel Holanda Ibiapina,
Felipe Coelho Teixeira, Fridtjof Chrysostomus Dantas Alves, Hélio Rios Ferreira,
Janaina Mendes Barros de Lima, José Araújo de Pontes Neto, Ranívia Maria Albuquerque Araújo,
Thiago Braga Parente, Victor Felipe Fernandes de Lucena e Welithon Alves de Mesquita
Diretor Acadêmico: Leonardo Pereira
Editor: Roberta Densa
Assistente Editorial: Paula Morishita
Revisora Sênior: Georgia Renata Dias
Revisora: Simone Dias
Capa Criação: Leonardo Hermano
Diagramação: Ladislau Lima e Aparecida Lima
Impressão miolo e capa: FORMA CERTA

DIREITOS AUTORAIS: É proibida a reprodução parcial ou total desta publicação, por qualquer forma ou meio, sem a prévia autorização da Editora FOCO, com exceção do teor das questões de concursos públicos que, por serem atos oficiais, não são protegidas como Direitos Autorais, na forma do Artigo 8º, IV, da Lei 9.610/1998. Referida vedação se estende às características gráficas da obra e sua editoração. A punição para a violação dos Direitos Autorais é crime previsto no Artigo 184 do Código Penal e as sanções civis às violações dos Direitos Autorais estão previstas nos Artigos 101 a 110 da Lei 9.610/1998. Os comentários das questões são de responsabilidade dos autores.

NOTAS DA EDITORA:

Atualizações e erratas: A presente obra é vendida como está, atualizada até a data do seu fechamento, informação que consta na página II do livro. Havendo a publicação de legislação de suma relevância, a editora, de forma discricionária, se empenhará em disponibilizar atualização futura.

Erratas: A Editora se compromete a disponibilizar no site www.editorafoco.com.br, na seção Atualizações, eventuais erratas por razões de erros técnicos ou de conteúdo. Solicitamos, outrossim, que o leitor faça a gentileza de colaborar com a perfeição da obra, comunicando eventual erro encontrado por meio de mensagem para contato@editorafoco.com.br. O acesso será disponibilizado durante a vigência da edição da obra.

Impresso no Brasil (11.2022) – Data de Fechamento (11.2022)

2023
Todos os direitos reservados à
Editora Foco Jurídico Ltda.
Avenida Itororó, 348 – Sala 05 – Cidade Nova
CEP 13334-050 – Indaiatuba – SP
E-mail: contato@editorafoco.com.br
www.editorafoco.com.br

APRESENTAÇÃO

É com muita alegria que testemunho o despertar, em discentes de pós-graduação, do interesse por temas que antes desconheciam, ou que, conquanto conhecidos, não lhes provocavam inquietude. Começam o semestre talvez adormecidos pelo caráter acrítico da maneira meramente técnica com que enfrentavam certas questões. Aos poucos, a leitura de textos selecionados, e a posterior discussão, revela aspectos, problemas, e controvérsias, que a nenhum, às vezes nem ao professor que selecionou os textos e as perguntas iniciais, havia ocorrido. Trata-se de um dos aspectos mais gratificantes da carreira docente. A curiosidade é uma das marcas do humano, motriz de progresso, e fonte de muitas realizações. Daí a satisfação em provocá-la. Fazer com o que antes parecia comum, ou banal, não seja mais visto da mesma forma, quer se trate de um intricado problema epistemológico, quer se trate da razão – se é que há – para que a compensação não possa ser alegada como matéria de defesa nos embargos à execução fiscal.

Outro aspecto igualmente prazeroso é o de ver o resultado de tais questionamentos e provocações reduzido a termo, posto em palavras, e submetido à crítica dos pares, frequentemente com entusiasmo e empolgação. Assim se forma, se acumula, e se aperfeiçoa, o conhecimento humano. Demanda trabalho, uma dose de coragem, e confiança no que se fez, pois a publicação expõe ao julgamento coletivo, à crítica. E é muito bom que seja assim. Na pior das hipóteses, questões que alguém considere mal respondidas fornecerão o estímulo para que se procurem melhores respostas. Só isso já vale todo o esforço.

Mas a presente publicação, a par de me remeter aos sentimentos positivos assim resumidos, permite-me aferir o frutífero resultado de mais um semestre de pesquisas, no Programa de Pós-Graduação em Direito do Centro Universitário Christus, no âmbito da disciplina "Poder Público e Litigiosidade". Nela, examinam-se questões ligadas à difícil tarefa de solucionar conflitos envolvendo aquele encarregado de resolvê-los, a saber, o próprio Estado. São temas bem mais complexos do que podem à primeira vista parecer, e, de resto, Constituições e catálogos de Direitos Fundamentais surgiram, ao longo da História, como tentativas de solucionar problemas nesse âmbito. Levaram às revoluções, revoltas e guerras que ensejaram a criação ou o aprimoramento de instituições destinadas a conter o arbítrio e submetê-lo às soluções calcadas no Direito.

Os textos, produzidos ao longo do semestre, como resultado de pesquisas, leituras e debates intensos, perpassam temas como o direito probatório, maltratado nas demandas que envolvem o Poder Público por ideias como a da presunção de veracidade dos atos por ele praticados. Cuidam, também, das chamadas tutelas provisórias, essenciais à efetividade da tutela jurisdicional mas, quando envolvem o Poder Público, às vezes tidas como favores que se concedem ao cidadão. E, como não poderia deixar de ser, examinam-se problemas relacionados à sistemática dos precatórios, central à efetivação da tutela jurídica em face do Estado, e frequentemente permeada de perplexidades e ineficiências.

Há ainda trabalhos dedicados à limitação temporal de efeitos das decisões, quando envolvem o Poder Público, tema ao qual o Supremo Tribunal Federal tem dado especial atenção, embora de modo nem sempre coerente. É importante promover a segurança jurídica, diante de decisões que alteram de modo abrupto a jurisprudência em torno de um assunto, e trazem consequências gravosas e excepcionais a quem confiava em entendimento até então prevalecente – e modificado. Mas isso se deve dar excepcionalmente, e de modo coerente, lembrando-se que tais institutos existem para garantir, historicamente, o cidadão em face do Poder Público que elabora leis e toma decisões com base nelas, e não o contrário.

Examinam-se, ainda, alternativas extrajudiciais ao equacionamento de conflitos, algumas legítimas, outras nem tanto, como as sanções políticas, repelidas pelas Súmulas 70, 323 e 547 do STF, mas constantemente ressuscitadas por autoridades do Poder Público, com novas roupagens. E, finalmente, dedica-se atenção a tema relativamente novo, ainda carente de maior aprofundamento por parte da literatura especializada, que é o das demandas estruturais, necessárias à solução adequada da macrolitigiosidade, não raro presente nos conflitos decorrentes de insuficiências na atuação do Poder Público.

São trabalhos, portanto, que perpassam os principais tópicos da litigiosidade envolvendo o Poder Público, a ser solucionada por meios judiciais ou não judiciais, e que fornecerão à leitora panorama das dificuldades e dos desafios que para tanto se enfrentam. Espero que a estimulem a seguir, aprofundar e desdobrar as ideias aqui reunidas, ou mesmo a discordar, encorajando-a em qualquer caso a expor as razões correspondentes. É assim que se constrói o conhecimento científico.

Sou muito grato aos coautores desta obra, pelo esforço durante o segundo semestre de 2021, já em uma transição entre a sistemática *online* de aulas e os encontros presenciais, e por toda a agradável e amistosa convivência durante as aulas. Sou agradecido, em particular, a Felipe Teixeira, pela colaboração na organização deste livro, e à editora Foco, que primorosamente lhe conferiu forma e permitiu que assim você, leitora, o tivesse agora em mãos.

Fortaleza, 16 de setembro de 2022,

Hugo de Brito Machado Segundo

Professor Associado da Faculdade de Direito da Universidade Federal do Ceará, de cujo Programa de Pós-Graduação (Mestrado/Doutorado) foi o Coordenador (2012/2016). Professor do Centro Universitário Christus – Unichristus. Advogado. Membro da *WCSA – World Complexity Science Academy*. Visiting Scholar da Wirtschaftsuniversität, Áustria (2012-2016).

SUMÁRIO

APRESENTAÇÃO
Hugo de Brito Machado Segundo V

1
PROVA E VERDADE NOS PROCESSOS ENVOLVENDO O PODER PÚBLICO

1.1 O ESTUDO DAS ESPÉCIES DE VULNERABILIDADE DO CONTRIBUINTE NO PROCESSO TRIBUTÁRIO DIANTE DOS PRIVILÉGIOS DA FAZENDA PÚBLICA
Thiago Braga Parente 3

2
TUTELAS PROVISÓRIAS EM FACE DO PODER PÚBLICO

2.1 OS LIMITES DA ANÁLISE DE MÉRITO DA DECISÃO IMPUGNADA POR SUSPENSÃO DE LIMINAR E DE SENTENÇA
Hélio Rios Ferreira 25

3
EXECUÇÃO CONTRA O PODER PÚBLICO

3.1 NOVAS REGRAS DO PAGAMENTO DOS PRECATÓRIOS: ANÁLISE SOBRE AS PRINCIPAIS CONSEQUÊNCIAS
Ana Débora Rocha Sales 51

3.2 INCONGRUÊNCIAS DECORRENTES DO ATUAL SISTEMA DE PRECATÓRIO FRENTE À (IN)VIOLABILIDADE DOS DIREITOS FUNDAMENTAIS
Ranívia Maria Albuquerque Araújo.. 69

4
EFICÁCIA TEMPORAL DAS DECISÕES JUDICIAIS ENVOLVENDO O PODER PÚBLICO E SEGURANÇA JURÍDICA

4.1 DOS EFEITOS PATRIMONIAIS DA SENTENÇA CONCESSIVA DE MANDADO DE SEGURANÇA À LUZ DAS SÚMULAS 269 E 271 DO STF: INCOERÊNCIAS E DESAFIOS ATUAIS

Felipe Coelho Teixeira 87

4.2 OS DIREITOS FUNDAMENTAIS DO CONTRIBUINTE E A SUPERMODULAÇÃO DOS EFEITOS TEMPORAIS DA DECISÃO DE INCONSTITUCIONALIDADE EM FAVOR DO PODER PÚBLICO: A (IM) POSSIBILIDADE DE CONVALIDAÇÃO DO VÍCIO EM MATÉRIA TRIBUTÁRIA

Daniel Holanda Ibiapina 109

5
FUNDAMENTOS USADOS NAS DECISÕES JUDICIAIS PROFERIDAS EM PROCESSOS EM QUE É PARTE O PODER PÚBLICO

5.1 A MÁ APLICAÇÃO DO SISTEMA DE PRECEDENTES JUDICIAIS E SUA INFLUÊNCIA PARA UM AUMENTO DA LITIGIOSIDADE

José Araújo de Pontes Neto 131

5.2 A EFETIVIDADE NO CUMPRIMENTO DA TUTELA JURISDICIONAL CONTRA A FAZENDA PÚBLICA EM FACE DA GARANTIA CONSTITUCIONAL AO DIREITO DE ACESSO À SAÚDE

Welithon Alves de Mesquita 141

6
PROPOSTAS PARA UMA JURISDIÇÃO MAIS EFETIVA EM FACE DO PODER PÚBLICO

6.1 DOS IMPACTOS FINANCEIROS PARA O PODER PÚBLICO PELO EXCESSO DE LITÍGIOS JUDICIAIS

Fridtjof Chrysostomus Dantas Alves 177

7
MÉTODOS ALTERNATIVOS DE SOLUÇÃO DE LITÍGIOS E O PODER PÚBLICO

7.1 SANÇÕES POLÍTICAS E SISTEMA REGISTRAL NOTARIAL BRASILEIRO

Janaina Mendes Barros de Lima 199

7.2 SOLUÇÕES EXTRAJUDICIAIS DE CONFLITOS E A FAZENDA PÚBLICA: POSSIBILIDADE, LIMITES E BENEFÍCIOS

Bárbara Teixeira de Aragão 215

8
DEMANDAS ESTRUTURAIS

8.1 DEMANDAS ESTRUTURAIS DO DIREITO À SAÚDE NO CONTEXTO DA PANDEMIA DA COVID-19 E O ESTADO DE COISAS INCONSTITUCIONAIS

Victor Felipe Fernandes de Lucena 227

1
PROVA E VERDADE NOS PROCESSOS ENVOLVENDO O PODER PÚBLICO

1.1
O ESTUDO DAS ESPÉCIES DE VULNERABILIDADE DO CONTRIBUINTE NO PROCESSO TRIBUTÁRIO DIANTE DOS PRIVILÉGIOS DA FAZENDA PÚBLICA

Thiago Braga Parente

Mestrando em Processo e Direito ao Desenvolvimento pelo Centro Universitário Christus – Unichristus. Especialista em Direito Constitucional.

Resumo: Este artigo tem como objetivo estudar o conceito e as espécies de vulnerabilidade do contribuinte, assim como suas espécies, para entender como os privilégios conferidos pela legislação tributária trazem consequências para os direitos e garantias individuais do sujeito passivo da relação jurídica tributária. O Estado-credor, na figura da Fazenda Pública, ao mesmo tempo que edita as leis tributárias, garante a sua aplicação e julga os litígios daí decorrentes. Diante disso, neste estudo, delineiam-se as principais discussões da doutrina e da jurisprudência sobre os privilégios do Fisco no processo tributário, que podem acabar acentuando a vulnerabilidade do contribuinte. O trabalho trata-se de uma pesquisa qualitativa de cunho bibliográfico e documental, uma vez que analisa os dados encontrados em julgados, artigos científicos, doutrinas e trabalhos monográficos.

Palavras-chave: Vulnerabilidade – Contribuinte – Fazenda Pública – Execução Fiscal – Privilégios – Garantias constitucionais.

Abstract: This article studies the concept and species of vulnerability of the taxpayer in order to understand how the privileges conferred by the tax law bring consequences to the individual rights and guarantees of the taxpayer of the tax legal relationship. The State-creditor, in the figure of the Public Treasury, at the same time that it issues the tax laws, ensures their application and judges the resulting disputes. In view of this, this study outlines the main discussions of the doctrine and case law on the privileges of the Tax Authorities in tax proceedings, which may end up accentuating the taxpayer's vulnerability. This is a qualitative bibliographical and documental research, since it analyzes the data found in judgments, scientific articles, doctrines and monographic works.

Keywords: Vulnerability – Contributor – Public farm – Tax Enforcement – Privileges – Constitutional Guarantees.

Sumário: 1.1.1 Introdução – 1.1.2 A execução proposta pela Fazenda Pública; 1.1.2.1 Considerações iniciais; 1.1.3 Certidão da Dívida Ativa (CDA) e execução fiscal – 1.1.4 A vulnerabilidade do contribuinte na execução fiscal; 1.1.4.1 O estudo das espécies de vulnerabilidade; 1.1.4.1.1 A vulnerabilidade material do contribuinte; 1.1.4.1.2 Vulnerabilidade formal do contribuinte; 1.1.4.1.3 Vulnerabilidade processual do contribuinte; 1.1.4.1.4 Instrumentos de satisfação do crédito tributário inscrito em CDA que refletem a vulnerabilidade do contribuinte frente ao Fisco – 1.1.4.2 Prerrogativas da Fazenda Pública e a violação das garantias do contribuinte – 1.1.5 Considerações finais – Referências.

1.1.1 INTRODUÇÃO

A partir da adoção do novo modelo constitucional no Brasil, os direitos fundamentais previstos na Constituição Federal de 1988 passaram a ser observados no ato de elaboração das normas infraconstitucionais, em obediência ao princípio da simetria. Apesar disso, no âmbito do processo tributário, e principalmente no que diz respeito ao regramento da execução fiscal pelo Estado, evidencia-se um claro descumprimento dos mandamentos constitucionais.

Com efeito, o Estado detém uma posição privilegiada na relação jurídica tributária. Isso decorre do fato de a Administração Pública representar o interesse público e, por representar a coletividade e obedecer ao princípio da supremacia do interesse público, deve ter uma posição diferenciada no processo tributário.

No entanto, esse princípio não é absoluto. Embora as normas de direito público permitam ao Estado julgar a lide e executar o título executivo por intermédio dos órgãos administrativos e judiciais, a interpretação e aplicação do interesse público deve ser discutida em observância à aplicação sistemática do ordenamento jurídico.

Nota-se, assim, que o Estado é também Estado-credor, isto é, ao mesmo tempo que edita as leis tributárias, deve garantir a sua aplicação como julgador dos litígios. Em razão disso, é notável a vulnerabilidade do contribuinte nas relações tributárias, mais especificamente, no âmbito da Execução Fiscal.

Sob essa ótica, faz-se necessário, sobretudo, entender o procedimento de emissão da Certidão de Dívida Ativa (CDA), que se diferencia dos títulos executivos advindos das relações privadas. Essa Certidão é produzida de forma unilateral pelo Fisco, não havendo qualquer participação do contribuinte; por ser um título executivo emitido por ato do Fisco, há presunção legal de liquidez e certeza.

Diante disso, o problema em torno do qual se desenvolve a pesquisa consiste em analisar a vulnerabilidade do contribuinte. Demonstra-se o conceito e as espécies de vulnerabilidade, para, assim, entender como os privilégios conferidos pela legislação tributária impactam os direitos e as garantias individuais do sujeito passivo da relação jurídica tributária.

A pesquisa partiu da análise da legislação, da bibliografia e de julgados sobre o tema. No desenvolvimento deste trabalho, realizou-se uma pesquisa qualitativa e utilizou-se o método dedutivo, embasado em análises e conclusões a partir de artigos, doutrinas e de julgados.

1.1.2 A EXECUÇÃO PROPOSTA PELA FAZENDA PÚBLICA

1.1.2.1 Considerações iniciais

O Estado exerce diversas funções de natureza tributária no âmbito da arrecadação, da fiscalização e da cobrança dos tributos devidos pelo contribuinte. Nesse enfoque, a fiscalização objetiva a arrecadação de receita para o erário. Porém, antes de dar início à execução fiscal no âmbito do processo judicial tributário, o Fisco tem uma série de procedimentos administrativos a serem cumpridos para que possa cobrar a dívida decorrente da inadimplência do contribuinte.

Antes da existência do crédito, é necessária a previsão legal da obrigação tributária. A relação jurídica havida entre as partes decorre da incidência da norma tributária, a qual estipula um fato (art. 113 do CTN). Dessa forma, somente depois de estabelecida a relação tributária, ocorrerá o procedimento de lançamento para a constituição crédito tributário, tornando-o líquido, certo e exigível (OLIVEIRA; KNOERR, 2013).

Assim, no processo administrativo tributário, será realizado o lançamento do crédito tributário para a materialização da obrigação, a fim de torná-lo exigível (COÊLHO, 2020). O conceito de lançamento está descrito no art. 142 do Código Tributário Nacional (CTN):

> Art. 142. Compete privativamente à autoridade administrativa constituir o crédito tributário pelo *lançamento*, assim entendido o *procedimento administrativo tendente a verificar a ocorrência do fato gerador da obrigação correspondente, determinar a matéria tributável, calcular o montante do tributo devido, identificar o sujeito passivo e, sendo caso, propor a aplicação da penalidade cabível.*
>
> Parágrafo único. A atividade administrativa de *lançamento é vinculada* e *obrigatória, sob pena de responsabilidade funcional* (grifo nosso).

Ademais, o lançamento possui natureza declaratória, frente à obrigação tributária, e constitutiva, no que se refere à realidade formal autônoma. Como ato administrativo de aplicação da lei genérica e abstrata aos casos concretos, o lançamento deve reportar-se à lei que vigia ao tempo do fato gerador, aplicando-a. Consequentemente, a sua função não é, absolutamente, criadora do crédito, senão declaratória do seu prévio existir, nos exatos termos da lei contemporânea ao seu nascimento. O fato gerador, ao acontecer, instaura a obrigação e o crédito tributário (CUNHA, 2020).

Vale ressaltar que é um ato de lançamento, ou seja, ato administrativo, sendo devida a sua fundamentação para fins de controle da legalidade, caso contrário, poderá ser considerado nulo. Também é necessária a comprovação de notificação do sujeito passivo (contribuinte), oportunizando-se o direito de ser exercido o devido processo legal, bem como o contraditório e a ampla defesa, os quais são direitos fundamentais com previsão constitucional no art. 5º, incisos LIV e LV, da CFRB/88, respectivamente.

Nesse contexto, é de fundamental importância que um procedimento previsto em legislação infralegal obedeça aos mandamentos constitucionais, devendo ser promovido o exercício dessas garantias constitucionais.

À vista disso, o contribuinte poderá provocar a Administração Pública (sujeito ativo) para que ela possa exercer sobre esse ato administrativo a autotutela vinculada ou o autocontrole. No entanto, para que isso seja possível, é preciso que o contribuinte, anteriormente, provoque a Administração Pública, dando início ao processo administrativo por meio de impugnação decorrente da discordância da decisão administrativa (OLIVEIRA; KNOERR, 2013).

Com o lançamento, ocorre inscrição na dívida ativa, fundamentando-se uma futura e eventual execução fiscal. Destaca-se que, com o ato de notificação do lançamento ao sujeito passivo, o Estado deixa clara a sua intenção de cobrar o tributo devido, formalizando sua pretensão em face do contribuinte. Porém, discordando o contribuinte de tal cobrança, estando evidente a litigiosidade e a insatisfação em relação à cobrança do Fisco, dá-se início ao processo administrativo fiscal presidido pelas garantias processuais do contribuinte (OLIVEIRA; KNOERR, 2013).

Nesse cenário, é inegável o direito do contribuinte em discutir o lançamento e o crédito tributário constituído, no que diz respeito aos aspectos ligados à sua legalidade. Por outro lado, como o lançamento é ato privativo da autoridade administrativa, cabe ao Estado não apenas o dever de acudir aos reclamos do administrado, quando for constatada a ilegalidade do ato praticado, mas também deve aproveitar a oportunidade para exercer a possibilidade de autocontrolar-se, por meio do controle da legalidade e da constitucionalidade de seus próprios atos, direitos e pretensões. Em outras palavras, nada mais justo do que o Fisco ter a oportunidade de revisão do ato administrativo do lançamento ou revê-lo no curso da discussão sobre o crédito tributário, podendo ocorrer retificações de ofício (OLIVEIRA; KNOERR, 2013).

1.1.3 CERTIDÃO DA DÍVIDA ATIVA (CDA) E EXECUÇÃO FISCAL

A execução fiscal é um procedimento especial fundado em título extrajudicial para a satisfação de quantia certa. Caracteriza-se pela presença de 2 (dois) elementos: o sujeito ativo e o objeto. Nesse sentido, somente se considera execução fiscal se o exequente for a Fazenda Pública e o valor cobrado compuser sua dívida ativa.

Dito de outro modo, a execução fiscal é um procedimento especial de execução fundada em título extrajudicial para a satisfação de quantia certa. O Fisco cobra do contribuinte determinado valor de valor inscrito em dívida ativa, consubstanciada na certidão de dívida ativa (CPC, art. 784, inc. IX) de uma pessoa jurídica de direito público (CUNHA, 2020).

Ressalte-se que a execução fiscal é um procedimento administrativo tributário diferenciado dos demais atos administrativos em geral. Isso ocorre porque uma eventual execução deverá ser fundada em um título executivo, judicial (art. 515, do CPC) ou extrajudicial (art. 784, do CPC), demonstrando-se a existência de uma obrigação líquida, certa e exigível. Nesse sentido, para que a materialização da pretensão executiva seja exercida pela Fazenda Pública, deve existir uma Certidão de Dívida Ativa (CDA), que corresponde a um título executivo extrajudicial.

A execução fiscal está regulamentada pela Lei de Execução Fiscal (Lei 6.830/1980), e supletivamente pelo Código de Processo Civil (Lei 13.105/2015). Assim, aplicam-se a esta execução as normas do Código de Processo Civil, com as alterações e as particularidades previstas na referida Lei 6.830/1980.

Em razão disso, apesar de a execução fiscal ter regramento próprio, podem ser utilizados os instrumentos processuais contidos no Código de Processo Civil (CPC) a fim de adequar as normais processuais e ajustá-las às peculiaridades do caso concreto. Tem-se, por exemplo, o caso em que, no curso do procedimento da execução fiscal, foram realizados negócios jurídicos processuais (art. 190, do CPC) (CUNHA, 2020).

Nota-se, porém, que a CDA diferencia-se dos títulos executivos advindos das relações privadas, porque é produzida de forma unilateral pelo Fisco, não havendo qualquer participação do contribuinte. Sendo assim, é um documento que tem presunção legal de liquidez e certeza, possuindo requisitos legais de constituição e de regularidade formal, os quais estão descritos no art. 2º, § 5º, da Lei 6.830/80. Caberá ao contribuinte, em cinco dias, após a intimação, garantir o depósito do valor em juízo ou impugnar a legalidade da cobrança por meio de embargos à execução fiscal.

Entretanto, segundo o art. 2º, § 8º, da Lei 6.830/1980, e entendimento do Superior Tribunal de Justiça (STJ), o momento processual limite para alteração da certidão da dívida ativa é a decisão nos embargos à execução fiscal. Tal fato está cristalizado no enunciado da Súmula 392, in verbis: "A Fazenda Pública pode substituir a certidão de dívida ativa (CDA) até a prolação da sentença de embargos, quando se tratar de correção de erro material ou formal, vedada a modificação do sujeito passivo da execução" (BRASIL, 2009, n.p.).

Os referidos embargos não têm efeitos suspensivos automáticos, devendo ser analisados e concedidos pelo juízo no caso concreto, desde que demonstrada a presença do *fumus boni iuris* e do *periculum in mora*. Vale ressaltar que a necessidade de garantia do juízo revela uma nítida posição privilegiada do Fisco frente ao executado (contribuinte – parte vulnerável), tendo em vista que na sistemática do processo civil, de forma geral, essa previsão não existe.

Outra alternativa ao contribuinte é opor exceção de pré-executividade, podendo alegar matéria de ordem pública, conhecíveis de ofício pelo magistrado, desde que sejam matérias que não demandem dilação probatória, isto é, que possam ser demonstradas documentalmente. Sobre o assunto, o STJ editou o enunciado da Súmula 393, no sentido de que "a exceção de pré-executividade é admissível na execução fiscal relativamente às matérias conhecíveis de ofício que não demandem dilação probatória" (BRASIL, 2009, n.p.). Vale destacar que, diferentemente dos embargos, inexiste o requisito da garantia. Uma terceira opção da discussão da CDA em juízo é a ação anulatória, que é uma ação autônoma.

É importante dizer, ainda, que, na sistemática da execução fiscal, outro privilégio para o Fisco é a suspensão do processo quando não localizado o devedor ou não localizados os bens passíveis de penhora, proporcionando à Fazenda Pública o prazo privilegiado de um ano para rastreio do executado ou de seus bens. Somente após esse período se inicia o cômputo do prazo da prescrição intercorrente, conforme o art. 40 da Lei 6.830/80, in verbis:

> Art. 40. O Juiz *suspenderá* o curso da execução, enquanto *não for localizado o devedor ou encontrados bens sobre os quais possa recair a penhora*, e, nesses casos, *não correrá o prazo de prescrição.*
>
> § 1º *Suspenso o curso da execução, será aberta vista dos autos ao representante judicial da Fazenda Pública.*
>
> § 2º Decorrido o *prazo máximo de 1 (um) ano*, sem que seja localizado o devedor ou encontrados bens penhoráveis, o Juiz ordenará o arquivamento dos autos.
>
> § 3º *Encontrados que sejam, a qualquer tempo, o devedor ou os bens, serão desarquivados os autos para prosseguimento da execução.*
>
> § 4º Se da decisão que ordenar o arquivamento tiver decorrido o prazo prescricional, o juiz, depois de ouvida a Fazenda Pública, poderá, de ofício, reconhecer a prescrição intercorrente e decretá-la de imediato.
>
> §5º A manifestação prévia da Fazenda Pública prevista no § 4º deste artigo será dispensada no caso de cobranças judiciais cujo valor seja inferior ao mínimo fixado por ato do Ministro de Estado da Fazenda (grifo nosso).

Sobre o assunto, o STJ editou o enunciado da súmula 314, afirmando que "em execução fiscal, não localizados bens penhoráveis, suspende-se o processo por um ano, findo o qual se inicia o prazo da prescrição quinquenal intercorrente" (BRASIL, 2006, n.p.).

1.1.4 A VULNERABILIDADE DO CONTRIBUINTE NA EXECUÇÃO FISCAL

Apesar do novo modelo constitucional ser adotado também no Brasil, o qual garante a aplicação dos direitos fundamentais previstos na Constituição às normas infraconstitucionais, continua presente a vulnerabilidade do contribuinte nas relações tributárias, mais especificamente quanto à Execução Fiscal. Isso se torna evidente quando o Estado-credor é, ao mesmo tempo, criador da lei tributária obrigacional e julgador dos litígios que decorrem da aplicação da legislação por ele criada.

Sobre o assunto, Martins (2009, p. 23-25) afirma que:

> Diante disso, esta condição estrutural, embora inerente ao mecanismo operativo próprio do Estado de Direito, é potencializadora das vulnerabilidades geneticamente existentes na relação tributária e precisa ser reconhecida para que possa ser adequadamente disciplinada. É essa mecânica estrutural própria que permite ao Estado ser a um só tempo o criador da regra obrigacional na qual aparece como sujeito ativo (por intermédio de seus órgãos legislativos), formalizador e cobrador da obrigação em que o próprio Estado figura como credor (por meio de seus órgãos fazendários) e, ainda enquanto credor, o próprio Estado pode julgar a lide e executar o título executivo (por meio de seus órgãos administrativos e judiciais). O Estado fiscal é o único credor nos quadrantes do Direito que é simultaneamente, per se. criador, executor e julgador da relação obrigacional e – logo – o contribuinte é o único devedor no ordenamento jurídico cujo credor exerce tríplice função na relação obrigacional. A partir deste ponto de vista, é possível visualizar o quão vulnerável é o devedor tributário diante de seu credor onipotente.

Dessa forma, é inegável que o Estado Democrático de Direito assuma uma posição dominante na relação tributária, já que representa o interesse público, e diante do princípio da supremacia do interesse público, representa a coletividade. Ademais, torna-se responsável por criar e julgar o litígio, nos moldes das legislações infraconstitucionais por ele mesmo elaboradas, e por executar o título executivo, mediante a atuação dos órgãos administrativos e judiciais na condição de Fisco. Esses fatos justificariam, assim, a posição de vulnerabilidade do contribuinte na Execução Fiscal.

Sobre o assunto, Pietro (2021) afirma que tal princípio não é absoluto. Em primeiro lugar, as normas de direito público, embora protejam reflexamente o interesse individual, têm como objetivo primordial o de atender ao interesse público, ao bem-estar coletivo. Assim, realmente, seria possível ao Estado julgar a lide e executar o título executivo por meio dos órgãos administrativos e judiciais. Nesse sentido, o poder de dispor dos interesses públicos é um poder-dever, ou seja, o Estado não pode renunciar ou deixar de aplicar este poder, tendo em vista o princípio da indisponibilidade do interesse público. Mas não só isso, tem o dever de exercer a fiscalização e a punição na forma de poder de polícia, com o objetivo de resguardar o exercício dos direitos individuais em conflito com o bem-estar coletivo.

Por esse motivo, a própria atividade estatal (na figura do Fisco) de tutelar o interesse público necessita de uma condição diferenciada dos demais indivíduos. Não se pode olvidar também que, em caso de condenação, o pagamento sai dos cofres do erário, ou seja, da coletividade pagadora dos seus tributos. Entretanto, esse fato não pode servir de justificativa para eventuais abusos do poder de legislar e administrar da Fazenda Púbica (CUNHA, 2020).

De fato, é necessário que a Fazenda Pública, no exercício do interesse público, consulte o próprio interesse público primário com o objetivo de viabilizar o exercício da sua atividade no processo, da melhor e mais ampla maneira possível, evitando eventuais condenações injustificáveis, ilegais e que podem gerar prejuízos incalculáveis para o erário (CUNHA, 2020).

No entanto, apesar do entendimento da doutrina, cabe ao Fisco atender ao interesse público, levando em consideração a interpretação sistemática do ordenamento jurídico não apenas sob a ótica da execução fiscal, mas com o objetivo de atender à finalidade da ordem jurídica de consecução do bem comum. Não se justificam os meios com os fins. Dessa forma, a Fazenda Pública não é apenas um titular do interesse público, mas também tem o dever constitucional de preservá-lo como um todo, garantindo direitos e garantias fundamentais individuais, cláusulas pétreas contidas no texto constitucional.

Ressalte-se que a vulnerabilidade do contribuinte é um tema mais amplo. Especificamente, o estudo se baseia em três perspectivas que espelham as funções do Estado, que serão abordadas no tópico a seguir.

1.1.4.1 O estudo das espécies de vulnerabilidade

A vulnerabilidade do contribuinte pode ser dividida em três espécies, as quais refletem funções estatais. São elas: a) Estado-criador da norma jurídico-fiscal (função do Estado): vulnerabilidade material do contribuinte; b) Estado-aplicador da norma jurídico-fiscal (função do Estado): vulnerabilidade formal do contribuinte; c) Estado-julgador da lide fiscal (função do Estado): vulnerabilidade processual do contribuinte (MARTINS, 2009).

Além disso, tais espécies apresentam subclassificações, a depender do prisma pelo qual essas três vulnerabilidades são interpretadas. Analisa-se a seguir.

1.1.4.1.1 A vulnerabilidade material do contribuinte

A vulnerabilidade material, segundo Martins (2009), desdobra-se em duas subespécies: a) vulnerabilidade político-legislativa do contribuinte e b) vulnerabilidade político-econômica do contribuinte. A primeira nasce do problema gerado pela vertente do Direito Tributário ser voltado, quase que exclusivamente, para a finalidade de maximizar a função arrecadatória, sendo um Direito Arrecadatório, e não propriamente um Direito Tributário, tendo em vista que este guarda obediência às garantias constitucionais do contribuinte.

É comum o cometimento de excessos legislativos, geralmente de cunho político, por parte do Estado, para fortalecer o Fisco. A legislação que versa sobre o processo de execução fiscal é elaborada por legisladores sem qualquer compromisso com os seus eleitos, sujeitos passivos da relação tributária. Desse modo, voltam-se à criação de normas com o intuito de arrecadar o máximo de tributos para os entes estatais. Muitas vezes, esses legisladores não compreendem a matéria tributária debatida; simplesmente optam por favorecer o Estado.

Por isso, é frequente a edição de leis e medidas provisórias que fundamentam o cometimento de injustiças tributárias para alargar bases de cálculo, editar normas restritivas das dedutibilidades fiscais, endurecer penalidades confiscatórias, ampliar prazos a favor da Fazenda Pública, reduzir prazos prescricionais para o contribuinte, adotar impostos de natureza acumulativa e eliminar os benefícios fiscais (MARTINS, 2009).

Já a vulnerabilidade político-econômica, geralmente, está relacionada com a alta carga tributária suportada pelo contribuinte. A ineficiência do atual Sistema Tributário Nacional, aliada ao excesso na cobrança de tributos, comumente tem gerado embates fiscais. Isso, por consequência, tem causado um processo de aumento do contencioso judicial tributário, diante da insatisfação do contribuinte em pagar tributos, ora estratosféricos, ora ilegais.

Tal fato tem sido a principal preocupação do mercado brasileiro, tendo em vista o aumento do custo dos produtos nacionais, tornando-se uma difícil missão competir com produtos importados dentro do cenário globalizado e transnacional do mercado mundial. Preocupação que, frise-se, incentiva a sonegação fiscal, com o objetivo de se reduzir custos.

Nessa perspectiva, a competição do mercado tem causado uma grave exposição dos empresários brasileiros a riscos mercatórios desnecessários, elevando a sonegação fiscal e a diminuição da competividade dos produtos nacionais. Este fato se agrava com as legislações a favor do Fisco, que lhe conferem poderes cada vez maiores dentro do procedimento da execução fiscal, incentivando a produção de atos unilaterais, os quais são um risco à vulnerabilidade do contribuinte (OLIVEIRA; KNOERR, 2013).

Assim, como o Estado é a parte que elabora e escuta a norma jurídico-fiscal, inevitavelmente, o conteúdo dessa legislação, assim como sua interpretação e aplicação, será realizada a favor do Fisco. Por via de consequência, apesar da clara previsão legal e constitucional dos limites ao poder de tributar, vários excessos arrecadatórios são cometidos deliberadamente pelo Fisco. Isso acentua a condição de vulnerabilidade do contribuinte, restando-lhe discutir os tais abusos e a ilegalidade sobre a certeza, liquidez e exigibilidade do crédito tributário no Poder Judiciário. Essa circunstância, por conseguinte, dá início ao Processo Judicial Tributário (RIBEIRO, 2019).

1.1.4.1.2 Vulnerabilidade formal do contribuinte

A vulnerabilidade formal do contribuinte atua dentro do Direito Tributário Formal, responsável por fiscalizar, lançar e cobrar, a fim de autotutelar a fase de atuação do vínculo obrigacional administrativamente. Porém, apesar de o Direito Tributário Formal ter idealizado o objetivo de garantir a aplicação das normas tributárias de forma equilibrada, nos campos da fiscalização, formalização e cobrança dos tributos, isso não ocorre na prática.

No âmbito da execução fiscal, há um real desequilíbrio dentro da relação jurídica, tendo em vista a hipertrofia das prerrogativas da administração tributária na autotutela de seus interesses, tornando vulnerável o sujeito passivo da obrigação. Nesse ponto, cabe o estudo dos desdobramentos da vulnerabilidade formal do contribuinte, que se divide em três subespécies: a) vulnerabilidade cognoscitiva do contribuinte; b) vulnerabilidade tecnológica do contribuinte; e c) vulnerabilidade administrativa do contribuinte.

O primeiro caso se alia à falta de conhecimento técnico de cunho tributário por parte do contribuinte, a vulnerabilidade cognosciva tem como causa principal as inúmeras alterações normativas e a tecnicidade de seus textos, o que tem causado um elevado grau de susceptibilidade para o contribuinte. Até mesmo para os operadores do Direito e profissionais de outras áreas relacionadas à produção legislativa tributária, a compreensão do conteúdo e aplicação dessas normas é um desafio.

Essa situação ocasiona a falta de transparência da informação e dificulta o cumprimento da legislação tributária. Além disso, torna árdua a tarefa imposta ao contribuinte de exercer o seu direito ao contraditório e à ampla defesa diante da imposição de penalidades (MARTINS, 2009).

Já a vulnerabilidade tecnológica é entendida como o desafio do domínio da tecnologia e de seus conhecimentos específicos para o desenvolvimento das atividades comerciais e de defesa do contribuinte. Diante da atual realidade tecnológica e virtual, fundamentada na maximização da eficiência da fiscalização tributária, o contribuinte é fortemente monitorado por uma série da aparatos de programas eletrônicos dotados de inteligência artificial. Assim, nas últimas décadas, houve um enorme investimento e aperfeiçoamento informático por parte da Receita Federal.

A situação fica ainda mais complicada quando esses *softwares*, dotados de inteligência artificial, passam a orientar a atuação dos Procuradores da Fazenda Nacional. Por via de consequência, reduzem o poder de decisão do representante legal da Fazenda, isto é, o juízo de oportunidade e conveniência, isto é, a decisão de dar continuidade ou não ao procedimento da execução fiscal se baseia em algoritmos (SEGUNDO, 2021).

É sob esse enfoque que a vulnerabilidade do contribuinte tem sido acentuada. Diante do discurso da dificuldade do acesso às informações sobre o contribuinte, o Fisco tem obtido o poder cada vez mais desproporcional de busca de informações, sem os cuidados de resguardar, adequadamente, garantias constitucionais, oportunizando um risco ainda maior de emissão de atos unilaterais injustos por parte da Fazenda. Isso, evidentemente, contribui para aumentar as buscas do sujeito passivo da relação jurídica tributária pela tutela jurisdicional.

Por fim, quanto à vulnerabilidade administrativa do contribuinte, é comum a utilização distorcida e exagerada de atos regulamentares e atos normativos infralegais expedidos pelo Fisco, a exemplo de decretos, regulamentos, instruções normativas e portarias para regulamentar assuntos específicos, sem previsão legal no âmbito administrativo.

Esse excesso contribui para crescer o número do cometimento de erros e ilegalidades por parte da Fazenda, tendo em vista que os agentes administrativos, geralmente, são os que lidam com essas normas, no sentido de interpretá-las e aplicá-las. Ademais, há a falta de conhecimentos técnicos necessários de alguns deles para instrumentalizar essa legislação. Essa circunstância possibilita, consequentemente, um maior risco ao cometimento de irregularidades funcionais que possam causar prejuízos ao contribuinte, mas não só, os agentes também tendem a ser orientados a cumprirem o regulamento independentemente da lei, sob pena de sofrerem penalidades funcionais advindas de seus superiores hierárquicos (MARTINS, 2009).

1.1.4.1.3 Vulnerabilidade processual do contribuinte

A vulnerabilidade processual do contribuinte tem como causa principal as prerrogativas processuais que a Fazenda Pública tem para atuar no processo tributário, seja no âmbito administrativo, seja no judicial. Consequentemente, amplia-se a vulnerabilidade e a desigualdade na relação tributária entre Estado e contribuinte, evidenciando um claro desequilíbrio dentro do processo tributário.

No processo administrativo tributário a questão é ainda mais séria, haja vista os reiterados descumprimentos das garantias constitucionais dos contribuintes. As prerrogativas da Fazenda e a violação às garantias constitucionais do contribuinte serão abordadas nos tópicos a seguir. Dito isso, passa-se à análise sucinta da vulnerabilidade processual do contribuinte, que é subdividida em processual-administrativa e processual-jurisdicional.

A primeira se desenvolve no âmbito do processo administrativo tributário. É nesse contexto que ocorre a maior parte das irregularidades que são levadas à tutela do Poder Judiciário, em razão dos excessos cometidos pelo Fisco no julgamento das lides fiscais no Brasil. Aproveitando-se da ausência de regulamentação legal de determinados assuntos e da falta de capacidade econômica de muitos entes tributantes em instituir estruturas processuais apropriadas, um enorme número de Certidões de Dívida Ativa (CDA) são emitidas irregularmente pelo Estado, no âmbito do processo administrativo fiscal.

Nessa esfera, diferentemente do que ocorre com a execução civil, a CDA é emitida unilateralmente pelo Fisco. Mesmo contendo erros que comprometam sua liquidez, certeza e exigibilidade, o título da Fazenda Pública pode ser aproveitado ou substituído com o objetivo de reaproveitamento da execução fiscal. Assim, cabe ao contribuinte, parte vulnerável, socorrer-se do Poder Judiciário, impugnando a inépcia ou a imprestabilidade da CDA (MARTINS, 2009).

Desse modo, ocorre um litígio desnecessário, tendo em vista que, caso fosse oportunizado ao contribuinte um devido processo no âmbito administrativo, mesmo em caso de improcedência, tal questão desestimularia a litigiosidade do caso, porque o contribuinte teria a ciência de ter havido um julgamento justo. Portanto, seria devidamente oportunizado a ele um julgamento com um adequado direito de defesa, garantidos os seus direitos fundamentais ao contraditório e à ampla defesa.

Já a vulnerabilidade processual-jurisdicional do contribuinte decorre da execução fiscal e de sua discussão no âmbito do processo judicial tributário. Diversos fatores contribuem para a desigualdade de forças materiais e jurídicas em torno da relação do Estado com o contribuinte, tornando este extremamente vulnerável. As principais causas são as diversas prerrogativas processuais que a Fazenda Pública detém no processo tributário.

1.1.4.1.4 Instrumentos de satisfação do crédito tributário inscrito em CDA que refletem a vulnerabilidade do contribuinte frente ao Fisco

Nesse ponto, vale destacar um requisito legal que dificulta a discussão da CDA por parte do contribuinte: a necessidade de o contribuinte garantir o débito para discutir uma dívida perante a Fazenda Nacional, independentemente de esta ser regular ou irregular, dado que o lançamento é ato unilateral do Fisco.

A Portaria PGFN 33/18 versou sobre o procedimento administrativo que dá ao interessado, com débito inscrito em dívida ativa da União, a oportunidade de oferecer bens e direitos passíveis de penhora, a exemplo do seguro-garantia ou carta de fiança bancária, bens imóveis e outros bens e direitos sujeitos a registro público, admitindo-se o oferecimento de bens e direitos de terceiros, desde que expressamente o autorizem.

A aceitação da garantia pela Fazenda afasta, nos limites dos bens e direitos ofertados, o encaminhamento da CDA para protesto e a comunicação da inscrição aos órgãos de proteção ao crédito, bem como a averbação nos órgãos de registro de bens e direitos. Estranhamente, mesmo que haja a aceitação, não há suspensão da exigibilidade do crédito tributário, muito pelo contrário, ela assegura a satisfação do crédito, que será objeto de execução fiscal a ser ajuizada no prazo máximo de trinta dias, contados do ato de aceitação, com a indicação à penhora do bem ou direito ofertado pelo devedor.

Apesar de toda essa desvantagem material e processual, a aceitação da garantia tem o efeito jurídico de emitir a certidão de regularidade fiscal, que é a certidão positiva de débitos com efeitos de negativa, de acordo com o art. 206 do CTN (BRASIL, 1966). Vale destacar que a aceitação da garantia afasta o interesse processual dos devedores para as ações cautelares de caução antecipatórias de penhora, que até então eram ajuizadas em grande número, justamente para a obtenção de certidões de regularidade (PAULSEN, 2020).

Além dessa primeira previsão legal que favorece a Fazenda, é importante citar duas recentes inovações legislativas na busca da satisfação do crédito tributário inscrito em CDA: o protesto da CDA e a averbação pré-executória. A primeira tem como finalidade a de deixar clara a inadimplência e a execução fiscal, diante do inadimplemento do contribuinte em cumprir a obrigação constituída no título de crédito. Tem previsão legal no art. 1º, parágrafo único, da Lei 9.492/1997, inserido pela Lei 12.767/2012, que inclui a CDA no rol dos títulos sujeitos a protesto.

Cumpre mencionar que o protesto da CDA teve sua constitucionalidade discutida na ADI 5.135/DF, a qual, embora tenha sido objeto de acirrada discussão, teve sua constitucionalidade formal e material confirmadas, sendo julgada improcedente a ação constitucional. Decidiu-se que o protesto das certidões de dívida ativa constitui mecanismo constitucional e legítimo por não restringir de forma desproporcional quaisquer direitos fundamentais garantidos aos contribuintes e, assim, não constituir sanção política (BRASIL, 2016).

A segunda inovação legislativa a favor da Fazenda, como dito, foi a averbação pré-executória, que tem a finalidade de tornar indisponíveis bens necessários ao pagamento dos créditos inscritos em dívida ativa, quando o contribuinte foi notificado para tanto, nos termos do art. 20-B da Lei 10.522/02, com a redação dada pela Lei 13.606/18. Consiste em uma autorização legal concedida à Fazenda Pública para averbar, inclusive por meio eletrônico, a certidão de dívida ativa nos órgãos de registro de bens e direitos sujeitos a arresto ou penhora, tornando-os indisponíveis, evitando que terceiros, inadvertidamente, adquiram tais bens em fraude à dívida ativa. Sobre o assunto, Paulsen (2020, n.p.) afirma que:

> Além dessa previsão em Lei, a PGFN também regula a matéria no Capítulo V da Portaria 33/18, denominando-a "averbação pré-executória". Conforme a Portaria 33, "A averbação pré-executória é o ato pelo qual se anota nos órgãos de registros de bens e direitos sujeitos a arresto ou penhora, para o conhecimento de terceiros, a existência de débito inscrito em dívida ativa da União, visando prevenir a fraude à execução de que tratam os artigos 185 da Lei 5.172, de 25

de outubro de 1996 (Código Tributário Nacional) e 792 da Lei 13.105, de 16 de março de 2015". (...) A averbação tem o efeito de evidenciar que o proprietário do bem tem débitos inscritos em dívida ativa, evitando que terceiros, inadvertidamente, adquiram tais bens em fraude à dívida ativa. A respeito da fraude à dívida ativa, escrevemos no capítulo relativo às garantias do crédito tributário. Embora a averbação pré-executória tenha efeitos semelhantes aos que se poderia obter com a Medida Cautelar Fiscal, esta última não resta esvaziada, porquanto se pode se fazer necessária para a indisponibilização de bens antes mesmo da inscrição dos créditos em dívida ativa, quando se demonstrem manobras de dissipação patrimonial. Analisamos essa ação no capítulo atinente ao Processo Judicial Tributário.

Vale lembrar que, apesar de serem vantagens à Fazenda Pública e terem uma aparência de legitimidade na implementação dessas medidas, ocasionam a violação dos direitos fundamentais do contribuinte, devendo ser afastada a sua aplicação. Verifica-se que o uso desses meios indiretos de cobrança, por se enquadrarem na definição de autotutela e não resolverem o conflito em sua gênese, apesar de reduzirem o número de ajuizamentos de execuções fiscais, aumentam a necessidade de o contribuinte buscar a tutela do Poder Judiciário.

Esse fato, além de acentuar a instituição desacreditada do próprio Estado, também deixa nítida a vulnerabilidade do contribuinte no processo administrativo fiscal. A situação de vulnerabilidade aumenta à medida que se visualiza a ausência de limites claros para a aplicação desses meios em desfavor de contribuintes recalcitrantes, o que indica a vontade do Fisco de apenas perseguir, de modo indireto, o adimplemento do crédito tributário (RIBEIRO, 2019).

1.1.4.2 Prerrogativas da Fazenda Pública e a violação das garantias do contribuinte

Além dos citados meios indiretos de satisfação do crédito tributário, a Fazenda detém uma série de prerrogativas processuais baseadas no princípio da supremacia do interesse público e no princípio da indisponibilidade do interesse público, desempenhados em prol da coletividade. Em outras palavras, a Fazenda Pública detém a previsão legal, no ordenamento jurídico brasileiro, de uma série de prerrogativas distintas dos demais jurisdicionados, proporcionando àquela maiores vantagens em juízo.

No entanto, a interpretação do interesse público dever ser realizada de forma sistêmica, abrangendo, portanto, a aplicação coerente das normas do ordenamento jurídico. Na análise do desempenho da atividade administrativa fiscal, nota-se justamente o oposto. Com o objetivo de cumprir o interesse público e a pretexto de garantir a eficiência do processo arrecadatório, não pode o Fisco ferir direitos e garantias fundamentais, tais como o devido processo legal, tendo em vista que nem mesmo o princípio da supremacia pública é um valor absoluto que deve se sobrepor às demais garantias constitucionais. Portanto, deve haver uma ponderação de interesses (QUEIROZ, 2018).

Dessa forma, os argumentos capazes de atribuir poderes cada vez maiores a Fazenda, dentre eles, o de maximizar a eficiência da execução fiscal em busca da obtenção de dados do contribuinte e de privilégios para a cobrança da CDA, não merecem prosperar.

Isso porque os dois maiores problemas que podem tornar ineficiente a execução fiscal, ou mesmo inviabilizá-la por completo, apesar de todos os meios de penhora e constrição que o Fisco detém, tais como SISBAJUD (SISBAJUD..., 2020), são a não localização do devedor e a não localização de bens que possam ser penhorados. Nesses casos, a indicação de bens penhoráveis e o paradeiro do devedor são ônus do credor. Por esse motivo, caso não disponha de tais informações, de nada adiantará ao Fisco transferir para a via administrativa a questão (SEGUNDO, 2021).

Sobre as prerrogativas da Fazenda Pública, vale dizer que a União, os Estados, o Distrito Federal, os Municípios e suas respectivas autarquias e fundações, na figura de seus procuradores, foram contemplados com o benefício da intimação pessoal dos seus procuradores, de acordo com o art. 180 do Código de Processo Civil (Lei 13.105/2015) e com o art. 25 da Lei de Execução Fiscal (Lei 6.830/80).

Além disso, a Fazenda Pública goza do benefício da contagem de prazo dobrado em todas as suas manifestações processuais, com previsão legal no art. 183 do CPC. Por essa razão, aplica-se supletivamente o Código de Processo Civil ao processo de execução fiscal, já que a Lei 6.830/80 é omissa sobre esse tema. Além disso, a contagem do prazo será em dias úteis, de acordo com o art. 219 do CPC, o que elastece ainda mais os prazos a favor do Fisco.

Nessa linha, o Fisco também goza do benefício da "remessa necessária", no qual, salvo as exceções legais, nas sentenças proferidas em desfavor da Fazenda Pública, torna-se obrigatória o reexame necessário, a remessa obrigatória ou o duplo grau de jurisdição obrigatório.

O termo "remessa necessária" é adotado de modo uniforme, sendo referido nos arts. 936, 942, § 4º, II, 947, 978, parágrafo único, e art. 1.040, II, todos do CPC. Destaca-se que a "remessa necessária" tem como condição a eficácia da sentença e a formação da coisa julgada. Confirmando esse entendimento, o STJ editou o enunciado da Súmula 423: "Não transita em julgado a sentença por haver omitido o recurso *ex officio*, que se considera interposto *ex lege*" (CUNHA, 2020, grifos do autor).

Esses privilégios legais revelam uma situação de vulnerabilidade ao contribuinte no processo judicial tributário, o que torna ainda mais difícil fazer prova de eventuais irregularidades e ilegalidades cometidas pelo Fisco no ato de lançamento e inscrição do crédito tributário em dívida ativa, para desconstituir os requisitos de certeza, liquidez e exigibilidade da CDA (OLIVEIRA; KNOERR, 2013).

Essa missão de provar atos irregulares se torna ainda mais difícil diante da presunção relativa de legalidade da CDA, uma vez que o procedimento que constitui o título executivo é realizado de forma unilateral pelo Fisco, sem a garantia de direitos fundamentais previstos constitucionalmente. Desse modo, analisando o conteúdo do texto constitucional pós-moderno, e sob o ponto de vista do Estado Democrático de Direito, a execução fiscal viola várias garantias individuais.

Pode-se citar a violação do direito à isonomia na relação procedimental entre contribuinte e Fisco, previsto no art. 5º, *caput*, da CRFB/88, diante do claro desequilíbrio entre Fazenda Pública e contribuinte na relação jurídica administrativa fiscal.

Além disso, pode-se visualizar, claramente, após o estudo do tema, que tanto o devido processo legal (art. 5º, inciso LIV), quanto o contraditório e a ampla defesa (art. 5º, inciso LV), no procedimento de constituição da CDA, por meio do lançamento que torna devido a cobrança do crédito tributário, são prejudicados, já que o processo se realiza quase que à revelia do contribuinte.

1.1.5 CONSIDERAÇÕES FINAIS

A partir da edição da Constituição Federal de 1988, passou a ser aplicado o novo modelo constitucional no Brasil. Com os direitos fundamentais do devido processo legal, do contraditório e da ampla defesa (art. 5º, incisos LIV e LV, da CFRB/88), surgiu o dever de respeito à legislação infraconstitucional, em razão da obediência aos mandamentos constitucionais. Esses direitos devem ter, em tese, aplicação tanto nos processos administrativos quanto tributários.

No âmbito do processo judicial tributário e administrativo-tributário, isso não deveria ser diferente. No entanto, além da quebra da isonomia processual e material no campo do processo judicial, no âmbito da execução fiscal, pode-se notar um completo desrespeito aos direitos fundamentais do contribuinte.

Diante do fundamento do princípio da supremacia do interesse público e da indisponibilidade do interesse público, a doutrina sustenta que o Estado deve ter uma posição diferenciada dentro do processo tributário. Assim, o Estado acaba tendo uma série de privilégios no âmbito material e processual.

No entanto, no presente trabalho, defende-se que esse princípio não é absoluto, isto é, deve ter sua aplicação norteada por uma interpretação sistemática do ordenamento jurídico. Em outras palavras, não apenas deve seguir a ótica da execução fiscal, de somente atender à finalidade arrecadatória em busca de uma suposta consecução do bem comum.

Embora o interesse público seja representado pelo Fisco, isso não pode servir de justificativa para que, no curso do processo administrativo fiscal, a Fazenda descumpra vários direitos e garantias fundamentais individuais, que são cláusulas pétreas contidas no texto constitucional.

Nesse contexto, abordou-se o estudo da emissão da CDA, título executivo que goza de presunção relativa de legalidade, típica de todos os atos administrativos. Esse título pode ser constituído de forma unilateral, mesmo sem a participação do contribuinte durante todo o procedimento fiscal ou mesmo diante de nítida desobediência aos seus direitos fundamentais. Notou-se que esse fato inviabiliza a discussão da presunção legal de liquidez e certeza, com violação ao devido processo legal. O contribuinte é, assim, obrigado a levar ao Poder Judiciário a lide, com o objetivo de discuti-la e invalidar a CDA.

Essa constituição unilateral da CDA revela não só um desrespeito quanto aos direitos do contribuinte, mas também um alto grau de vulnerabilidade no âmbito do processo administrativo tributário, tendo em vista a posição privilegiada do Estado nessa relação jurídica tributária e a sua hipertrofia, diante dos privilégios legais que ele mesmo atribui aos seus órgãos fiscalizadores e executores.

Nessa toada, estudou-se o conceito e as classificações de vulnerabilidade do contribuinte, divididas sob a ótica do Estado criador da norma jurídico-fiscal (vulnerabilidade material), de aplicador da norma jurídico-fiscal (vulnerabilidade formal do contribuinte) e de julgador da lide fiscal (vulnerabilidade processual do contribuinte).

Conclui-se, após os estudos, que a justificativa de atribuir poderes quase ilimitados ao Fisco, diante da fundamentação da maximização da eficiência arrecadatória, não se sustenta. Embora haja o auxílio de programas de computador, baseados em algoritmos, e de avançados sistemas de fiscalização e penhora, como o SISBAJUD, o principal motivo da ineficiência da execução fiscal continua sendo a não localização do devedor e a não localização de bens passíveis de penhora.

REFERÊNCIAS

BRASIL. Constituição (1988). Constituição da República Federativa do Brasil. Texto constitucional promulgado em 5 de outubro de 1988. Brasília, DF: Presidência da República, 1998.

BRASIL. Lei 5.172, de 25 de outubro de 1966. Dispõe sobre o Sistema Tributário Nacional e institui normas gerais de direito tributário aplicáveis à União, Estados e Municípios. Diário Oficial da União, Brasília, DF, 25 out. 1966. Disponível em: http://www.planalto.gov.br/ccivil_03/leis/l5172compilado.htm. Acesso em: 06 jan. 2022.

BRASIL. Lei 13.105, de 16 de março de 2015. Código de Processo Civil. Diário Oficial da União, Brasília, DF, 25 out. 1966. Disponível em: http://www.planalto.gov.br/ccivil_03/_ato2015-2018/2015/lei/l13105.htm. Acesso em: 05 jan. 2022.

BRASIL. Lei 6.830, de 22 de setembro de 1980. Dispõe sobre a cobrança judicial da Dívida Ativa da Fazenda Pública, e dá outras providências. Diário Oficial da União, Brasília, DF, 22 set. 1980. Disponível em http://www.planalto.gov.br/ccivil_03/leis/l6830.htm. Acesso em: 05 jan. 2022.

BRASIL. Superior Tribunal de Justiça. Súmula 314. Em execução fiscal, não localizados bens penhoráveis, suspende-se o processo por um ano, findo o qual se inicia o prazo da prescrição quinquenal intercorrente. Diário da Justiça Eletrônico: seção 1, Brasília, DF, 08 jun. 2006. Disponível em: https://www.coad.com.br/busca/detalhe_16/2296/Sumulas_e_enunciados. Acesso em: 02 jan. 2022.

BRASIL. Superior Tribunal de Justiça. Súmula 392. A Fazenda Pública pode substituir a certidão de dívida ativa (CDA) até a prolação da sentença de embargos, quando se tratar de correção de erro material ou formal, vedada a modificação do sujeito passivo da execução. Diário da Justiça Eletrônico: seção 1, Brasília, DF, 07 out. 2009. Disponível em: https://www.coad.com.br/busca/detalhe_16/2295/Sumulas_e_enunciados. Acesso em: 02 jan. 2022.

BRASIL. Superior Tribunal de Justiça. Súmula 393. A exceção de pré-executividade é admissível na execução fiscal relativamente às matérias conhecíveis de ofício que não demandem dilação probatória. Diário da Justiça Eletrônico: seção 1, Brasília, DF, 07 out. 2009. Disponível em: https://www.coad.com.br/busca/detalhe_16/2296/Sumulas_e_enunciados. Acesso em: 02 jan. 2022.

BRASIL. Supremo Tribunal Federal. ADI 5135/DF. Ministro Relator: Luís Roberto Barroso. Julgamento: 09 nov. 2016. Tipo de Documento: Acórdão. Diário de Justiça Eletrônico. Brasília, DF, 2016. Disponível em: https://redir.stf.jus.br/paginadorpub/paginador.jsp?docTP=TP&docID=10931367. Acesso em: 05 jan. 2022.

BRASIL. Portaria PGFN 33, de 08 de fevereiro de 2018. Regulamenta os arts. 20-B e 20-C da Lei 10.522, de 19 de julho de 2002 e disciplina os procedimentos para o encaminhamento de débitos para fins de inscrição em dívida ativa da União, bem como estabelece os critérios para apresentação de pedidos de revisão de dívida inscrita, para oferta antecipada de bens e direitos à penhora e para o ajuizamento seletivo de execuções fiscais. Diário Oficial da União, Brasília, DF, 09 fev. 2018. Disponível em: http://normas.receita.fazenda.gov.br/sijut2consulta/link.action?idAto=90028&visao=anotado. Acesso em: 03 jan. 2022.

COÊLHO, Sacha Calmon Navarro. *Curso de direito tributário brasileiro*. 17. ed. Rio de Janeiro: Forense, 2020. E-book.

CUNHA, Leonardo Carneiro da. *A fazenda pública em juízo*. 17. ed. Rio de Janeiro: Forense, 2020. E-book.

MARTINS, James. *Defesa e vulnerabilidade do contribuinte*. São Paulo: Dialética, 2009.

OLIVEIRA, M. G.; KNOERR, F. G. O processo tributário e a vulnerabilidade do contribuinte. *Publica Direito*, v. 1, p. 226-249, Unicuritiba, 2013. Disponível em: http://www.publicadireito.com.br/artigos/?cod=af3b6a54e9e9338a#:~:text=O%20assunto%20a%20ser%20tratado,Tribut%C3%A1rio%2C%20buscando%20pela%20realiza%C3%A7%C3%A3o%20da. Acesso em: 10 jan. 2022.

PAULSEN, Leandro. *Curso de direito tributário completo*. 11. ed. São Paulo: Saraiva Educação, 2020.

PIETRO, Maria Sylvia Zanella Di. *Curso de direito administrativo*. 34. ed. Rio de Janeiro: Forense, 2021. E-book.

QUEIROZ, Mila Duarte. *Execução fiscal*: afronta as garantias constitucionais do contribuinte? 2018. 27 f. Trabalho de Conclusão de Curso. Faculdade ASCES, Centro Universitário Tabosa de Almeida,

Caruaru, 2018. Disponível em: http://200-98-146-54.clouduol.com.br/handle/123456789/1524. Acesso em: 11 jan. 2022.

RIBEIRO, Mellissa Freitas. *Protesto de CDA e averbação pré-executória como meios extrajudiciais de cobrança*: a inversão dos sujeitos processuais e a acentuação na vulnerabilidade do contribuinte. 2019. 98 f. Dissertação (Mestrado). Faculdade de Direito, Universidade Federal do Ceará, Fortaleza – CE, 2019. Disponível em: https://repositorio.ufc.br/handle/riufc/62762. Acesso em: 11 jan. 2022.

SEGUNDO, Hugo de Brito Machado. *O poder público e litigiosidade*. São Paulo: Foco, 2021.

SISBAJUD: novo sistema de penhora on-line de ativos de devedores será lançado em 25 de agosto. Brasília, DF, 21 ago. 2020. *Ministério da Economia*: Procuradoria da Fazenda Nacional, 2020. Disponível em: https://www.gov.br/pgfn/pt-br/assuntos/noticias/2020/sisbajud-novo-sistema-de-penhora-on-line-de-ativos-de-devedores-sera-lancado-em-25-de-agosto. Acesso em: 05 jan. 2022.

2
TUTELAS PROVISÓRIAS EM FACE DO PODER PÚBLICO

2.1
OS LIMITES DA ANÁLISE DE MÉRITO DA DECISÃO IMPUGNADA POR SUSPENSÃO DE LIMINAR E DE SENTENÇA

Hélio Rios Ferreira

Mestrando em Direito pelo Centro Universitário Christus (UNICHRISTUS). Membro do Comitê Técnico da Revista Síntese de Direito Administrativo. Advogado. Procurador do Estado do Amapá. E-mail: heliorosferreira@hotmail.com.

Resumo: O foco deste artigo é o estudo da suspensão de liminar e de sentença (SLS). Seu objetivo é expor, à luz da doutrina e da jurisprudência, os limites de intersecção entre o mérito da decisão impugnada e o do pedido de suspensão de liminar e de sentença. A SLS foi apresentada no primeiro capítulo e, no segundo, analisa-se a possibilidade de deferimento de pedido de suspensão de liminar e de sentença, no caso da decisão impugnada se encontrar juridicamente correta; por fim, o terceiro estuda os limites dessa intersecção entre o mérito da decisão impugnada e o do pedido de suspensão. O enfoque metodológico desta pesquisa pode ser caracterizado como qualitativo, bibliográfico, exploratório e descritivo. Chegou-se à conclusão de possibilidade de análise do mérito da decisão impugnada para quantificar e qualificar o grau de lesão ao bem de interesse público descrito na lei; ser vedado utilizar o mérito da decisão impugnada como razão de decidir o pedido de SLS; obrigatoriedade do julgador em examinar o desacerto da decisão impugnada, quando fundamentada em precedente vinculante para graduar, com maior relevância, a potencialidade lesiva do mérito do pedido de suspensão.

Palavras-chave: Suspensão de liminar e de sentença – Decisão juridicamente correta – Limites de intersecção entre o mérito das demandas.

Abstract: The focus of this article is the study of suspension of injunction and sentence (SLS). Its objective is to expose, in the light of doctrine and jurisprudence, the limits of intersection between the merits of the contested decision and that of the request for suspension of the preliminary injunction and sentence. The SLS was presented in the first chapter and, in the second, the possibility of granting a request for suspension of the preliminary injunction and sentence is analyzed, in case the contested decision is legally correct; finally, the third studies the limits of this intersection between the merits of the contested decision and that of the suspension request. The methodological focus of this research can be characterized as qualitative, bibliographic, exploratory and descriptive. The conclusion was reached that it was possible to analyze the merits of the contested decision in order to quantify and qualify the degree of damage to the public interest described in the law; to be prohibited from using the merits of the contested decision as a reason for deciding on the SLS request; obligation of the judge to examine the failure of the contested decision, when based on a binding precedent, to rank, with greater relevance, the harmful potential of the merits of the suspension request.

Keywords: Suspension of preliminary injunction and sentence – Legally correct decision – Intersection limits between the merits of the demands.

Sumário: 2.1.1 Introdução – 2.1.2 Entendendo o pedido de suspensão de segurança – 2.1.3 Da possibilidade de deferimento de pedido de SLS contra decisão juridicamente correta – 2.1.4 Os limites de intersecção entre o mérito do pedido de sls e o da decisão impugnada – 2.1.5 Considerações finais – Referências.

2.1.1 INTRODUÇÃO

A ideia do presente estudo se originou da aula ministrada pelo professor do curso de Mestrado Acadêmico em Direito da Unichristus, Dr. Hugo de Brito Machado Segundo, na disciplina "Poder Público e Litigiosidade", dia 30 de setembro de 2021 – Aula 5. O professor apresentou um questionário contendo as seguintes perguntas "Em quais hipóteses deve ser concedida uma "suspensão de segurança"? Mesmo quando, no mérito, a decisão for aparentemente correta, deve o Judiciário suspendê-la? Sob quais fundamentos, se, ao final, o pedido formulado contra o Poder Público tiver de ser julgado procedente?"

Partindo delas, desenvolve-se este texto levando em consideração a bibliografia indicada pelo professor, suas reflexões e as dos alunos presentes. As conclusões não são absolutamente completas, até porque é extremamente difícil exaurir um tema tão debatido como o trazido para estudo. Contudo, busca-se, nas Suspensões de Liminar e de Sentença (SLS) 2.696/RJ, 2.951/CE e 3.002/SP, expor o comportamento do Superior Tribunal de Justiça (STJ) na análise entre o pedido da SLS e o mérito da decisão impugnada.

São três julgados do ano de 2021, todos aptos a demonstrar qual o atual entendimento do Presidente do STJ e da Corte Especial, não de forma exaustiva. Extrai-se da manifestação de quase todos os membros do STJ os posicionamentos quanto ao tema "análise de mérito da decisão impugnada por SLS". É que os pedidos de SLS foram submetidos à análise do colegiado por meio de agravo, revisando as decisões do Presidente, e todas foram reformadas, seja para indeferir ou deferir.

O desenvolvimento do tema requereu a divisão do texto em três seções. A primeira apresenta o pedido de SLS; já a segunda, estuda a possibilidade de deferimento de SLS, quando a decisão impugnada se encontra juridicamente correta; e, por fim, a terceira traz casos concretos e hipotéticos de exceções à regra de impossibilidade de análise do acerto da decisão impugnada.

2.1.2 ENTENDENDO O PEDIDO DE SUSPENSÃO DE SEGURANÇA

É necessário introduzir o tema informando ser a SLS[1] um processo incidente com natureza cautelar (contracautela) de pretensão restrita, tendo como objeto a

---

[1]. Esta terminologia será frequentemente utilizada, muito embora a origem do pedido de suspensão seja no mandado de segurança, cuja denominação é suspensão de segurança (SS). Como, historicamente,

defesa contra lesão à ordem pública, saúde pública, segurança pública e economia pública. É um procedimento dependente dos autos principais, com a finalidade "de amparar interesses públicos considerados de alta relevância pelo legislador". (OLIVEIRA, 2006, p. 10).

A suspensão de segurança não é um recurso, nem muito menos um sucedâneo recursal. Trata-se de um pedido de suspensão dos efeitos de uma decisão baseado no preenchimento de requisitos próprios voltados ao resguardo do interesse público. O fundamento se encontra nas Leis 12.016/2009, 4.348/1964, 8.038/1990, 8.437/1992, na Medida Provisória 2.180-35/2001 e nos Regimentos Internos dos Tribunais Superiores e dos demais tribunais que compõem o Poder Judiciário. São legitimados para o ajuizamento do pedido suspensivo o Ministério Público e a pessoa jurídica que exerce múnus público e na defesa de interesse público.[2]

Tradicionalmente, o STJ trata a suspensão de segurança como um procedimento incidental de cunho político e com regime de litigiosidade limitada.[3] Este entendimento não é pacífico, como se verá mais adiante. A gravidade e a iminência da lesão ao interesse público devem estar demonstradas no pedido de suspensão, não só por meio de texto aposto na peça processual, mas também através de provas robustas e capazes de caracterizar a lesão. O potencial lesivo aos bens protegidos pela SLS deve ser demonstrado de forma inequívoca, sem suposições de grave lesão ao interesse (ou bem) público protegido.

A suspensão de segurança tem por objetivo evitar a produção de efeitos de decisão liminar ou de sentença.[4] Além disso, tem como fundamento a demonstração objetiva de lesão à ordem pública, saúde pública, segurança pública e economia

---

o pedido de suspensão foi se estendendo a qualquer tutela provisória ou sentença de eficácia imediata proferidas em face da Fazenda Pública, passa-se a citar, no texto, como suspensão de liminar e de sentença (SLS). Até mesmo porque o mandado de segurança comporta decisão liminar e sentença. O pedido não se restringe a esses dois tipos de decisão, há também pedido para suspender acórdão, cautelar, tutela antecipada e qualquer outra decisão que venha a causar lesão à ordem pública, economia, saúde e segurança.

2. São legítimos para pedir a suspensão os entes privados da Administração Indireta (empresas públicas e sociedades de economia mista) e os colaboradores com o Poder Público (concessionárias e permissionárias de serviço público). Precedente: AgRg no AREsp 784.604/MG.

3. Em recente julgamento da Corte Especial, afirmou-se que: "5. O juízo político é inerente ao julgamento das suspensões de segurança, diante do elevado grau de indeterminação do conceito de grave lesão à ordem, à saúde, à segurança, à economia públicas e de manifesto interesse público". (BRASIL, 2021).

4. A lesão que se busca evitar com a satisfação do pedido de suspensão não se relaciona com a efetividade da jurisdição, como no pedido de tutela provisória. A prova se refere ao abalo que a efetividade da jurisdição pode causar à ordem pública, economia, segurança e saúde. Por isso, o pedido é de contracautela, uma vez que a liminar ou a execução provisória de sentença se justificam como meio de evitar um dano irreparável àquele que aguarda a efetividade da jurisdição. Sobre tutela provisória e efetividade de jurisdição: "O conceito de urgência, que enseja tutela provisória, deve ser entendido em sentido amplo, mais amplo que o sentido pelo qual é geralmente adotado, ou seja, de representar situação apta a gerar dano irreparável. A urgência, no sentido que aqui se utiliza, está presente em qualquer situação fática de risco ou embaraço à efetividade da jurisdição (ZAVASCKI, 2009, p. 28).

pública. Esta prova, pré-constituída, é imprescindível para a caracterização da lesão e, sem ela, o pedido é indeferido.

A inexistência de dilação probatória autoriza a reflexão sobre a desnecessidade da busca pela verdade, a análise recai sobre probabilidades. No caso do Poder Público, a presunção de veracidade é um atributo de seu ato, muito embora relativa, requer prova em contrário para sua desconstituição. Se a prova juntada ao pedido de SLS não for combatida pela parte contrária, a probabilidade do deferimento é maior. Em qualquer demanda, sua resolução não se baseia em verdade absoluta, seja em processo administrativo ou judicial.[5]

As verdades são relativas dentro e fora do processo. Isto seria aplicável ao pedido de SLS? Por se tratar de uma medida excepcional, qual seria a quantidade/qualidade das provas necessárias a instruir a peça processual? A verdade material deve ser buscada pelo julgador, mas não como finalidade do processo, pois este deve chegar a um fim. O mesmo se entende no caso de pedido de SLS. A prova que instrui o pedido deve ser robusta e trazer a verdade dos fatos, e nada impede que a outra parte traga outras provas em sentido contrário. Ocorre que a prova debatida na SLS deve ser referente à existência, ou não, de lesão ao interesse público. A pretensão na ação principal não se confunde com a do pedido de SLS.

É íntima a relação entre prova, verdade e legalidade, acompanhando toda a análise perfunctória do presidente do tribunal. Não é diferente o trato do pedido de SLS, como em recente decisão proferida pelo Presidente do STJ no pedido de SLS 3.002/SP formulado pela Autoridade Portuária de Santos (SPA). O pedido carreava provas de lesão à ordem e economia públicas em caso de cumprimento de decisão proferida em tutela antecipada antecedente contra o resultado do Processo Seletivo Simplificado 1/2020, onde restou declarada vencedora a empresa Confort Afretamentos. Inconformado, o SPA formulou pedido de SLS e alegou, segundo o relatório do acórdão que julgou o agravo interno na SLS 3.002/SP:

> Argumenta ainda que: a) administrativamente, a ANTAQ, analisando os mesmos fatos, validou o novo procedimento seletivo (Processo Seletivo Simplificado 1/2020) e o contrato DIPRE-DINEG/16.2021, homologando-os em decisão unânime de sua diretoria colegiada; b) a referida agência possui entendimento de ser permitida a possibilidade de movimentação de outras cargas que não aquelas dispostas no Plano de Desenvolvimento e Zoneamento do Porto de Santos – PDZ e as empresas envolvidas utilizam esse entendimento em outros contratos de transição firmados com a SPA; c) a decisão que ora se questiona manteve os

---

5. Acerca de uma busca pela verdade absoluta no processo: "El proceso no tiene finalidades cognoscitivas o científicas; no se lleva a cabo porque alguien quiera conocer los hechos sino porque es necesario eliminar un conflicto de intereses. Entonces, la verdad no sirve y, es más, queda excluida del conjunto de los objetivos perseguibles en el proceso; como máximo, aquélla podrá configurarse como un by-product eventual de la actividad procesal, al que no es necesario prestar una atención especial". (TARUFFO, 2005, p. 38).

mesmos fundamentos do agravo de instrumento, deixando de considerar todos os fatos ocorridos posteriormente à decisão agravada e acaba por tutelar única e exclusivamente os interesses econômicos de uma empresa privada em detrimento do interesse público; d) os critérios estabelecidos pelo PDZ não integram a ação principal; e) a referida decisão acabou por suspender os efeitos de uma condição do Contrato de Transição DIPRE-DINEG/16.2021, admitido pela autoridade competente, referendada pela ANTAQ, e negou a prestação de um serviço público com regularidade, que pode deixar de arrecadar por ano R$ 2.556.852,00 (dois milhões, quinhentos e cinquenta e cinco mil e oitocentos e cinquenta e dois reais) (BRASIL, 2021).

Após a análise do pedido de SLS do SPA, o Presidente do STJ atestou haver lesão à ordem e economia públicas no deferimento de tutela antecipada antecedente que suspendeu o resultado de processo licitatório. Em razão disso, deferiu o pedido e, expressamente, privilegiou a presunção de legalidade do ato administrativo ao mérito da decisão de tutela antecipada antecedente deferida em favor do autor da ação judicial:

> Nesse sentido, esses atos administrativos devem prevalecer, já que dotados da presunção de legalidade, até que a questão seja decidida, no mérito e definitivamente, pelo Poder Judiciário. Assim sendo, é patente o risco de violação da ordem pública decorrente da decisão liminar proferida nos autos da Tutela Provisória Antecedente 5019047-15.2021.4.03.0000.

A decisão do Presidente do STJ é simples e o conteúdo da fundamentação referente ao critério de concessão de pedido de suspensão é mais simples ainda, pois se restringe à citação imediatamente acima. Na fundamentação, não consta a demonstração da lesão à ordem pública, nem muito menos em quais provas se respalda a pretensão de suspensão de tutela antecipada, assim, a autoridade julgadora apenas motivou sua decisão na presunção de legalidade do ato administrativo.

Neste sentido, a decisão deveria ter analisado a prova que subsidiava a SLS em busca da verdade material, aferida após manifestação da parte contrária. A legalidade da decisão se obtém com as provas caracterizadoras, ou não, da lesão à ordem pública, jamais por meio de presunção de legalidade do ato sem prévia prova sobre a repercussão lesiva em desfavor do interesse público, "[...] não é por causa da dificuldade de demonstrar a potencialidade da lesão que se vai dispensar a sua comprovação". (RODRIGUES, 2010, p. 172).

A decisão impugnada pela SLS se refere à uma tutela provisória, ou uma sentença sem trânsito em julgado, não definitiva e passível de reforma (*erro in judicando*) ou anulação (*erro in procedendo*) em outro momento ou instância recursal. O deferimento de SLS depende de prova pré-constituída da verdade dos fatos narrados no pedido. A legalidade (o acerto) da decisão é consequência da compatibilidade do fato jurídico apresentado na pretensão com o direito debatido. Muito embora o mérito da pretensão no processo principal não se confunda com o da SLS, a contracautela deve trazer a prova da existência verdadeira de lesão aos bens públicos legalmente protegidos, não sendo suficiente a alegação de presunção de legalidade do ato, logo, este atributo é inerente aquele e já foi aferido pelo judiciário no momento do deferimento da tutela provisória.

No pedido de SLS, a pretensão não é de reformar, cassar ou anular a decisão impugnada, e sim evitar a produção de efeitos dela, sob pena de causar um mal à coletividade, não se imiscuindo o julgador no acerto ou desacerto do mérito da decisão. Ainda que acertada a decisão, afastando a presunção de legalidade do ato administrativo, pode o presidente do tribunal suspender seus efeitos, logo, não há que se falar em presunção de legalidade do ato, mas da lesão a bem jurídico coletivo protegido pela lei. O Presidente do STJ deveria ter fundamentado sua decisão na causa de pedir e no pedido da SLS, sendo o mérito da decisão impugnada apenas parte do fundamento para atestar a lesão ao interesse público.

O requerente deve deixar demonstrado, por meio de provas, a lesão e a plausibilidade do seu direito à contracautela. Não há dilação probatória no pedido excepcional de suspensão. Se a lesão é à saúde pública, a petição deve vir instruída com informações técnicas do Ministério ou Secretaria de Saúde, comprovando a existência de dano por meio de dados relacionados à demanda principal. O mérito da ação principal serve de análise na SLS para caracterizar a existência do dano.

Como se pode perceber, a análise dessas provas é realizada por um tribunal vinculado ao Poder Judiciário, de forma monocrática, competindo ao "presidente do tribunal ao qual couber o conhecimento do respectivo recurso suspender, em decisão fundamentada, a execução da liminar e da sentença" (art. 15, *caput* da Lei 12.016/2009). Atente-se que os tribunais superiores só conhecem de SLS se o pedido contiver matéria relacionada à sua competência constitucional. Se a matéria é eleitoral, o Tribunal Eleitoral é competente;[6] se é trabalhista, o tribunal competente será o trabalhista;[7] se é local, o próprio Tribunal de Justiça é o competente. Neste âmbito, os regimentos internos, observando a lei de regência, ditam o procedimento a ser seguido.

No caso de o presidente do tribunal indeferir o pedido de suspensão, o recurso a ser manejado é o agravo,[8] em regra, sem efeito suspensivo. Este agravo é o interno. Com a vigência do Código de Processo Civil (CPC) de 2015, o recurso passou a ter previsão expressa e prazo de 15 (quinze) dias úteis. Entretanto, a legislação específica que trata da SLS concede prazo de 5 (cinco) dias,[9] contados da decisão

---

6. Art. 15, Código 45 do Regimento Interno do TSE (BRASIL, 1952).
7. Artigos 308 e 309 do Regimento Interno do Tribunal Superior do Trabalho, aprovado pela Resolução Administrativa 1.937, de 20 de novembro de 2017.
8. Ainda denominado por alguns regimentos internos de tribunais como "agravo regimental", até mesmo por algumas leis. Porém, o CPC/2015 trouxe, expressamente, o "agravo interno" como meio de impugnação recursal contra decisões monocráticas dentro de um mesmo tribunal.
9. Conforme art. 15 da Lei 12.016/2009 e o art. 4º, § 3º, da Lei 8.437/1992.

do presidente do tribunal. Por se tratar de lei específica, o prazo aplicável é o de cinco dias, contados em dias corridos. Além disso, o Supremo Tribunal Federal (STF) não reconhece a prerrogativa da Fazenda Pública de contagem do prazo em dobro para interposição do recurso (BRASIL, 2018).

Após a decisão do agravo, não há outro meio recursal para impugnar a decisão colegiada, por não ser a SLS um recurso, nem sucedâneo recursal. Não se discute o mérito da decisão que se deseja suspender, o mérito da ação principal não é analisado com profundidade e não se discute a injuricidade da decisão impugnada. Por conta disso, não são cabíveis os recursos excepcionais. Não há questionamento de lei federal ou norma constitucional, essas normas apenas devem ser mencionadas na petição de SLS para definir a competência do tribunal, e não para fins de interpretação.

Rememora-se que o debate é sobre a lesão ao interesse público. Questão de direito que pode ser analisada na SLS é a "ilegitimidade patente", sendo até discutível na doutrina, por versar sobre análise de lei, se é cabível, ou não, recurso excepcional contra decisão de SLS, cujo ajuizamento tenha se fundado nesse motivo. Há severas críticas a esse requisito, e com razão, pois desnatura sua existência e dá um caráter recursal ao instituto.

São as incongruências apontadas na análise do caso concreto que suscitam dúvidas quanto à validade constitucional do instituto e, em especial, quando o pedido de SLS adentra o mérito da decisão que se pretende ter sua execução suspensa. É como se houvesse a criação de um recurso exclusivo da Fazenda Pública para impugnar decisões destinadas à execução provisória, sem que o mesmo recurso existisse para o particular. É uma violação à paridade de armas no percurso do devido processo legal.

As críticas existem, mas não se concorda, diante da existência de outras prerrogativas da Fazenda Pública, também muito questionadas, cujo respaldo é constitucional. A ponderação de interesses deve ser privilegiada, tanto é que nem sempre o interesse público (difuso ou coletivo) é superior ao particular (individual), como no caso de pretensão judicial de paciente com necessidade de aquisição de determinado medicamento autorizado pela Agência Nacional de Vigilância Sanitária (ANVISA) e que não se encontra na lista do Sistema Único de Saúde (SUS). Ainda que seu custo seja alto, podendo vir a subsidiar uma SLS por lesão à ordem e economia pública, os julgadores deferem o pedido do particular por preponderância do direito à saúde.

Algumas críticas recaem sobre a duplicidade de impugnação de uma única decisão, ante a possibilidade de manejo de recurso próprio contra a decisão lesiva ao interesse público. Entretanto, como já afirmado, e será reafirmado nas próximas linhas, o mérito do pedido de SLS não se confunde com o da decisão impugnada.

A SLS não é um recurso. Nada impede que haja o pedido de suspensão e a interposição do recurso próprio. Sendo assim, não se trata de criação de um tribunal de exceção ou de um recurso exclusivo para a Fazenda Pública. O problema se evidencia no momento em que a decisão é arbitrária ou abusiva. Neste caso, cabe à parte prejudicada interpor o agravo contra a decisão do presidente do tribunal para deliberação do colegiado.

A SLS é uma das prerrogativas questionadas, pode ser citado o exemplo do caso das vedações à concessão de tutela provisória em face da Fazenda Pública.[10] Para a parte adversa, é difícil não questionar essas prerrogativas se, para vê-la deferida, é necessário se esquivar da legislação que veda sua concessão[11] e, mesmo conseguindo ficar fora desse rol de vedações, deve ainda se defender de pedido de SLS para suspender sua força executória. A frustração da parte litigante é entendível, mas não afasta a validade do instituto.

Superado o tema do que vem a ser a SLS, passa-se a debater sobre o assunto central do estudo: os limites do objeto de análise da decisão impugnada como meio de julgamento do pedido de SLS.

2.1.3 DA POSSIBILIDADE DE DEFERIMENTO DE PEDIDO DE SLS CONTRA DECISÃO JURIDICAMENTE CORRETA

A natureza do pedido de SLS se afasta de pretensão originária ou recursal, não podendo conter pedido diverso do de suspensão de efeitos de uma decisão. Significa dizer que a pretensão que aposta numa SLS não contém interesse de reforma, cassação ou anulação da decisão mencionada em seus fundamentos. Sendo assim, o pedido de SLS pode ser deferido, ainda que haja aparente plausibilidade jurídica da pretensão da parte contrária em sede de tutela provisória ou sentença.

O fundamento para a suspensão é de lesão a um interesse público, não se confundindo com a lide delimitada no processo principal. Em suma, a questão de mérito da decisão impugnada não se confunde com o objeto e o fundamento do pedido de suspensão.[12] O mérito do pedido de suspensão guarda congruência

---

10. "Os direitos dos litigantes, acima enunciativamente indicados, apesar de considerados fundamentais pela Constituição, não são, todavia, direitos absolutos. Em determinadas circunstâncias e sob certas condições, podem vir a sofrer restrição, seja pelo juiz que os aplica, seja pelo legislador que regulamenta o seu exercício. A relatividade desses direitos decorre, basicamente, da necessidade de propiciar, no campo prático, a convivência harmônica e simultânea de todos eles". (ZAVASCKI, 2009, p. 28).
11. A Lei 12.016/2009 (Lei do Mandado de Segurança) traz a seguinte vedação: "Art. 7º. (...)§ 2º Não será concedida medida liminar que tenha por objeto a compensação de créditos tributários, a entrega de mercadorias e bens provenientes do exterior, a reclassificação ou equiparação de servidores públicos e a concessão de aumento ou a extensão de vantagens ou pagamento de qualquer natureza". (BRASIL, 2009).
12. Segundo o STJ: "Para o deferimento do pedido não se avalia a correção ou equívoco da decisão, mas a sua potencialidade de lesão àqueles interesses superiores" (BRASIL, 2011).

com a decisão dele consequente. Se não há pedido de reforma ou anulação da decisão, o mérito da decisão impugnada não é o fundamento a ser explorado pelo julgador.[13] Assim, a decisão na SLS não pode se desgarrar da causa de pedir e do pedido formulado na petição.[14]

A causa de pedir e o pedido de suspensão devem fazer parte do fundamento da decisão, o que não quer dizer que o julgador deve desconsiderar o mérito da decisão impugnada. A profundidade de análise é que é menor e só será capaz de integrar a decisão da SLS quando o bem jurídico tutelado for proporcionalmente maior que o interesse público que se pretende proteger.

A ponderação dos valores, neste caso, só se faz possível quando o magistrado se encontra diante do caso concreto. É o caso de pedido de tratamento médico na rede pública de saúde, quando o magistrado pode deferir a tutela provisória e o pedido de SLS ser deferido, ainda que a decisão esteja juridicamente correta. O que se defende é a necessidade de exame do mérito da decisão em casos como esse, com o fim de sopesar os bens protegidos pelas partes – direito à saúde *versus* lesão ao interesse público. Aquele que se mostrar mais relevante, ditará a conclusão da decisão na SLS.

Outra situação de exame do mérito da decisão impugnada se dar quando os precedentes dos tribunais superiores fundamentam o acerto da decisão impugnada pela SLS:

> Os Tribunais Superiores, todavia, ponderam que apesar de o mérito do mandado de segurança não ser analisado no pedido de suspensão, há que ser feita uma avaliação do *fumus boni iuris*, para se evitar a suspensão de uma decisão que no mérito seja conflitante com a jurisprudência dessas Cortes (OLIVEIRA, 2006, p. 11).

Não é que a SLS será indeferida, de pronto, quando houver casos como esse. Defende-se a obrigatoriedade de o presidente do tribunal realizar o cotejo analítico entre o mérito da decisão impugnada e o precedente vinculante que a fundamenta, isso antes de julgar o pedido de suspensão. Em caso positivo de acerto no uso do precedente vinculante, outros princípios constitucionais devem ser sopesados na análise do pedido de SLS, como o da segurança jurídica, boa-fé

---

13. Para Oliveira (2006, p. 12), "[...] se for demonstrada a potencialidade lesiva para os interesses públicos expressamente listados na legislação é que deve ser concedida a suspensão da segurança, independentemente do mérito da ação mandamental ou da correção da decisão questionada, quanto ao procedimento ou quanto ao julgamento".
14. "O pedido de suspensão de segurança é um ato postulatório, e, como todo ato postulatório, contém pedido e causa de pedir. O pedido é o da sustação da eficácia da decisão impugnada, sem que se peça sua anulação ou reforma. A causa de pedir é a violação a um dos interesses juridicamente protegidos previstos nas hipóteses de cabimento já examinadas (segurança, saúde, economia e ordem públicas). Esse é o mérito do pedido de suspensão de segurança, o que o distingue de um recurso. Rigorosamente, o pedido de suspensão destina-se a tutelar interesse difuso". (CUNHA, 2020, p. 851).

objetiva, confiança legítima, entre outros capazes de influenciar na manutenção da coerência e integridade dos procedentes dos tribunais.

Em regra, a SLS pode ser deferida ainda que a decisão impugnada seja juridicamente correta. Mesmo a decisão fundamentada em jurisprudência do tribunal, é permitido ao presidente do tribunal deferir a SLS. Porém, para tanto, defende-se que é necessário examinar o mérito da decisão, para que haja uma ponderação entre o interesse particular e o público. Não se analisa o acerto da decisão, mas os bens protegidos por ela.

O professor Cássio Scarpinella Bueno (2002 apud RODRIGUES, 2010, p. 160), em corrente minoritária, defende o contrário e afirma que: "[...] a grave lesão que justifica o pedido de suspensão 'só tem sentido se a decisão concessiva da liminar ou da sentença for *injurídica*'". Para ele, não basta apenas a demonstração das razões políticas se a decisão impugnada se encontra juridicamente correta. É necessário demonstrar a contrariedade ao ordenamento jurídico. Ousa-se discordar, seguindo a doutrina majoritária na defesa da desimportância do acerto da decisão para o deferimento da SLS, caso o bem protegido pelo Poder Público seja mais relevante que o atendido pela decisão impugnada.

É difícil a tarefa de defender a incompatibilidade do mérito do pedido de SLS com o da decisão impugnada, se o acerto desta se pautar em precedente vinculante. O CPC de 2015 impõe o dever aos tribunais de observarem esses precedentes para proferir seu julgamento:

> Art. 927. Os juízes e os tribunais observarão:
>
> I – as decisões do Supremo Tribunal Federal em controle concentrado de constitucionalidade;
>
> II – os enunciados de súmula vinculante;
>
> III – os acórdãos em incidente de assunção de competência ou de resolução de demandas repetitivas e em julgamento de recursos extraordinário e especial repetitivos;
>
> IV – os enunciados das súmulas do Supremo Tribunal Federal em matéria constitucional e do Superior Tribunal de Justiça em matéria infraconstitucional;
>
> V – a orientação do plenário ou do órgão especial aos quais estiverem vinculados (BRASIL, 2015).

Se a decisão impugnada tiver o acerto da decisão respaldado por precedente dos tribunais, já ficou dito que é necessário o exame do mérito da decisão, com o fim de ponderar os bens tutelados de ambas as partes. Já no caso de liminar ou sentença fundamentada em tutela provisória de evidência, cujas "alegações de fato puderem ser comprovadas apenas documentalmente e houver tese firmada em julgamento de casos repetitivos ou em súmula vinculante" (art. 311, II do CPC/2015), a situação muda.

Neste caso, não será apenas o bem tutelado pela decisão impugnada apreciado para fins de ponderação com o bem protegido pelo Poder Público, entende-se que os precedentes fundamentadores da decisão devem ser abordados no pedido de SLS. Se o presidente do tribunal competente para apreciar a SLS está diante de um precedente vinculante fundamentador de um liminar ou sentença, é seu dever enfrentar o precedente e afastá-lo, caso conclua pelo deferimento da SLS,[15] os fundamentos poderão ser jurídicos ou de relevância do bem de interesse público que não se deseja ver lesado.

2.1.4 OS LIMITES DE INTERSECÇÃO ENTRE O MÉRITO DO PEDIDO DE SLS E O DA DECISÃO IMPUGNADA

A banalização do pedido de suspensão de segurança formulado pelo Poder Público com o consequente deferimento, sem que os critérios apontados acima sejam observados, vem a trazer descrédito ao instituto processual de contracautela e respalda as críticas da doutrina especializada sobre o tema. Em casos como este, as vozes surgem para afirmar que houve a utilização de um sucedâneo recursal, afastando-se a utilização do recurso típico para possibilitar, ao Poder Público, obter uma decisão política, cujos efeitos se manterão até o trânsito em julgado do processo. Machado Segundo (2021, p. 84-85) é certeiro em sua crítica:

> Em situações assim, calhava o uso do pedido de suspensão. Na realidade atual, em que existe o agravo, com pedido de efeito suspensivo, ferramenta com a qual a Fazenda – e, igualmente, o cidadão – pode submeter decisões referentes a tutelas provisórias ao crivo do Tribunal de Apelação, o pedido de suspensão, a rigor, não mais se justifica. Para minimizar a inconstitucionalidade decorrente de sua utilização, deve ele ter seu cabimento reduzido – pela adequada intepretação das palavras 'lesão à ordem, à saúde, à segurança e à economia públicas'. Se a decisão, embora equivocada, não for dotada desse potencial danoso transcendente às partes do processo, somente poderá ser corrigida por meio de agravo.

O Direito como coerência impõe, ao julgador, explicar o porquê deixa de dar eficácia à uma decisão. A diferença entre o mérito do pedido de SLS e da decisão impugnada não quer dizer que o julgador esteja alheio aos fatos e fundamentos que ensejaram o deferimento da liminar ou a procedência do pedido em sentença. Os julgados devem conter coerência interna e externa. "Tanto Dworkin quanto Günther referem-se à coerência como um atributo essencial da fundamentação da decisão judicial" (CHUEIRI; SAMPAIO, 2012, p. 179).

Neste sentido, o juiz deve fundamentar sua decisão de forma clara e capaz de conectar suas palavras e expressões entre o Direito e o caso analisado, devendo compatibilizar com o ordenamento jurídico em vigor e os julgados anteriores que

---

15. Agir diferente é contrariar os arts. 927, 311, II, e 489, §1º, IV e VI, do CPC/2015. Estes dispositivos podem subsidiar a impetração de um mandado de segurança, remédio constitucional cuja decisão, se denegatória, possibilitará a interposição de recursos excepcionais.

versam sobre a mesma matéria. Essa coerência é exigida pelo CPC de 2015 (art. 489) como meio formal de validar uma decisão (sentença, decisão ou acórdão.[16]

Muito embora os requisitos para a concessão de uma tutela provisória estejam preenchidos, os critérios da suspensão de segurança são diversos e não se referem ao mérito da demanda, mas sim ao momento político em que é proferida a decisão e seus efeitos sobre a ordem pública, saúde, segurança e economia. Entretanto, se a suspensão importar em afronta aos precedentes da própria corte de justiça, importante que haja uma fundamentação para afastar o precedente no caso debatido. O mesmo ocorre quando a tutela jurisdicional provisória é de evidência com possibilidade de deferimento sem oitiva da parte contrária.

Em regra, entende-se que o pedido de suspensão deve ser indeferido em casos como esse, uma vez que o respeito aos precedentes do Poder Judiciário traz segurança jurídica, coerência e integridade. Porém, toda regra comporta exceção, como no caso do ente estar passando por comprovada dificuldade financeira em decorrência de calamidade pública e o pedido de suspensão de segurança tenha como fundamento lesão à ordem pública e à economia. A pandemia do coronavírus trouxe uma enxurrada de jurisprudências casuísticas e a edição de legislação temporária com fim específico – o combate ao coronavírus e a preservação da saúde pública. O pedido de suspensão, em caso como esse, pode até ser formulado com fulcro na ordem pública, economia e saúde, lembrado, desde que devidamente comprovado.

Esse período excepcional de calamidade pública acarretou decisões excepcionais, como no âmbito do STJ em que uma concessionária de serviço de transporte público, Viação Montes Brancos LTDA., fez pedido de suspensão de liminar em face de determinação para retomar a prestação do serviço de transporte público de ônibus na integralidade dos percursos e horários previstos no contrato de concessão assinado com o Município de Araruama (Rio de Janeiro). O autor da ação foi o Ministério Público e seu pedido de tutela provisória foi deferido, confirmado no mérito. Como terceiro interessado, houve deferimento de cautelar requerida pelo Município junto ao Tribunal de Justiça do Rio de Janeiro para retorno das atividades da concessionária.

Por outro lado, o momento da decisão de retomada das atividades se deu em meio à pandemia do coronavírus, o que levou a concessionária de serviço público a pedir a suspensão da decisão liminar proferida pelo Tribunal de Justiça do Rio

---

16. "Essa é a importância da coerência: mostrar que, ainda que existam interferências contextuais e imperfeições na forma como o aplicador compreende a ordem jurídica, é essa ordem jurídica, da forma por ele compreendida, e não outros motivos ou critérios, o que pauta suas ações. Coerência, nesse sentido, remete a um critério de justiça formal, que afasta a arbitrariedade". (MACHADO SEGUNDO, 2021, p. 145).

de Janeiro. Segundo o relatório da decisão do Presidente do STJ na SLS 2.696/RJ, o requerente arguiu o seguinte:

> Daí o presente pedido de contracautela, em que a requerente alega o seguinte: a) detêm legitimidade ativa para ajuizamento do pleito suspensivo, pois é prestadora de serviços públicos; b) a decisão impugnada é teratológica, uma vez que o município não possui legitimidade para requerer o pleito nela deferido; c) foram violadas as garantias da ampla defesa e do contraditório; d) a liminar questionada incentiva a locomoção dos munícipes, o que aumenta a disseminação do novo coronavírus e coloca em risco a saúde pública; e e) há risco à continuidade da prestação do serviço de transporte público local em razão do atual e severo desequilíbrio econômico-financeiro na execução do contrato firmado com o município (BRASIL, 2021).

Antes de tratar da correção, ou não, da decisão suspensa, frise-se que o pedido de SLS foi requerido pela concessionária de serviço público, pessoa jurídica de direito privado não integrante da Administração Indireta, apenas colaboradora do Poder Público. Ela deveria defender interesse público, e não seu reequilíbrio econômico e financeiro para cumprir a ordem de retomada das atividades. O pedido de suspensão formulado pela concessionária não defende bem de interesse coletivo. Interessante deixar anotado que a SLS foi pretendida contra o Ministério Público e ente municipal, sendo assim, constata-se que, nem sempre, a SLS é pretendida em face do cumprimento de tutela jurisdicional deferida em favor de particular. Pode-se ainda citar o caso de litígio entre Município e União;[17] Estado e Município;[18] Municípios.[19] Qualquer tutela provisória deferida a favor de uma ou outra parte está sujeita ao pedido de SLS.

Na SLS 2.696/RJ, o Presidente do STJ entendeu ser a decisão impugnada lesiva à ordem e à segurança pública, bem como ter sido a decisão lesiva à economia pública, pois a tarifa reduzida traria graves prejuízos à concessionária e, consequentemente, à municipalidade, sem fazer qualquer correlação entre esse consequencialismo da decisão impugnada. Consta na decisão do Presidente do STJ o seguinte:

> Na espécie, foram comprovados os efeitos deletérios da decisão liminar impugnada, sobretudo no que se refere à ordem e à segurança públicas na prestação do serviço de transporte público à coletividade do Município de Araruama e às finanças da municipalidade. Com efeito, em razão da pandemia, registra-se em todo o território nacional acentuada redução do número de pessoas que fazem uso do transporte público, o que implica imediata e brutal queda da receita aferida pelas concessionárias, de modo que proibir a readequação da logística referente à prestação do referido serviço público implicará desequilíbrio econômico-financeiro do contrato de concessão, passivo que poderá eventualmente ser cobrado do próprio erário municipal (BRASIL, 2021).

---

17. Inscrição do município nos cadastros de inadimplentes da União, com restrições à celebração de convênios.
18. Repasse da cota parte de arrecadação do Imposto sobre Circulação de Mercadorias e Serviços (ICMS).
19. Disputa sobre o ente municipal competente para arrecadar Imposto Predial e Territorial Urbano (IPTU) em faixa de fronteira municipal.

Inconformado, o Ministério Público interpôs agravo, abordou o mérito da decisão impugnada, cujo teor, entende-se, é de inexorável análise. O recurso, segundo a decisão do agravo, contém os seguintes fundamentos:

> De forma sucinta, alega o agravante (fls. 274-281) que a readequação da logística dos serviços, com vistas ao reequilíbrio financeiro, em virtude da queda brutal da receita aferida pelas concessionárias de transporte público causada pela pandemia da Covid-19, encontra-se apartada dos fundamentos da decisão atacada pela Viação Montes Brancos Ltda., uma vez que a decisão foi proferida em novembro de 2019, antes da pandemia. Defende que o objeto da ação popular na origem é a nulidade de uma licitação de transporte público coletivo no Município de Araruama (RJ), e a liminar objeto do pedido de suspensão foi deferida para manter a prestação do serviço até a realização de nova licitação. Sustenta que a decisão agravada aumenta o risco de lesão às finanças da empresa requerente em detrimento da prestação do serviço público de transporte bem como da saúde da população que atualmente se vê obrigada a utilizar o transporte público superlotado. Assevera que, caso a decisão não seja reformada, incorrer-se-á em grave perigo de dano inverso (BRASIL, 2021).

A Corte Especial do STJ analisou os fundamentos do agravo com nítida pretensão de análise do acerto ou desacerto da decisão impugnada pela SLS e entendeu por dar provimento ao recurso. Houve análise da juridicidade da decisão impugnada e ponderação entre os bens defendidos pelo requerente (lesão à ordem pública e à economia pública) e o defendido pelo Ministério Público (lesão à saúde pública). Houve o reconhecimento da juridicidade da decisão impugnada e da prevalência da saúde pública sobre os bens defendidos pela concessionária de serviço de transporte público. Eis o trecho da decisão:

> Referida decisão prestigiou a questão econômica (desequilíbrio econômico-financeiro do contrato de concessão) causada pela perda de arrecadação durante o período de pandemia, e a garantia da prestação do serviço de transporte público, que, de acordo com a parte ora agravada, está sujeita a não ser realizada caso os custos da operação não sejam mantidos pelos usuários do aludido serviço. Por seu turno, as razões apresentadas pela agravante sobrelevam a saúde pública, que atualmente se encontra em risco. A redução da quantidade de veículos e de linhas de circulação ocasiona diretamente aglomeração entre os usuários do sistema de transporte e aumenta o risco de contaminação e de disseminação da doença, que já ceifou a vida de mais de 150 mil brasileiros (BRASIL, 2021).

Analisar o acerto da decisão impugnada pelo pedido de SLS não quer dizer que ele fará parte da razão de decidir. O motivo dessa análise é para caracterizar a existência, ou não, da lesão à ordem pública, saúde pública ou segurança pública. Não há como sopesar esses valores constitucionais sem analisar a questão subjacente a eles. É o que se verifica no acórdão:

> O serviço de transporte público coletivo deve obedecer ao acordado no contrato de concessão, que possui instrumentos próprios de revisão quando o equilíbrio econômico-financeiro estiver comprometido. Nesse sentido, visualizando a prestadora de serviço público que os custos da prestação do serviço não estão sendo cobertos pela tarifa estabelecida, viabiliza-se

a possibilidade de rediscutir os referidos valores tarifários. No caso da saúde pública, é cálculo difícil o prejuízo ao erário em razão de um aumento de casos de contaminados pela Covid-19 ocorrido em virtude da não observação das regras já conhecidas de distanciamento social impostas para diminuir os riscos de contágio da referida doença, uma vez que são diversos os fatores a serem observados, como número de leitos disponíveis, insumos, efeitos colaterais, diminuição da produção econômica do doente etc. (BRASIL, 2021).

A pretensão da empresa de transporte é legítima, legal e calcada em precedentes do STJ e do Tribunal de Contas da União. Mesmo assim, o agravo do Ministério Público foi provido por não ser tratado em SLS o acerto da decisão, mas a ponderação entre os bens protegidos pelas partes. Em conclusão, prevaleceu a preservação da saúde pública. A tutela, ainda que de evidência, merece ter sua eficácia diferida quando o interesse público primário essencial estiver em iminente lesão, caso a decisão impugnada seja cumprida.

O direito ao reequilíbrio econômico-financeiro contratualmente assegurado não foi indeferido pela decisão do agravo em SLS, apenas o STJ, por sua Corte Especial, entendeu como necessária a manutenção do serviço de transporte público com quantidade reduzida de passageiros em compasso com o resguardo da saúde pública:

> Com efeito, entendo que a lesão à saúde encontra-se em maior risco em função da situação atualmente causada pela decisão agravada, e o risco de lesão à ordem pública, que poderá ser causada caso o serviço de transporte público venha a ser inviabilizado, não ficou efetivamente demonstrado pela parte agravada, ainda mais pelo fato de que persiste no contrato de concessão a possibilidade de se rediscutir o equilíbrio econômico-financeiro do contrato. Ante o exposto, dou provimento aos agravos internos interpostos pelo Ministério Público Federal para reformar a decisão de fls. 205-208 e indeferir o pedido de suspensão de liminar apresentado por Viação Montes Brancos Ltda. (BRASIL, 2021).

No caso acima, o STJ não fundamentou sua decisão em legislação ou precedentes específicos para o tema debatido. Ao contrário, se assim fosse proceder, como inicialmente ocorreu, o pedido de SLS seria mantido. Por outro lado, para compreender bem o grau de lesão aos bens tutelados, foi necessário que o tribunal adentrasse no acerto da decisão impugnada, possibilitando a ponderação entre os bens tutelados pelas partes.

Outra situação é a de multiplicidade de demandas no mesmo sentido com decisões liminares potencialmente causadoras de lesão a qualquer interesse público elencado na lei como fundamento para o pedido de suspensão. Muito embora a pretensão seja acertada, culminando em decisão também acertada, pode o Poder Público requerer a suspensão da decisão, se o cumprimento provisório importar em grave lesão à ordem e economia públicas. Lembrando da necessidade de comprovação idônea, pelo Poder Público, da existência dessa lesão.

É o caso de gratificação legalmente prevista e suprimida no contracheque dos servidores beneficiários do aumento remuneratório.[20] Se, por algum motivo, justificado ou não, o Poder Público deixou de pagar essa verba, ao servidor é dado o direito de bater às portas do Poder Judiciário, com o fim de vê-la reinserida em seu contracheque. A procedência de um pedido, por si só, não causa grave lesão. Esta pode ocorrer na formação das demandas de massas de centenas ou milhares de servidores requerendo a mesma pretensão e o magistrado deferindo com base na evidência da tutela.

A previsão orçamentária deve conter as receitas e despesas do exercício vigente, caso isso não ocorra, o remanejamento orçamentário pode causar graves lesões à ordem pública e à economia pública.[21] Não significa a suspensão numa autorização para o calote, mas na possibilidade de organização da Fazenda Pública para dar cumprimento às decisões de forma racional, é o que se defende. Neste caso, basta um pedido de suspensão de liminar para suspender todas as ações cuja causa de pedir e o pedido sejam os mesmos, na forma do § 8º do art. 4º da Lei 8.437/1992. Para identificar as demandas com mesmo pedido e causa de pedir, o presidente do tribunal deve analisar o mérito da decisão impugnada.

O acerto da concessão de tutela de evidência, com base em precedente vinculante, não impede o deferimento do pedido de suspensão,[22] é apenas necessária sua análise para fins de subsidiar o enquadramento do critério de lesão ao bem/interesse público que se deseja proteger.

Passa-se a analisar o julgamento do agravo na SLS 2.951/CE, cujo conteúdo é denso e traz o entendimento da Corte Especial do STJ sobre a necessidade de respeitar os precedentes do tribunal quando o presidente estiver analisando pedido de SLS. Merece leitura o inteiro teor do acórdão, voto do relator e voto de divergência. Para reflexão, são trazidos alguns pontos debatidos:

a) O abuso no uso do pedido de suspensão de segurança pelo Poder Público:

Não há discordância entre a doutrina e a conclusão da Corte Especial do STJ sobre as inúmeras tentativas de se utilizar a SLS como meio de impugnação recursal ou de seu sucedâneo. Essa prática é contrária ao devido processo legal

---

20. Oportuno esclarecer que a vedação de deferimento de liminar em desfavor da Fazenda Pública para aumentar vencimentos de servidores, dá-se apenas quando o mesmo não o recebia, em caso de supressão ilegal, é possível a concessão de liminar para reinserir o valor no contracheque.
21. Caso do julgamento proferido pelo STJ na SLS 1.582/SP (2012/0105645-6).
22. "2. Não é a via excepcional da suspensão de liminar em mandado de segurança o meio processual adequado ao exame da constitucionalidade de termo de compromisso firmado pela União, nem tampouco da legalidade de vedação contida em edital de licitação, o que poderá ser aferido nas vias ordinárias próprias [...]". (BRASIL, 2005, p. 165).

e ao princípio do juiz natural.[23] Compete ao presidente do tribunal demonstrar, por meio de sua decisão, que não estar a julgar um recurso e deve limitar sua decisão aos casos de cabimento do pedido de SLS. Com decisões sólidas, seguras, coerentes e íntegras, certamente as críticas diminuirão e o abuso na quantidade de pedidos também seguirá a mesma trilha.

b) Via excepcional de impugnação de decisões judiciais:

A SLS é um instituto de utilização excepcional na impugnação de decisões com capacidade para obstar a execução provisória da ordem jurisdicional. Essa medida clama por fundamentação de "máxima intensidade", sem se afastar da necessidade de uma rápida tramitação do recurso próprio interposto contra a mesma decisão. O incidente tem vida temporária, mas não pode gerar lesão ao beneficiário da decisão em razão de interesse público até o trânsito em julgado do processo por morosidade do próprio Poder Judiciário. Se o pedido de SLS é julgado com urgência, o recurso pendente de julgamento também deve ter seu trâmite abreviado,[24] assim como, deve o Poder Público demonstrar, nos autos da ação principal, que vem tomando as medidas necessárias para diminuir a potencialidade lesiva do cumprimento provisório da decisão.

É o caso do deferimento de SLS para impedir o cumprimento de ocupação de leito de Unidade de *Terapia Intensiva* (UTI) em hospital público por paciente em estado grave, por ausência de leitos, havendo vagas na rede particular. A decisão impugnada pode até ser suspensa, em razão, algumas vezes, de haver uma determinação com prazo exíguo e fixação de multa exorbitante, mas o Poder Público

---

23. "8. Não obstante essa legitimidade original, em nada incondicional, a suspensão transformou-se em espécie de bête noire da processualística e experiência judicial brasileiras, em razão de uso heterodoxo e abusivo no cotidiano dos Tribunais. Nela se enxergam pelo menos dois pontos de modificação anômala do princípio do due process (ordem natural do processo) e do princípio do juiz natural. Primeiro, a constatação objetiva de que o instituto atropela, por meio de decisão monocrática do Presidente do Tribunal, o rito próprio e a cognição comum dos recursos. E segundo, o sentimento de que a suspensão abate a distribuição livre e aleatória a Desembargador ou Ministro integrante de órgão colegiado, porquanto dirigida diretamente ao Presidente da Corte, é instrumentalizada mediante a ciência prévia da pessoa do julgador, permitindo, a partir da combinação da medida com o manejo de recursos, verdadeiro fórum shopping interno". (BRASIL, 2021).

24. "9. Por isso, a suspensão de liminar ou segurança deve ser vista e utilizada como via absolutamente excepcional, de rígida vinculação aos núcleos legais duros autorizativos previstos na legislação ('ordem', 'saúde', 'segurança', 'economia' públicas), que devem ser interpretados de maneira estrita, sendo vedada dilatação ou afrouxamento das hipóteses de cabimento ou de legitimação, p. ex., para ampliar o rol dos legitimados ativos legalmente estabelecidos (o 'Ministério Público' e a 'pessoa jurídica de direito público interessada') ou, no mérito, para se distanciar dos valores ético-jurídicos legitimadores da medida. Esses reclamam dupla fundamentação, ou seja, primeiro, 'manifesto interesse público' ou 'flagrante ilegalidade' e, segundo, cumulativamente, a finalidade específica de evitar (prevenção) 'lesão à ordem, à saúde, à segurança e à economia públicas', lesão em si (e não o risco em si) que deve ser 'grave' (arts. 4º da Lei 8.437/1992 e 15 da Lei 12.016/2009). De modo que a decisão do Presidente do Tribunal que aprecia a Suspensão clama por fundamentação de máxima intensidade, com imediato trâmite e julgamento de eventual recurso interposto contra ela". (BRASIL, 2021).

deverá demonstrar que está providenciando a solução da demanda. A intersecção entre o mérito da SLS e o da decisão impugnada é necessário e profundo, não só para atestar a lesão ao bem de interesse público, mas também para resguardar o bem de interesse do particular e o direito fundamental à vida.

c) Na SLS não se tem puramente juízo político:

A Corte Especial do STJ, no julgamento do agravo em SLS 2.951/CE, contrariando a terminologia jurisprudencial e doutrinária predominante, entendeu que na SLS não se tem um juízo puramente político, de conveniência e oportunidade, pois a jurisdição é exercida com parâmetros preestabelecidos na legislação, implicando um juízo de legalidade e de constitucionalidade. A consequência dessa análise é uma decisão jurisdicional.[25]

A Corte Especial do STJ não se encontra solitária nesse posicionamento e a doutrina mais moderna ensina que a atividade exercida pelo presidente do tribunal na SLS é jurisdicional. Alerta sobre o juízo político aceitar o agir de ofício.

> Na realidade, o pedido de suspensão, ao contrário do que possa parecer, não provoca atividade administrativa do presidente do tribunal, que, no seu exame, não exerce juízo político. Nem poderia ser diferente, já que não seria correto admitir que uma decisão *administrativa* ou *política* atingisse uma decisão *judicial*. Além do mais, se a atividade, nesse caso, fosse administrativa, poderia o presidente do tribunal agir de ofício, não necessitando de requerimento da Fazenda Pública para suspender provimentos de urgência. É que, enquanto a atividade administrativa é exercida de ofício, a judicial decorre do princípio dispositivo, exigindo provocação da parte, que, no caso, é a Fazenda Pública. (CUNHA, 2020, p. 852).

É intenso o debate e o entendimento é no sentido de ser o juízo jurídico e político. É que "[...] no incidente existe um momento para a verificação de sua admissibilidade e outro para o exame do mérito". (RODRIGUES, 2010, p. 168). É jurídico no momento da análise constitucional e legal do pedido para saber qual o tribunal é competente para apreciar a SLS. Exerce ainda um juízo jurídico quando a SLS é baseada em "flagrante ilegitimidade" e na análise, sem profundidade, do acerto da decisão impugnada, para fins de subsidiar a iminência e gravidade da

---

25. "10. Estabelecidas essas premissas, entende-se que, apesar da inexata e infeliz terminologia jurisprudencial e doutrinária predominante, na Suspensão não se tem puramente juízo político. Jurisdição se exerce com fulcro em parâmetros e conteúdo valorativo preestabelecidos na legislação, o que, na lógica e no discurso jurídicos do Estado de Direito, implica juízo de legalidade e juízo de constitucionalidade e, com amparo neles, decisão jurisdicional. No coração do Estado de Direito, como a própria expressão indica, encontra-se o império das normas (regras e princípios) de Direito, regido só por elas – não mais nem menos que por elas. Por isso, mesmo no âmbito da Suspensão, devem ser rejeitados juízos estritamente políticos (de conveniência e oportunidade). A nenhum juiz, mesmo os integrantes das Cortes de grau mais elevado, deve ser dado afastar-se dos parâmetros da Constituição Federal e das leis". (BRASIL, 2021).

lesão a bem de interesse público suscitada pelo Poder Público.[26] É político no momento de análise do mérito – não importa em reforma, cassação ou anulação da decisão – com capacidade de retirar a eficácia de uma decisão judicial, ainda que acertada, por meio de justificativa de elevado grau de indeterminação conceitual – lesão a bem de interesse público.[27]

Essa tese de inexistência de juízo político na SLS, trazida no acórdão do agravo na SLS 2.951/CE, serviu para justificar a decisão de mérito proferida pela Corte Especial do STJ. Inicialmente, o Presidente do STJ havia indeferido o pedido de suspensão por inexistir um bem de interesse público em risco iminente de sofrer lesão. Este é o mérito da decisão em SLS. Entretanto, por contrariar precedentes do STJ, a Corte Especial entendeu que uma decisão, manifestamente ilegal, causa prejuízos à sociedade. Segue trecho da ementa do acórdão:

> Adequação da via eleita – Ausência de natureza recursal 18. No caso dos autos, o deferimento do pedido de suspensão de liminar visa apenas retirar a executoriedade de decisão manifestamente ilegal, que, como destacado, permite inaceitável participação de empresa apenada com suspensão temporária do direito de licitar em concorrências públicas. A própria Engevix Engenharia e Projetos S/A reconhece que lhe foi cominada a citada sanção; contudo, a fim de não cumpri-la, tornando-a inócua, pretende limitar seus efeitos com base em interpretação do art. 87, III, da Lei 8.666/1993 contrária à jurisprudência pacífica do STJ. 19. No presente feito, não se quer reapreciar o mérito da controvérsia, ou rejulgar a causa, atribuindo a esse incidente natureza recursal, mas sustar a eficácia de decisão judicial que permite a manutenção de situação manifestamente ilegal, passível de causar prejuízos a toda sociedade, que é exatamente o alvo do instituto da Suspensão de Segurança. 20. Assim, trata-se apenas de cautelarmente sobrestar o cumprimento de decisão que obriga a Administração a descumprir norma legal, maculando, todo o certame, o tratamento isonômico entre os participantes, e prejudicando a escolha da melhor proposta. O escopo do presente feito é suspender a potencial lesão a esses outros interesses que devem ser protegidos. (BRASIL, 2021).

Destaca-se que a decisão manifestamente ilegal não é o mérito do pedido de SLS, nem da decisão de deferimento do pedido. O desacerto da decisão impugnada pela SLS foi levado em consideração para dar maior grau de lesividade ao bem jurídico em risco. Uma decisão proferida em descompasso com os precedentes do STJ não poderia manter seus efeitos irradiados por já ser uma prova potencial de lesão ao interesse público.

---

26. "12. A decisão que examina o pedido de suspensão não pode afastar-se totalmente do mérito da causa originária, não só porque é necessária a verificação da plausibilidade do direito, como também para que não se torne via processual de manutenção de situações ilegítimas.
Por isso, o deferimento ou indeferimento da citada medida pressupõe juízo de delibação mínimo acerca da controvérsia principal – no caso, a abrangência dos efeitos da sanção de suspensão temporária do direito de licitar prevista no art. 87, III, da Lei 8.666/1993". (BRASIL, 2021).
27. "5. O juízo político é inerente ao julgamento das suspensões de segurança, diante do elevado grau de indeterminação do conceito de grave lesão à ordem, à saúde, à segurança, à economia públicas e de manifesto interesse público". (BRASIL, 2021).

d) Críticas ao julgamento do agravo da SLS 2.951/CE

Muito embora a Corte Especial do STJ, no julgamento do agravo da SLS 2.951/CE, entenda que não houve rejulgamento do mérito, tal medida está explícita na ementa do acórdão. A Corte Especial não suspendeu a decisão impugnada, o caráter da decisão foi de verdadeiro exame da juridicidade da decisão impugnada, afrontando o instituto da suspensão de segurança e, mais uma vez, robustecendo motivos para a crítica da doutrina sobre sua constitucionalidade. A juridicidade da decisão impugnada deve ser considerada, faz parte dos fundamentos da decisão em SLS, mas não é o mérito do pedido. A SLS não se presta a assegurar a força dos precedentes do STJ. A força do precedente é fundamento para justificar o grau de lesão ao bem de interesse público protegido na SLS – ordem pública, saúde, economia, segurança.

O julgado foi muito bem fundamentado, mas a ementa é omissa quanto ao mérito do pedido de SLS. Não se verifica qual foi o bem de interesse público protegido com a decisão. Na ementa, consta a expressão "passível de causar prejuízos". O que se discorda por enfatizar a manifesta ilegalidade da decisão, dando a entender ser o mérito do pedido de SLS. Essa atecnia na confecção da ementa do acórdão pode levar o jurisconsulto a acreditar que o acerto da decisão é mérito da SLS. Alerta-se, assim, ser de relevante importância a leitura da íntegra do acórdão, quando se vai utilizar uma ementa para corroborar uma afirmação que se faz em sentença, petição, parecer ou outra peça jurídica.

A SLS é uma contracautela e os fatos e fundamentos da decisão impugnada servem ao julgador como meio de aquilatar a lesão demonstrada pelo Poder Público. "No seu âmbito não se examina o mérito da controvérsia principal, aquilatando-se, apenas, a ocorrência de lesão a interesses públicos relevantes". (CUNHA, 2020, p. 853).

2.1.5 CONSIDERAÇÕES FINAIS

Espera-se ter atendido à expectativa do leitor no trato do tema proposto. Os julgados analisados trazem uma crítica à banalização da utilização da SLS e propõe a necessidade de limitação de seu alcance com a caracterização de excepcionalidade do instituto. Porém, verifica-se, no mundo fenomênico, a proliferação de sua utilização. Nota-se que a SLS adquire uma profundidade maior de exame do mérito da decisão impugnada quando a Corte Especial aprecia o agravo interposto contra a decisão do Presidente do STJ.

Desde antes do advento do CPC de 2015, defendia-se a autorização de incursão no acerto da decisão impugnada pela SLS, se o mérito do debate trouxesse fundamentação compatível com a jurisprudência pacífica dos tribunais superiores.

O acerto da decisão impugnada não é o mérito da SLS, mas serve para qualificar e quantificar o grau de lesividade ao bem de interesse público.

O dever do julgador em analisar o mérito da decisão impugnada não importa na impossibilidade de deferimento do pedido de SLS, ainda que haja acerto na decisão impugnada e/ou seja fundamentada em precedente vinculante. Lembra-se, o mérito da decisão impugnada é diferente do mérito do pedido de suspensão.

Extraídas as conclusões acima, propõe-se a possibilidade de análise do mérito da decisão impugnada para quantificar e qualificar o grau de lesão ao bem de interesse público descrito na lei. A ponderação entre os bens protegidos pelas partes requer a análise de todos os fatos e provas integrantes do processo. Decidir se o interesse individual é mais preponderante que o público, em sede de SLS, impõe a apreciação dos motivos determinantes do deferimento de liminar e de sentença em favor do particular. Lembrando da possibilidade de haver disputa de interesses públicos entre as partes na SLS, quando dois entes públicos figurarem como parte, ou um ente público e outro ente, com o múnus de defesa de interesse público em juízo.

Propõe-se, ainda, a vedação na utilização do mérito da decisão impugnada como razão de decidir o pedido de SLS. Aquele é o meio pelo qual se demonstra o grau da lesão sofrida por bem do Poder Público. Indica-se, por fim, que seja obrigatório ao julgador o exame do desacerto da decisão impugnada, quando fundamentada em precedente vinculante para graduar, com maior relevância, a potencialidade lesiva do mérito do pedido de suspensão (art. 927 c/c art. 311, II, ambos do CPC/2015), sob pena de violação ao art. 489, § 1º, IV e VI do CPC/2015.

REFERÊNCIAS

BRASIL. Lei 4.348, de 26 de junho de 1964. Estabelece normas processuais relativas a mandado de segurança. Diário Oficial da República Federativa. Brasília, 1964. Disponível em: http://www.planalto.gov.br/ccivil_03/leis/L4348.htm. Acesso em: 10 jan. 2022.

BRASIL. Lei 8.038, de 28 de maio de 1990. Institui normas procedimentais para os processos que especifica, perante o Superior Tribunal de Justiça e o Supremo Tribunal Federal. Diário Oficial da República Federativa. Brasília, 1990. Disponível em: http://www.planalto.gov.br/ccivil_03/leis/l8038.htm. Acesso em: 10 jan. 2022.

BRASIL. Lei 8.437, de 30 de junho de 1992. Dispõe sobre a concessão de medidas cautelares contra atos do Poder Público e dá outras providências. Diário Oficial da República Federativa. Brasília, 1992. Disponível em: http://www.planalto.gov.br/ccivil_03/leis/l8437.htm. Acesso em: 10 jan. 2022.

BRASIL. Lei 12.016, de 7 de agosto de 2009. Disciplina o mandado de segurança individual e coletivo e dá outras providências. Diário Oficial da República Federativa. Brasília, 2009. Disponível em: http://www.planalto.gov.br/ccivil_03/_ato2007-2010/2009/lei/l12016.htm. Acesso em: 10 jan. 2022.

BRASIL. Lei 13.105, de 16 de março de 2015. Código de Processo Civil. Diário Oficial da República Federativa. Brasília, 2015. Disponível em: http://www.planalto.gov.br/ccivil_03/_ato2015-2018/2015/lei/l13105.htm. Acesso em: 10 jan. 2022.

BRASIL. Medida Provisória 2.180-35, de 24 de agosto de 2001. Acresce e altera dispositivos das Leis 8.437, de 30 de junho de 1992, 9.028, de 12 de abril de 1995, 9.494, de 10 de setembro de 1997, 7.347, de 24 de julho de 1985, 8.429, de 2 de junho de 1992, 9.704, de 17 de novembro de 1998, do Decreto-Lei 5.452, de 1º de maio de 1943, das Leis 5.869, de 11 de janeiro de 1973, e 4.348, de 26 de junho de 1964, e dá outras providências. Diário Oficial da República Federativa. Brasília, 2001. Disponível em: http://www.planalto.gov.br/ccivil_03/mpv/2180-35.htm. Acesso em: 10 jan. 2022.

BRASIL. Resolução 4.510, de 29 de setembro de 1952. Regimento Interno do Tribunal Superior Eleitoral. Diário Oficial da República Federativa. Brasília, 1952. Disponível em: https://www.tse.jus.br/legislacao-tse/res/1952/RES045101952.htm. Acesso em: 10 jan. 2022.

BRASIL. Superior Tribunal de Justiça. AgInt na SLS 2.696/RJ. Relator: Ministro Humberto Martins. Brasília, 22.09.2021. Disponível em: https://stj.jusbrasil.com.br/jurisprudencia/1291489886/agravo-interno-na-suspensao-de-liminar-e-de-sentenca-agint-na-sls-2696-rj-2020-0091341-2/inteiro-teor-1291489889. Acesso em: 20 jan. 2022.

BRASIL. Superior Tribunal de Justiça. AgInt na SLS 2.815/TO. Relator: Ministro Humberto Martins. Brasília, 11.02.2021. Disponível em: https://stj.jusbrasil.com.br/jurisprudencia/1172221791/agravo-interno-na-suspensao-de-liminar-e-de-sentenca-agint-na-sls-2815-to-2020-0272355-6/inteiro-teor-1172221811. Acesso em: 20 jan. 2022.

BRASIL. Superior Tribunal de Justiça. AgInt na SLS 2.951/CE. Relator: Ministro Herman Benjamin. Brasília, 01.07.2021. Disponível em: https://stj.jusbrasil.com.br/jurisprudencia/1240179581/agravo-interno-na-suspensao-de-seguranca-agint-na-ss-2951-ce-2018-0077027-4/inteiro-teor-1240179633. Acesso em: 20 jan. 2022.

BRASIL. Superior Tribunal de Justiça. AgInt na SLS 3.002/SP. Relator: Ministro Humberto Martins. Brasília, 30.09.2021. Disponível em: https://stj.jusbrasil.com.br/jurisprudencia/1290979680/suspensao-de-liminar-e-de-sentenca-sls-3002-sp-2021-0310497-8. Acesso em: 20 jan. 2022.

BRASIL. Superior Tribunal de Justiça. AgRg na SLS 1.336/SP. Relator: Ministro Ari Pargendler. Brasília, 02.08.2011. Disponível em: https://stj.jusbrasil.com.br/jurisprudencia/21102001/agravo-regimental-na-suspensao-de-liminar-e-de-sentenca-agrg-na-sls-1336-sp-2011-0008297-4-stj/inteiro-teor-21102002?ref=amp. Acesso em: 20 jan. 2022.

BRASIL. Superior Tribunal de Justiça. AgRg na SS 1.352/RS. Relator: Ministro Edson Vidigal. Brasília, 09.02.2005. Disponível em: https://stj.jusbrasil.com.br/jurisprudencia/7234597/agravo-regimental-na-suspensao-de-seguranca-agrg-na-ss-1352-rs-2004-0063555-1-stj/relatorio-e-voto-12988893. Acesso em: 20 jan. 2022.

BRASIL. Superior Tribunal de Justiça. AgRg no AREsp 50.887/AM. Relator: Ministro Herman Benjamin. Brasília, 12.02.2016. Disponível em: https://stj.jusbrasil.com.br/jurisprudencia/861674696/agravo-regimental-no-agravo-em-recurso-especial-agrg-no-aresp-50887-am-2011-0139751-2. Acesso em: 20 jan. 2022.

BRASIL. Superior Tribunal de Justiça. AgRg no AREsp 784.604/MG. Relator: Ministro Gurgel de Faria. Brasília, 12.02.2016. Disponível em: https://stj.jusbrasil.com.br/jurisprudencia/862085876/agravo-regimental-no-agravo-em-recurso-especial-agrg-no-aresp-784604-mg-2015-0243811-0. Acesso em: 20 jan. 2022.

BRASIL. Superior Tribunal de Justiça. Suspensão de Liminar e de Sentença 1.582/SP. Relator: Ministro Ari Pargendler. Brasília, 06.06.2012. Disponível em: https://stj.jusbrasil.com.br/jurisprudencia/895239855/suspensao-de-liminar-e-de-sentenca-sls-1582-sp-2012-0105645-6/decisao-monocratica-895239896. Acesso em: 20 jan. 2022.

BRASIL. Superior Tribunal Federal. SS 4390 AgR-quinto/SP. Relatora: Ministra Cármen Lúcia. Brasília, 27.02.2018. Disponível em: https://stf.jusbrasil.com.br/jurisprudencia/768105354/quinto-agreg-na-suspensao-de-seguranca-agr-quinto-ss-4390-sp-sao-paulo-9931899-6020111000000/inteiro-teor-768105365. Acesso em: 20 jan. 2022.

BRASIL. Tribunal Superior do Trabalho. Resolução Administrativa 1937, de 20 de novembro de 2017. Diário Eletrônico da Justiça do Trabalho: caderno judiciário do Tribunal Superior do Trabalho, Brasília, 2017. Disponível em: https://juslaboris.tst.jus.br/handle/20.500.12178/116169. Acesso em: 10 jan. 2022.

CHUEIRI, Vera Karam de; SAMPAIO, Joanna Maria de Araújo. Coerência, integridade e decisões judiciais. *Nomos – Revista do Programa de Pós-Graduação em Direito da UFC*, Fortaleza, v. 32, n. 1, p. 177-197, jan./jun. 2012. Disponível em: http://periodicos.ufc.br/nomos/article/view/379/361. Acesso em: 10 jan. 2022.

CUNHA, Leonardo Carneiro da. *A fazenda pública em juízo*. 17. ed. Rio de Janeiro: Forense, 2020.

MACHADO SEGUNDO, Hugo de Brito. *Poder Público e litigiosidade*. São Paulo: Foco, 2021.

OLIVEIRA, Angelina Mariz de. Suspensão de Liminar e de Sentença em Mandado de Segurança, na Jurisprudência das Cortes Superiores. *Revista Dialética de Direito Processual*, n. 36, p. 9-22, São Paulo, mar. 2006. Disponível em: https://www.lexml.gov.br/urn/urn:lex:br:rede.virtual.bibliotecas:artigo.revista:2006;1000751726. Acesso em: 10 jan. 2022.

RODRIGUES, Marcelo Abelha. *Suspensão de segurança*: sustação da eficácia de decisão judicial proferida contra o Poder Público. São Paulo: Ed. RT, 2010.

TARUFFO, Michele. *La prueba de los hechos*. 2. ed. Madrid: Trotta, 2009.

ZAVASCKI, Teori Albino. *Antecipação da tutela*. São Paulo: Saraiva, 2009.

3
EXECUÇÃO CONTRA O PODER PÚBLICO

3.1
NOVAS REGRAS DO PAGAMENTO DOS PRECATÓRIOS: ANÁLISE SOBRE AS PRINCIPAIS CONSEQUÊNCIAS

Ana Débora Rocha Sales

Doutoranda em Ciências Jurídicas pela UMSA (Universidad del Museo Social Argentino). Mestre em Processo e Direito ao Desenvolvimento pelo Centro Universitário Christus (UNICHRISTUS) com bolsa parcial pela CAPS. Graduada em Direito pela Faculdade Luciano Feijão. Advogada. Professora na faculdade F5. E-mail: anadeboraadv@hotmail.com.

Resumo: Os precatórios são dívidas contraídos pelos Entes da Federação, mediante decisão judicial, podendo o credor ser uma pessoa física ou jurídica. Esse instituto está previsto na Constituição Federal de 1988 que, de acordo com seu texto original, é imposto à Fazenda Pública que arque com o pagamento dos precatórios sem nenhum tipo de moratória, excetuando-se o que diz o Ato das Disposições Transitórias, que previu o parcelamento de valores pendentes até o ano de promulgação da Constituição em oito anos. Após transcorrido esse período, essa norma passaria a não ter mais validade. No entanto, ao longo dos 32 anos de vigência da Carta Magna, a história já registrou várias tentativas de implementar novas regras, principalmente, com intuito de inserir moratória nos pagamentos de precatórios. A mais recente atualização se deu pelas Emendas Constitucionais 113 e 114, que instituíram um novo regime de pagamento das dívidas públicas decorrentes de sentenças judiciais transitadas em julgadas. Neste interim, o objetivo deste estudo é analisar as principais mudanças concebidas, mediante a promulgação das emendas, no intuito de verificar quais são as principais consequências da nova legislação para o pagamento dos precatórios nos anos de vigência das referidas normas.

Palavras-chave: Precatórios – Emendas 113 e 114 – PEC dos precatórios.

Abstract: Precatórios are debts contracted by the Entities of the Federation, by means of a judicial decision, and the creditor may be an individual or legal entity. This institute is provided for in the Federal Constitution of 1988, which, according to its original text, is imposed on the Public Treasury to pay the precatories without any kind of moratorium, except for what the Transitory Provisions Act says, which provided for the installment of outstanding amounts until the year of promulgation of the Constitution in eight years. After this period has elapsed, this rule will no longer be valid. However, throughout the 32 years of the Magna Carta, history has already recorded several attempts to implement new rules, mainly with the aim of inserting a moratorium on payments of precatories. The most recent update was given by Constitutional Amendments 113 and 114, which instituted a new regime for the payment of public debts resulting from court judgments that have become final. In the meantime, the objective of this study is to analyze the main changes conceived, through the enactment of the amendments, in order to verify what are the main consequences of the new legislation for the payment of precatories in the years of validity of the referred norms.

Keywords: Court orders – Amendments 113 and 114. PEC of court orders.

Sumário: 3.1.1 Introdução – 3.1.2 Princípios basilares dos precatórios – 3.1.3 Postergação do pagamento dos precatórios: das tentativas ao êxito – 3.1.4 Contextualização da PEC 23 – 3.1.5 Postergação da dívida provocada pelas PECS 113/2021 e 114/2021 – 3.1.6 Considerações finais – Referências.

3.1.1 INTRODUÇÃO

A Constituição Federal de 1988 prevê que, obrigatoriamente, a União, os Estados e Municípios acrescentem, em seu orçamento, os gatos devidos ao pagamento de débitos referentes a sentenças judiciais transitadas em jugadas em favor de uma pessoa física ou jurídica. Essas dívidas são chamadas de precatórios, os quais, de acordo com inciso 8, do artigo 100 da Carta Magna, devem ser pagos de forma integral, com juros e correção monetária, observadas as especificações que a lei determina.

Contudo, desde a promulgação da Constituição Federal até os dias atuais, já houve várias tentativas de implementar novas regras, principalmente, as que se referem à possibilidade de diluição dos precatórios, ou seja, do parcelamento da dívida pela Fazenda Pública. No ano de 2021, chegou Congresso Nacional a Proposta de Emenda Constitucional (PEC) 23 que, dentre outras providências, objetivou ampliar a possibilidade de parcelamento dos precatórios que ultrapassarem 66 milhões de reais anuais. Segundo o Governo Federal, essa medida seria necessária, tendo em vista que, em 2022, o montante em precatórios estava estipulado no valor de 89 bilhões de reais, o que poderia comprometer os gastos do executivo, principalmente, com os programas de transferência de renda.

Dada as divergências consensuais entre as casas legislativas, a PEC original passou por algumas alterações, dando origem a duas Emendas Constitucionais (EC) distintas e complementares, 113 e 114, que modificaram o texto da constituição e, também, do Ato das Disposições Constitucionais Transitórias (ADCT), reformulando as regras de pagamentos dos precatórios que, apesar de ter sido retirada a previsão de parcelamento, instituiu um novo cálculo do teto de gastos de pagamento das dívidas públicas decorrentes de sentenças judiciais transitadas em julgadas.

De acordo com as novas regras, os pagamentos dos precatórios podem ser postergados para anos subsequentes, haja vista que o teto limitará o valor que passará a corresponder ao equivalente total da despesa de 2016, corrigidos pelo Índice Nacional de Preços ao Consumidor Amplo (IPCA), acumulado no período. Isso incorrerá na inviabilidade de quitação de todas as dívidas, considerando que o valor do teto é imensamente inferior ao total do débito público, o qual se apresenta em uma constante tendência de crescimento ao longo dos anos.

Neste interim, o objetivo deste estudo é analisar as principais mudanças concebidas mediante a promulgação das emendas constitucionais 113 e 114, que instituíram o novo regime de pagamento de precatórios. O intuito é verificar quais são as consequências da nova legislação para o pagamento dos precatórios para os anos de vigência de tais dispositivos.

3.1.2 PRINCÍPIOS BASILARES DOS PRECATÓRIOS

A etimologia da palavra precatório vem do termo em latim *precatorius*, que significa requisitar algo. No dicionário da língua portuguesa Priberam,[1] o verbo precatar significar acautelar, prevenir, pôr de precaução. Neste contexto, surge a palavra precatório, que recebe conceituação própria de documento ou carta que roga ou solicita algo. Assim, o poder judiciário é o agente que faz a solicitação ao poder executivo para que se previna, financeiramente, para o pagamento de dívidas decorrentes de ações judiciais vencidas por particulares. Por ter *status* de transitada em julgada, não pode ser impetrado nenhum tipo de recurso, cabendo apenas a execução da dívida (VILELA; MARINELLI; ESPAIRANI, 2021).

Cabe ressaltar que há distinção conceitual entre precatório e precatória. Carvalho (1982, p. 327) diferencia os termos da seguinte forma:

> A precatória, como ato processual, é ampla, podendo servir para citar, intimar, penhorar, alienar bens, efetuar perícia, ouvir testemunha, enfim, para uma série interminável de atos processuais que o Juiz deprecante faria ao Juízo deprecado, se a área do Juízo deprecado pertencesse à sua jurisdição. O precatório, ao contrário, é limitado ao seu escopo de requisitar pagamento. Só serve para esse ato, porque para esse ato é que foi criado. Além do mais, a precatória pode ser expedida em qualquer fase processual, enquanto o precatório tem o seu momento exato e certo, matematicamente cronometrado, sob pena de não surtir efeito como ato jurídico.

No âmbito deste estudo, o termo mais apropriado para tratar das questões pretendidas é precatório, no masculino, que, em resumo, trata-se de uma requisição de pagamento por parte da Fazendo Pública encaminhada ao presidente do tribunal competente.

De acordo com Ribeiro (2002), os precatórios resultam em uma execução por quantia certa contra o devedor solvente. Neste instituto, a finalidade é expropriar bens do devedor, a fim de conceder o direito ao credor. Entretanto, quando o devedor se trata da fazenda pública, a expropriação não será o meio para o pagamento da dívida, uma vez que os bens públicos são inalienáveis e, por consequência, impenhoráveis. "Portanto, a satisfação do credor, que move execução por quantia certa contra a Fazenda Pública, ocorre mediante pagamento efetivado por meio de precatório" (RIBEIRO, 2002, p. 160).

---

1. Disponível em: https://dicionario.priberam.org/precat%C3%B3rio. Acesso em: 03 jan. 2022.

Carvalho (1982, p. 16) relaciona a existência dos precatórios diretamente à impossibilidade de penhora dos bens públicos:

> O precatório existe porque a Fazenda Pública foi parte e foi vencida. Se seus bens fossem penhoráveis, como são os bens particulares, atendendo-se às exceções legais, não haveria necessidade de precatório. Diante da impenhorabilidade de seus bens, criou-se o precatório.

Segundo Dantas (2010), a execução por quantia certa contra a Fazenda Pública possui características particulares, tais como: a Fazenda Pública não é citada para pagar, mas sim para opor embargos, não havendo penhora de bens, quando não atendida decisão judicial; a requisição, quando complementada de possibilidade de sequestro da quantia devida não é medida executiva de caráter de sub-rogação, mas sim de natureza coercitiva; os precatórios podem criar um atrito entre os poderes da República, assim, deve ser conduzido com habilidade.

Oliveira (2008) esclarece que os precatórios se caracterizam como uma solicitação que o juiz da execução faz ao presidente do tribunal em que ocorreu a ação, para que este encaminhe à Fazenda Pública a requisição de inserção do valor no orçamento para, enfim, realizar o pagamento.

> O circuito se fecha quando o Poder Executivo libera as verbas consignadas no orçamento para o pagamento de precatórios que estão em seu poder, as quais são encaminhadas pelo presidente do tribunal aos juízes a fim de que os mesmos realizem os pagamentos dos precatórios que estejam sob os seus cuidados (FERNANDES, 2011, p. 6).

Para ilustrar de forma clara o modo como procede o pagamento de um precatório, pode-se pensar em uma ação ajuizada por uma pessoa física contra a União para cobrar pagamentos referentes a uma aposentadoria que tinha sido calculada de maneira incorreta. Se após os devidos trâmites, o juiz reconhecer a irregularidade no cálculo do benefício, a justiça emite um precatório e determina que o ente público, neste caso, a União, pague o valor equivalente.

> O precatório se dá em duas fases no decorrer do julgamento. Primeiramente, entra a fase de conhecimento, onde o processo é analisado e o Tribunal de Justiça pode observar. Na segunda fase entra a parte de execução, onde será definido os honorários do advogado, data final de pagamento, valores e os juros. Transitado em julgado o Tribunal executa os cálculos. Logo, as partes definindo e acertando o valor final, ocorre a expedição do Precatório (VILELA; MARINELLI; ESPAIRAN, 2021, p. 3).

Para a doutrina, os precatórios são uma criação genuinamente brasileira e não encontra símile em nenhum outro ordenamento constitucional (FLAKS, 1990). Consoante ao entendimento de Cunha (2014), seu surgimento remonta o período imperial e se mantém constitucionalmente previsto sob a justificativa de preservar a moralidade no pagamento das dívidas impostas pela justiça à Administração Pública.

Tal instituto foi referido legalmente pela primeira vez nas Ordenações Filipinas, mantidas provisoriamente pelo imperador D. Pedro I, mediante a Lei de 20 de outubro de 1823. Embora tenha sido mencionado, o precatório, naquela época, apresentava distinções em relação ao seu sentido atual. Cunha (2014, p. 216) assevera que o precatório "[...] denominava, apenas, o documento pelo qual se requisitava à administração pública o pagamento de um débito, judicialmente reconhecido".

A primeira vez em que o precatório apareceu na legislação brasileira com o sentido que se conhece hoje foi no art. 41 do Decreto 3.084 de 1898, que aprovou a consolidação das leis relativas à Justiça Federal. Apesar de ter sido cunhado ainda com o nome "precatória", eis a letra da lei: "A sentença será executada depois de haver passado em julgado e de ter sido intimado o Procurador da Fazenda, se este não lhe oferecer embargos, expedindo o Juiz precatória ao Tesouro, para efetuar-se o pagamento" (BRASIL, 1898).

Em uma breve revisão acerca dos precatórios nas Constituições existentes ao longo da história, verifica-se que a primeira (1891) não trazia nenhuma menção ao tema. Contudo, a disciplina sobre as dívidas públicas estava reconhecida pelo Decreto 737 de 1850. Já a constituição de 1934, fez um aparato de normas que deu ao tema *status* constitucional e, dentre as diretrizes implementadas, destaca-se: delegação ao presidente do Supremo Tribunal Federal (STF) a atribuição de expedição das ordens de pagamento; estabelecimento de sanções para a violação das normas impostas e consolidação do sistema de cronologia para o pagamento dos precatórios (antiguidade na inscrição) (CUNHA, 2014). Cabe lembrar que todas essas normas eram destinadas apenas à Fazenda Federal, já que os precatórios não alcançavam as esferas estadual e municipal.

A Constituição de 1937 não fez nenhuma inovação em relação à anterior, a não ser a utilização do substantivo no feminino "precatória", gerando uma incongruência na abordagem da matéria. Já a Constituição de 1946, estendeu a previsão dos pagamentos de precatórios também à Administração Pública estadual e municipal, além de estabelecer o prazo até 1º de julho do ano corrente para a inscrição dos precatórios, para que entrassem no orçamento do Ente Público e fossem pagos até o final do exercício seguinte. A Constituição de 1967 estabeleceu a inclusão dos gastos relativos aos precatórios no orçamento das entidades de direito público.

O texto redigido pelo legislador constituinte de 1988 reservou o art. 100 para tratar especificamente das normas relacionadas aos precatórios judiciais. Na perspectiva de Cunha (2014), a Carta Magna demarcou, com uma intensidade sem precedentes, a finalidade moralizadora do instituto, tencionando o pagamento dos débitos mais antigos e criando critérios facilitadores para quitação de dívidas de natureza alimentar, em observância especial ao princípio da dignidade da pessoa humana, norteador de todo o ordenamento jurídico brasileiro.

Os créditos de natureza alimentícia passaram a ter prioridade no pagamento em relação aos demais precatórios da ordem geral, dentro do orçamento anual. Apesar de eleger a preferência dos precatórios alimentares, a redação da Constituição não trouxe a especificação do que seriam propriamente essa espécie de precatório, o que veio a ser feito apenas com a EC 30 de 2000.

Hoje, por força de EC, a Constituição Federal define débitos de natureza alimentícias como aqueles decorrentes de salários, vencimentos, proventos, pensões e suas complementações, benefícios previdenciários e indenização por morte ou invalidez. Além do exposto no art. 100 da Carta Maior, o ADCT dispôs algumas regras disciplinando a forma como os pagamentos dos precatórios deveriam proceder. Foi mediante esse dispositivo que o "calote"[2] das dívidas estatais passou a ter previsão constitucional, assim expressa o ministro Antônio de Pádua Ribeiro. O ADCT, em seu art. 33, instituiu moratória pelo prazo de oito anos para o pagamento de dívidas contraídas em forma de precatório anterior à vigência da constituição. Eis a transcrição literal do art. 33 do ADCT:

> Ressalvados os créditos de natureza alimentar, o valor dos precatórios judiciais pendentes de pagamento na data da promulgação Constituição, incluído o remanescente de juros e correção monetária, poderá ser pago em moeda corrente, com atualização, em prestações anuais, iguais e sucessivas, no prazo máximo de oito anos, a partir de 1º de julho de 1989, por decisão editada pelo Poder Executivo até cento e oitenta dias da promulgação da Constituição (BRASIL, 1988).

Para o devido cumprimento ao disposto no artigo supracitado, o parágrafo único facultou aos entes devedores "emitir, em cada ano, no exato montante do dispêndio, títulos da dívida pública não computáveis para efeito do limite global de endividamento" (BRASIL, 1988).

A permissão dada pela constituição em emitir títulos da dívida pública tomou outras proporções, pois abriu brechas para que alguns estados e municípios utilizassem as receitas advindas dos títulos para finalidades diferentes daquelas que determinava a legislação. Por este motivo, a primeira moratória dos precatórios assumiu dimensão de escândalo público, que deu ensejo à criação de uma Comissão Parlamentar de Inquérito (CPI) para levantar as denúncias de desvio de dinheiro público.

Ribeiro (2002) relembra que foi nesse período em que os precatórios passaram a ter uma conotação negativa, uma vez que passaram a ser relacionados ao

---
2. Termo frequentemente utilizado para designar a inadimplência do poder público no pagamento das dívidas resultantes de sentenças judiciais transitadas em julgadas.

escândalo e corrupção. O próprio judiciário, mesmo que de forma indireta, foi afetado negativamente, pois é o órgão que faz a expedição da requisição para o pagamento das dívidas reconhecidas judicialmente.

Embora ter causado tantos reveses, a moratória constitucional perdeu sua eficácia logo depois de ter transcorrido os 8 anos previstos para o pagamento das parcelas. Contudo, a falta de interesse pelos entes da federação em quitar suas dívidas resultantes de ações transitadas em julgadas sempre foi muito perceptível, principalmente pelo fato das inúmeras tentativas de se implementar novos regimentos à Constituição, com o objetivo de permitir o parcelamento dos precatórios.

Após a promulgação da Constituição Cidadã, o instituto passou ainda por várias alterações provocados pelas emendas constitucionais editadas nos anos seguintes, destacando-se, principalmente, as Emendas Constitucionais 30/2000, 62/2009, 94/2016, 99/2017, 109/2021 e, mais recentemente, as emedas 113 e 114 de 2021, que estabeleceram um teto de gastos para o pagamento das dívidas impostas pelo judiciário.

3.1.3 POSTERGAÇÃO DO PAGAMENTO DOS PRECATÓRIOS: DAS TENTATIVAS AO ÊXITO

O não interesse em honrar os precatórios nunca teve relação direta com a falta de recursos, mas sim com a questão de prioridade, para satisfazer interesses políticos. Afirmar que esses são os reais interesses pelos quais motivam as iniciativas de mudança das normas referentes à forma de pagamento dos precatórios seria leviano. O fato é que, ao longo das últimas três décadas, já passaram pelo Congresso Nacional inúmeras propostas de emendas que propuseram, em alguma medida, a flexibilização do pagamento das dívidas impostas pelo judiciário. Ao todo, incluindo o próprio art. 33 do ADCT, foram seis tentativas de moratória.

A primeira tentativa, depois do ADCT, foi mediante a EC 30 de 2000. A referida emenda instituiu, em seu art. 2º, uma nova forma de moratória, incluindo o art. 78 ao ADCT. Segue a transcrição literal:

> Ressalvados os créditos definidos em lei como de pequeno valor, os de natureza alimentícia, os de que trata o art. 33 deste Ato das Disposições Constitucionais Transitórias e suas complementações e os que já tiverem os seus respectivos recursos liberados ou depositados em juízo, os precatórios pendentes na data de promulgação desta Emenda e os que decorram de ações iniciais ajuizadas até 31 de dezembro de 1999 serão liquidados pelo seu valor real, em moeda corrente, acrescido de juros legais, em prestações anuais, iguais e sucessivas, no prazo máximo de dez anos, permitida a cessão dos créditos (BRASIL, 1988).

O artigo mencionado introduziu um mecanismo para parcelamento dos precatórios pendentes de pagamento até o exercício de 1999. Esta seria uma tentativa clara de estender a previsão original do ADCT, dando novos prazos para que os Entes Federativos pudessem liquidar os débitos de natureza judicial.

Importante salientar que a EC 30 de 2000 retirou da regra de moratória os débitos de pequeno valor e os precatórios de natureza alimentícia, os quais deveriam continuar na prioridade para quitação. A título de esclarecimento, os créditos de pequeno valor, ou, como é conhecido hoje, as Requisições de Pequeno Valor (RPV), foram instituídos pela EC 20 de 1998, que acrescentou o § 3º ao art. 100 da Constituição Federal, retirando da classificação de precatório as dívidas que não superassem um determinado valor. Cada ente da federação possui regimentos próprios para definir os valores mínimos para que a dívida imposta pelo judiciário seja considerada precatório.

No âmbito federal (Lei 10.259/01), são executáveis por precatórios as dívidas que ultrapassarem 60 salários mínimos. Para o ente estadual (art. 87 do ADCT), a dívida só será paga mediante RPV quando o valor não exceder 40 salários mínimos. Caso a condenação seja imposta a um ente municipal, só serão precatórios sentenças que imposerem um valor acima de 30 salários mínimos. Contudo, há a previsão dada pelo ADCT de que estados e municípios poderão estipular valores distintos, sendo aprovada lei local autorizando. Essa liberdade não se estende para o ente federal, uma vez que já existe lei regulamentando o piso dos precatórios.[3]

A EC 30 de 2000 foi objeto de Ação Direta de Inconstitucionalidade (ADI) pelo Conselho da Ordem do Advogados do Brasil (OAB), que levou à juízo, em dezembro de 2001, mas a liminar foi deferida somente no ano de 2010. No ano seguinte, 2011, foi publicado o acórdão do julgamento da medida cautelar suspendendo a eficácia do art. 2 da primeira emenda do calote (CUNHA; MANENTE, 2021).

A decisão pela suspensão se baseou nos princípios do direito adquirido dos beneficiários, o ato jurídico perfeito e a coisa julgada, além de ter sido considerada uma afronta à separação dos poderes. Além disso, o fato de restringir a regra de parcelamento apenas para as pendências até 31 de dezembro de 1999, a emenda violou também o princípio da igualdade (FERNANDES, 2011).

A terceira tentativa de calote se deu pela EC 62 de 2009, também conhecida como "Emenda do Calote", que alterou, novamente, o art. 100 da Constituição, instituindo a ampliação do prazo de parcelamento dos débitos de precatória, conferida pela EC 30 de 2000, em 15 anos. O mais contraditório nessa emenda é que as mesmas previsões que pretendia estabelecer ainda estavam sob análise

---

3. De forma geral, a RPV possui um processo mais célere, no que diz respeito ao pagamento, pois o prazo após a requisição pelo tribunal é de 60 dias, assim como dispõe o art. 535, § 3º, II, do Código de Processo Civil de 2015.

no STF (EC 30/2000), com indícios de inconstitucionalidade. Desta vez, não só a OAB, mas outras sete organizações reconheceram que a emenda tinha fortes transgressões aos princípios da Constituição. Em análise das ADIs impetradas, o STF, mais uma vez, considerou a emenda do colete inconstitucional.

Em 2016, com o enfraquecimento da economia, e uma crise política em erupção, os entes federativos começaram a ter mais dificuldades de manter seus precatórios em dia. Foi neste cenário que, mais uma vez, foram criadas propostas de emendas para a dilatação dos precatórios, sendo, portanto, a quarta tentativa de calote.

Essas propostas deram origem à EC 94/2016 e à EC 99/2017. A primeira estendeu o prazo de pagamento até 2020 e, a segunda, mudou esse prazo para 2024, para estados e municípios quitarem suas dívidas acumuladas. Ao contrário das demais, essas modificações não foram declaradas inconstitucionais, recebendo apoio da própria OAB, que considerou um esforço coletivo para a resolução para o crescente aumento no estoque de precatórios atrasados pelos entes estaduais e municipais.

A pandemia da COVID-19 piorou ainda mais o cenário de crise econômica e os precatórios foram os primeiros a entrar na mira dos cortes no orçamento, constituindo-se a quinta tentativa de calote. Mais uma atualização dos prazos de pagamento foi aprovada, ainda no ano de 2021, mediante a EC 109, considerada PEC Emergencial que, dentre outras providências, acrescentou mais cinco anos no prazo para a quitação dos precatórios dos Estados, Municípios e Distrito Federal, cujos débitos somam um valor estimado em 100 milhões, de acordo com Conselho da OAB. Desta vez, o próprio conselho entrou em juízo com duas Ações Diretas de Inconstitucionalidade (6804 e 6805), que seguem o rito de tramitação, permitindo que o STF julgue o mérito assim que houver pedido de liminar (TORRE, 2021).

A última tentativa de calote se deu mediante a PEC 23 de 2021 que, ao invés de PEC dos precatórios, como ficou conhecida, poderia ser chamada também de PEC do calote. É certo dizer que, ao longo dos mais de 30 anos de constituição, essa, sem dúvida, é a proposta de modificação mais impactante em relação às regras da forma de pagamento das dívidas decorrentes de decisão judicial.

A PEC 23/2021, protocolada pelo Governo Federal em 10 de agosto de 2021, e assinada pelo Ministro da Economia, Paulo Guedes, pretendia estabelecer o parcelamento de todos os precários que ultrapassassem o valor de 66 milhões, que seriam pagos 15% à vista (até o final do próximo exercício) e o restante em nove parcelas iguais e sequenciadas nos próximos exercícios. Além disso, estabelecia regra provisória dos pagamentos anuais para aqueles precatórios a 2,6% da Receita Corrente Líquida, o que também tornaria possível o parcelamento dos precatórios com valor abaixo de 66 milhões até o teto da RPV. Com a PEC 23, os valores das dívidas passariam a ser corrigidos pela taxa Selic e não mais pela IPCA + 6%, o que daria ainda mais vantagens para os devedores, pois a taxa Selic tem um percentual, consideravelmente inferior.

A PEC 23/2021 foi parcialmente aprovada pelo Senado Federal e os pontos que convergiram no consenso dos senadores viraram a PEC 46/2021. Após o parecer do relator, o Deputado Hugo Mota (Republicanos), foi afastada a possibilidade de parcelamento da emenda proposta pelo Governo Federal, inserindo um teto no orçamento para o pagamento dos precatórios, segundo o relatório.[4]

Depois de muitos debates e intensa tramitação dos projetos entre as casas legislativas e de diversas alterações aos projetos iniciais, as PEC 23/2021 e 46/2021 passaram pelo devido processo legislativo, sendo aprovadas e virando, respectivamente, as ECs 113 e 114. Tais emendas entram em vigor no início de 2022, quando postergarão o pagamento dos precatórios que ultrapassarem o teto estabelecido.

3.1.4 CONTEXTUALIZAÇÃO DA PEC 23

A citada PEC foi uma iniciativa do Governo Federal que viu, na possibilidade de parcelamento, uma brecha orçamentária para financiar o Auxílio Brasil, programa de redistribuição de renda que substituiu o antigo Bolsa Família. O ministro Paulo Guedes enfatizou que, caso a medida não fosse aprovada, comprometeria, inclusive, o programa de vacinação contra a COVID-19 (LIS; GARCIA; CLAVERY, 2020). O ministro, em outra ocasião, tratou a dívida dos precatórios como "meteoro vindo dos outros poderes", manifestando um desconhecimento acerca da natureza dessas dívidas (TORRE, 2021).

O meteoro, o qual se refere Guedes, é, na verdade, uma dívida que já apresentava índice de crescimento constante ao longo do tempo. Durante os anos de 2015 a 2021, o volume dos precatórios federais só teve diminuição referente aos anos de 2015 a 2016 (de 26 bilhões para 23 bilhões). Nos anos seguintes, a conta continuou crescendo, chegando a 2021 com um total de 71 bilhões, de acordo com dados do portal do Tesouro Nacional Transparente. Portanto, não seria propriamente uma surpresa para o Governo Federal o tamanho da dívida atinente aos precatórios para o ano de 2022, que acumulou um total de 89 bilhões de reais.

Especialistas reconheceram, desde o início da tramitação da PEC 23, as intenções políticas e eleitoreiras do governo em abrir espaço no orçamento para financiamento de programas sociais.

---

4. Disponível em: https://anpprev.org.br/redactor_data/20211007160136_tramitacao--pec-23-2021--281-29.pdf. Acesso em: 03 jan. 2022.

O presidente do Banco Central, Roberto Campos Neto, alertou que a mudança nas normas referentes aos pagamentos das dívidas advindas de sentenças judiciais pode ter consequências ainda piores, pois a imagem que o Brasil está passando para o mundo financeiro é que as contas públicas não estão melhorando, gerando uma correção de preços dos ativos. Além disso, sem confiança no reestabelecimento da economia, os investidores tendem a se afastar.

3.1.5 POSTERGAÇÃO DA DÍVIDA PROVOCADA PELAS PECS 113/2021 E 114/2021

As ECs 113/2021 e 114/2021 são o resultado final da PEC dos precatórios, introduzindo um novo sistema de pagamentos para as dívidas da União decorrentes de sentença judicial, instituindo um teto de gastos com vigência entre os anos de 2022 a 2026.

O art. 2 da EC 114, inserido no art. 107-A da CF e § 1º do ADCT, determina que o teto será calculado todos os anos a partir do gasto com precatórios do ano de 2016, quando foi implementado pela EC 95 o teto de gastos geral da União, corrigidos pelo IPCA acumulado no período. De acordo com o referido instrumento, o espaço fiscal que será liberado a partir da limitação dos gastos será destinado ao atendimento das despesas referentes à ampliação de programas sociais e combate à pobreza.

No ano de 2016, o valor gasto com precatório ficou em torno de 30,3 bilhões de reais, esse montante corrigido pelo IPCA acumulado até o ano de 2022, corresponde a, aproximadamente, 40 milhões, que seria, portanto, o teto para o pagamento para o respectivo ano. No entanto, os precatórios habilitados para 2022 estão na ordem dos 89 bilhões de reais. Neste interim, conclui-se que deixarão de ser pagos um valor de, aproximadamente, 59 bilhões em precatórios.

Segundo o disposto na EC 114/ 2021, que acrescenta o § 2º do ADCT, os precatórios que não forem pagos em razão do limite de gastos deverão entrar como prioridade para pagamentos em exercícios seguintes, observando a ordem cronológica reformulada pela emenda.

Antes da vigência das emendas, o pagamento seguia uma ordem cronológica que determinava a prioridade no pagamento. Primeiro, pagava-se os precatórios alimentares de idosos com mais de 60 anos e de doentes graves; em seguida, os precatórios de natureza alimentar para credores em geral e, por fim, os precatórios de qualquer natureza. Apesar dessa ordem, deveriam ser pagos todos os precatórios habilitados em parcela única.

A partir de agora, com o definido pelo § 8 da EC 114/2021, a preferência para o pagamento segue essa ordem: (I) as Requisições de Pequeno Valor (até 60 salários mínimos); (II) os precatórios de natureza alimentar de idosos com no mínimo 60 anos, ou que sejam portadores de doenças graves ou deficiência, desde que não ultrapassem três vezes o valor máximo do RPV; (III) demais precatórios alimentares que tenham valor de até 180 salários mínimos; (IV) demais precatórios além do valor mínimo de 180 salários mínimos; (V) demais precatórios comuns.

Desta forma, entende-se que os precatórios remanescentes de anos anteriores entrarão na prioridade do grupo específico a que pertencem, o que sugere que o pagamento poderá ser postergado por vários anos seguintes, uma vez que o limite estabelecido tende a abarcar apenas os precatórios que estão no topo das prioridades.

O cenário que se apresenta, mediante a análise dos normativos atuais, é que, até o ano de 2026, os precatórios terão um volume imensamente maior, posto que os valores postergados acumularão e somarão as dívidas referentes ao exercício de cada ano, criando-se, assim, uma grande bola de neve. De acordo com o Portal da Câmara dos Deputados, estima-se que no final da vigência do teto, em 2026, o volume dos precatórios não pagos chegará a R$ 121,3 bilhões.

Uma nota técnica emitida pelo Conselho Federal da OAB declara que a instituição de parcelamento ou postergação do pagamento dos precatórios é claramente uma afronta à Constituição Federal, pois viola vários princípios constitucionais expressos, tais como: a separação dos poderes, o ato jurídico perfeito e a coisa julgada, além da jurisprudência do STF, que já estabeleceu entendimento de que:

> A compensação dos débitos da Fazenda Pública inscritos em precatórios, previsto nos §§ 9º e 10 do art. 100 da Constituição Federal, incluídos pela EC 62/09, embaraça a efetividade da jurisdição (CF, art. 5º, XXXV), desrespeita a coisa julgada material (CF, art. 5º, XXXVI), vulnera a Separação dos Poderes (CF, art. 2º) e ofende a isonomia entre o Poder Público e o particular (CF, art. 5º, *caput*), cânone essencial do Estado Democrático de Direito (CF, art. 1º, *caput*) (ORDEM DOS ADVOGADOS DO BRASIL, 2021, p. 8).

O conselho lembra de outras medidas que possibilitaram o parcelamento da dívida, mas que, posteriormente, foi julgada inconstitucional pelo STF. Como exemplo, a nota cita a ADIn 2.356, que suspendeu a eficácia da EC 30/2000, que pretendia estabelecer a previsão de parcelamento em dez anos os precatórios pendentes até a data da promulgação.

Uma novidade trazida pelas novas regras está presente no § 3º da EC 114, que altera o art. 107-A do ADCT, onde faculta ao credor da dívida a possibilidade de deságio, isto é, quem possuir um precatório inscrito que não foi comtemplado pelo orçamento da União, inclusive o de 2022, poderá fazer um acordo para receber, em parcela única, até o final do ano seguinte, com renúncia de 40% do valor total desse crédito. Nos parágrafos seguintes, são fixados diretrizes para a criação de órgãos específicos que farão o trabalho de conciliação.

Sobre os créditos referentes a pagamento com deságio, o § 6º da EC 114 declara que não farão parte da proposta orçamentária e acrescenta que os valores necessários à sua quitação serão providenciados pela abertura de créditos adicionais durante o exercício de pagamento. No entanto, não especifica quais serão esses créditos especiais.

Os credores de precatórios retidos poderão utilizar esses créditos para pagamentos de dívidas com a União, ou para adquirir imóveis públicos à venda, para pagamentos de concessão ou delegação de serviço público, aquisição de participação societária do respectivo ente devedor e compra de direitos disponibilizados para cessão, da antecipação de valores a serem recebidos a título do excedente em óleo em contratos de partilha de petróleo, assim como dispõe do art. 1 da EC 113.

O art. 3 da EC 113 define ainda que a correção dos créditos de correntes de decisão judicial transitada em julgado deverá ser feita mediante a utilização da taxa Selic uma única vez, com essa atualização ficam afastados a incidência de juros ou qualquer compensação pelo atraso e mora nos pagamentos. Com a taxa Selic, a correção pende para uma atualização muito inferior ao que corresponde a inflação, fazendo com que o credor perca parte do valor que lhe é de direito. Pelas regras antigas, a correção ocorria por meio do cálculo da inflação medida pelo IPCA, mais 6% ao ano.

A tentativa de aderir à taxa Selic como base de cálculo para atualização monetária dos precatórios já foi declarada inconstitucional pelo STF, na ocasião da análise da ADI 4.357, que foi impetrada pelo Conselho Federal da OAB, em razão da EC 62/2009. O voto do ministro Luiz Fux apontou que a taxa Selic não pode ser utilizada para atualizar tributos e a poupança para atualizar dívidas do Estado. Tal afirmação é um referencial capaz de medir a variação do poder de compra da moeda brasileira. Desta forma, o IPCA é o índice mais adequado, tendo em vista que captura fenômenos inflacionários definidos em momento posterior ao período analisado.

Em nota técnica emitida pela OAB, afirmou-se que usar a Selic se torna flagrante à ineficiência e imoralidade administrativas, pois estimula a morosidade nas discussões judiciais que tratam sobre as condenações da Fazenda Pública, delongando ainda mais a quitação da dívida.

A EC 114 alterou também a data limite para apresentação do precatório a ser pago dentro da divisa estabelecida. Nas regras anteriores às referidas ECs, os precatórios inscritos até 1º de julho entravam no orçamento da União para serem pagos até o final do ano seguinte. Já pelas novas regras, a data limite para apresentação dos precatórios para os pagamentos até o exercício seguinte foi fixado em dois de abril, ou seja, os precatórios que forem apresentados até a referida data do ano de 2022 entram na fila de preferência, de acordo com sua natureza, para serem pagos até dia 31 de dezembro de 2023. Caso a inscrição seja feita depois dessa data, o precatório poderá ser pago até dia 31 de dezembro de 2024. Essa medida encurtou o prazo para apresentação dos precatórios, o que deve diminuir ainda mais os valores pagos, principalmente no ano de 2023.

Cabe salientar que a EC 114 estabelece que ficam de fora do cálculo do teto de pagamentos anuais os precatórios devidos ao Fundo de Manutenção e Desenvolvimento do Ensino Fundamental e de Valorização do Magistério (FUNDEF), os quais serão pagos mediante três parcelas anuais, a primeira de 40% em 2022 e mais duas parcelas de 30% nos dois anos seguintes. Lembrando que precatórios do FUNDEF são devidos a Estados e Municípios que ganharam em justiça a restituição de valores não pagos pela União.

Em face do novo sistema de pagamentos de precatórios instituído pelas ECs 113 e 114, a assessoria jurídica do Sindicato dos Técnico-administrativos da Universidade Federal do Rio Grande do Sul (UFRS), mediante um artigo escrito pelos advogados Rogério Viola Coelho, Tarso Genro e Mauro Meneses (2022, p. 6), faz um alerta indicando que esse novo instrumento cria uma apropriação indébita de valores já incorporados ao patrimônio de dezenas de milhares de indivíduos. "[...] apropriação que se repetirá ano após ano sobre até 2026, alcançará um universo de várias de centenas de milhares de pequenos credores. Gerando uma acumulação perversa nos exercícios subsequentes a restituição é lançada para um futuro indeterminado".

Coelho, Genro e Mauro (2022) destacam ainda uma série de transgressões constitucionais provocadas pela promulgação das referidas ECs, dentre as quais se destaca a violação do direito de propriedade, uma vez que os precatórios são criados para restituição de valor referente à desapropriação de bens para viabilizar a construção de hidroelétricas, barragens ou estradas, sem pagamento de indenização devida. Incidirá sobre as empresas credoras da repetição indevida de tributos pagos, sem falar nos credores de títulos alimentares, decorrentes de benefícios previdenciários ou de salários de trabalhadores, que foram sonegados pelo Estado.

Diante do exporto, percebe-se que há uma grande efervescência rodeando o debate acerca das novas regras para pagamento dos precatórios. O fato é que as alterações provocadas pelas emendas tornam clara a falta de interesse do poder público em quitar as dívidas decorrentes de precatórios e os mais afetados serão os credores, que já enfrentaram todas as fases de um processo que, pela morosidade que sempre se caracterizou o sistema judiciário, pode ter durado longos anos até chegar à fase de transitada em julgado a favor do pagamento em precatório pelo ente público. No entanto, o recebimento desse crédito ainda ficará condicionado ao teto, podendo ser postergado por mais tempo.

3.1.6 CONSIDERAÇÕES FINAIS

A falta de compromisso dos entes públicos em pagar seus precatórios, como reza a Constituição, fica evidente, à medida que se analisam todas as empreitadas de emendas que propuseram modificação do art. 100 da CF e do ADCT, com o intuito de implementar moratórias às dívidas dessa natureza.

O novo regime de pagamentos de precatórios estabelecido com as ECs 113 e 114 nada mais é do que a tentativa reincidente do poder público em postergar o pagamento dos títulos decorrentes de ação transitada em julgado. As consequências da nova legislação são, potencialmente, graves, principalmente para os credores de precatórios, pois poderão ficar por muito tempo sem receber o valor devido. Isso porque, o teto criado se mostra insuficiente para suprir toda a demanda da dívida e, como resultado, em todos os anos que corresponde a vigência desse instituto, sobrará um montante que será remanejado para pagamento no exercício seguinte. Esse movimento será consecutivo, ano após ano, uma vez que a dívida só tende a crescer e o limite nunca conseguirá amortizar todo o valor.

O cenário que se projeta até o fim da vigência do novo regime (2026) é um acúmulo de precatórios pendentes que corresponderão a um montante muito mais expressivo do que o existente para pagamento do exercício de 2022. O que leva a crer que essa pode ser a primeira de muitas outras medidas que incidirão sobre as regras de pagamento. A mudança de taxa para correção monetária será mais um ponto negativo aos credores, sendo que a taxa Selic atualiza para um valor inferior ao que corresponde a inflação, além disso, não haverá incidência de juros e nem multa por atraso.

Sob uma outra ótica de análise, as atualizações feitas no sistema de pagamento de precários são propensas a resultados externos ao próprio contexto nacional, posto que passa uma mensagem de que o Brasil não consegue arcar com suas responsabilidades financeiras, podendo resultar em um desestímulo para os investidores que acreditavam na recuperação da economia.

No entanto, o judiciário tem o poder de declarar a inconstitucionalidade de uma norma, caso isso seja reconhecido. O que mostra a história é que o Judiciário brasileiro não tende a recepcionar essas medidas de forma permissória, muito pelo contrário, as emendas que propuseram, em alguma medida, moratória, foram invalidadas. No entanto, as emendas 113 e 114 continuam vigentes sem nenhum indício de ações de inconstitucionalidade ajuizadas até o momento.

REFERÊNCIAS

BRASIL. Constituição da República Federativa do Brasil. Diário Oficial da República Federativa. Brasília, 1988. Disponível em: http://www.planalto.gov.br/ccivil_03/constituicao/constituicao.htm. Acesso em: 02 jan. 2022.

BRASIL. Decreto 3084, de 5 de novembro de 1898. Aprova a Consolidação das Leis referentes à Justiça Federal. Diário Oficial da República Federativa. Brasília, 1898. Disponível em: https://legis.senado.leg.br/norma/399352/publicacao/15685152. Acesso em: 03 jan. 2022.

BRASIL. Emenda Constitucional 20, de 15 de dezembro de 1998. Modifica o sistema de previdência social, estabelece normas de transição e dá outras providências. Diário Oficial da República

Federativa. Brasília, 1998. Disponível em: http://www.planalto.gov.br/ccivil_03/constituicao/emendas/emc/emc20.htm. Acesso em: 03 jan. 2022.

BRASIL. Emenda Constitucional 30, de 13 de setembro de 2000. Altera a redação do art. 100 da Constituição Federal e acrescenta o art. 78 no Ato das Disposições Constitucionais Transitórias, referente ao pagamento de precatórios judiciários. Diário Oficial da República Federativa. Brasília, 2000. Disponível em: http://www.planalto.gov.br/ccivil_03/constituicao/emendas/emc/emc30.htm. Acesso em: 03 jan. 2022.

BRASIL. Emenda Constitucional 62, de 9 de dezembro de 2009. Altera o art. 100 da Constituição Federal e acrescenta o art. 97 ao Ato das Disposições Constitucionais Transitórias, instituindo regime especial de pagamento de precatórios pelos Estados, Distrito Federal e Municípios. Diário Oficial da República Federativa. Brasília, 2009. Disponível em: http://www.planalto.gov.br/ccivil_03/constituicao/emendas/emc/emc62.htm. Acesso em: 03 jan. 2022.

BRASIL. Emenda Constitucional 94, de 15 de dezembro de 2016. Altera o art. 100 da Constituição Federal, para dispor sobre o regime de pagamento de débitos públicos decorrentes de condenações judiciais; e acrescenta dispositivos ao Ato das Disposições Constitucionais Transitórias, para instituir regime especial de pagamento para os casos em mora. Diário Oficial da República Federativa. Brasília, 2016. Disponível em: http://www.planalto.gov.br/ccivil_03/constituicao/emendas/emc/emc94.htm. Acesso em: 03 jan. 2022.

BRASIL. Emenda Constitucional 99, de 14 de dezembro de 2017. Altera o art. 101 do Ato das Disposições Constitucionais Transitórias, para instituir novo regime especial de pagamento de precatórios, e os arts. 102, 103 e 105 do Ato das Disposições Constitucionais Transitórias. Diário Oficial da República Federativa. Brasília, 2017. Disponível em: http://www.planalto.gov.br/ccivil_03/constituicao/emendas/emc/emc99.htm. Acesso em: 03 jan. 2022.

BRASIL. Emenda Constitucional 109, de 15 de março de 2021. Altera os arts. 29-A, 37, 49, 84, 163, 165, 167, 168 e 169 da Constituição Federal e os arts. 101 e 109 do Ato das Disposições Constitucionais Transitórias; acrescenta à Constituição Federal os arts. 164-A, 167-A, 167-B, 167-C, 167-D, 167-E, 167-F e 167-G; revoga dispositivos do Ato das Disposições Constitucionais Transitórias e institui regras transitórias sobre redução de benefícios tributários; desvincula parcialmente o superávit financeiro de fundos públicos; e suspende condicionalidades para realização de despesas com concessão de auxílio emergencial residual para enfrentar as consequências sociais e econômicas da pandemia da Covid-19. Diário Oficial da República Federativa. Brasília, 2021. Disponível em: http://www.planalto.gov.br/ccivil_03/constituicao/Emendas/Emc/emc109.htm. Acesso em: 03 jan. 2022.

BRASIL. Emenda Constitucional 113, de 8 de dezembro de 2021. Altera a Constituição Federal e o Ato das Disposições Constitucionais Transitórias para estabelecer o novo regime de pagamentos de precatórios, modificar normas relativas ao Novo Regime Fiscal e autorizar o parcelamento de débitos previdenciários dos Municípios; e dá outras providências. Diário Oficial da República Federativa. Brasília, 2021. Disponível em: http://www.planalto.gov.br/ccivil_03/constituicao/emendas/emc/emc113.htm. Acesso em: 03 jan. 2022.

BRASIL. Emenda Constitucional 114, de 16 de dezembro de 2021. Altera a Constituição Federal e o Ato das Disposições Constitucionais Transitórias para estabelecer o novo regime de pagamentos de precatórios, modificar normas relativas ao Novo Regime Fiscal e autorizar o parcelamento de débitos previdenciários dos Municípios; e dá outras providências. Diário Oficial da República Federativa. Brasília, 2021. Disponível em: http://www.planalto.gov.br/ccivil_03/constituicao/Emendas/Emc/emc114.htm. Acesso em: 03 jan. 2022.

BRASIL. Lei 10.259, de 12 de julho de 2001. Dispõe sobre a instituição dos Juizados Especiais Cíveis e Criminais no âmbito da Justiça Federal. Diário Oficial da República Federativa. Brasília, 2001. Disponível em: http://www.planalto.gov.br/ccivil_03/leis/leis_2001/l10259.htm. Acesso em: 02 jan. 2022.

BRASIL. Lei 13.105, de 16 de março de 2015. Código de Processo Civil. Diário Oficial da República Federativa. Brasília, 2015. Disponível em: http://www.planalto.gov.br/ccivil_03/_ato2015-2018/2015/lei/l13105.htm. Acesso em: 02 jan. 2022.

CARVALHO, Vladimir Souza. Iniciação ao Estudo do Precatório. *Revista de Informação Legislativa do Senado Federal*, n. 76, v. 19, n. 76, p. 325-364, out./dez. 1982. Disponível em: http://www2.senado.leg.br/bdsf/handle/id/181396. Acesso em: 05 jan. 2022.

COELHO, Rogério Viola; GENRO Tarso; MENEZES, Mauro. *As Emendas Constitucionais 113/2021 e 114/2021 e sua inconstitucionalidade*: fundamentos e consequências. Porto Alegre: Assessoria Jurídica da ASSUFRGS, 2022. Disponível em: http://www.direitosfundamentais.adv.br/6221-2/. Acesso em: 08 jan. 2022.

CUNHA, Daniele Lambert da; MANENTE, Luciana Nini. Emenda inconstitucional amplia prazo para pagamento de precatórios. *Revista Consultor Jurídico*, jun. 2021. Disponível em: https://www.conjur.com.br/2021-jul-12/opiniao-emenda-inconstitucional-amplia-prazo-precatorios. Acesso em: 06 de jan. 2022.

CUNHA, Paula Chaves. Qualificação material do precatório. *EMERJ*, Rio de Janeiro, v. 17, n. 66, p. 214-248, set./dez. 2014. Disponível em: https://www.emerj.tjrj.jus.br/revistaemerj_online/edicoes/revista66/revista66_214.pdf. Acesso em: 03 jan. 2022.

DANTAS, Francisco Wildo Lacerda. *Execução contra a Fazenda Pública*: regime de precatório. São Paulo: Método, 2010.

FERNANDES, André Luiz. *Precatórios*: princípios constitucionais do instituto e a inadimplência. 2011. 71 f. Trabalho de Conclusão de Curso (Curso de Graduação em Direito) – Universidade Federal do Paraná, Curitiba, 2011. Disponível em: https://acervodigital.ufpr.br/bitstream/handle/1884/31563/1430%20ANDRE%20LUIZ%20FERNANDES.pdf?sequence=1. Acesso em: 03 jan. 2022.

FLAKS, Milton. Precatórios Judiciais na constituição de 1988. *Revista de Processo*, v. 15, n. 58, p. 85-98, abr./jun. 1990.

LIS, Lais; GARCIA, Gustavo; CLAVERY, Elisa. *Guedes cita custo de R$ 20 bilhões e diz que não faltará vacina contra Covid por falta de recursos*. São Paulo: G1, 2020. Disponível em: https://g1.globo.com/economia/noticia/2020/12/11/guedes-cita-custo-de-r-20-bilhoes-e-diz-que-nao-faltara-vacina-contra-covid-por-falta-de-recursos.ghtml. Acesso em: 03 jan. 2022.

OLIVEIRA, Regis Fernandes de. *Curso de Direito Financeiro*. 2. ed. São Paulo: Ed. RT, 2008.

ORDEM DOS ADVOGADOS DO BRASIL. *Nota técnica*. Brasília: Conselho Federal, 2021. Disponível em: https://www.conjur.com.br/dl/nota-oab-pec-precatorios.pdf. Acesso em: 08 jan. 2022.

RIBEIRO, Antônio de Pádua. Execução contra a Fazenda Pública e os Precatórios. *Revista CEJ*, p. 106-114, 2002. Disponível em: file:///C:/Users/Win%2010/Downloads/3738-14076-1-PB.pdf. Acesso em: 03 jan. 2022.

TORRE, Riccardo Giuliano Figueira. A PEC dos precatórios e a nova tentativa de calote aos credores e à arbitragem. *Revista Consultor Jurídico*, ago. 2021. Disponível em: https://www.conjur.com.br/2021-jul-12/opiniao-emenda-inconstitucional-amplia-prazo-precatorio. Acesso em: 07 jan. 2022.

VILELA, Ana Laura de Moraes; MARINELLI, Bianca. ESPAIRANI, Isabele Aparecida Borges. *Precatórios*: conceito e possíveis alterações. *Etic Encontro de Iniciação Científica*, v. 17, n. 17, p. 1-10, 2021. Disponível em: http://intertemas.toledoprudente.edu.br/index.php/ETIC/article/view/9050/67650681. Acesso em: 03 jan. 2022.

3.2
INCONGRUÊNCIAS DECORRENTES DO ATUAL SISTEMA DE PRECATÓRIO FRENTE À (IN)VIOLABILIDADE DOS DIREITOS FUNDAMENTAIS

Ranívia Maria Albuquerque Araújo

Mestranda em Direito pelo Centro Universitário Christus (UNICHRITUS). E-mail: raniviaaraujo@outlook.com.

Resumo: Precatório se trata de uma dívida estabelecida por uma condenação judicial, no qual um cidadão, ou uma determinada pessoa jurídica, é credora do ente público. Ocorre que o atual sistema de adimplemento é dotado de vícios, retardando o cumprimento da obrigação e, consequentemente, violando direitos essenciais dos indivíduos. Assim, há uma discrepância significativa entre o sistema de pagamento de dívidas tendo o cidadão como devedor e credor, onde, naquele, está sujeito a sofrer severas sanções em caso de inadimplemento ou retardo, enquanto ao se encontrar no polo credor, tem suas garantias constitucionais amplamente violadas. Portanto, ao mesmo tempo em que o Estado tem o dever legal de assegurar aos indivíduos a proteção de seus direitos, o mesmo os viola de maneira ampla. Logo, é que se faz necessário o estudo de tal problemática, considerando a insigne importância que a ciência de tais adversidades traz para a sociedade ao gerar respaldo na realidade contemporânea. Neste contexto, convém investigar medidas alternativas para o cumprimento das obrigações advindas da Fazenda Pública frente ao indivíduo, tendo como fulcro a inviolabilidade de direitos fundamentais, como o devido processo legal, razoável duração processual e, até mesmo, a dignidade humana. Para tanto, a presente pesquisa foi baseada em estudos bibliográficos, bem como na análise da legislação em vigor. Como resultado, nota-se a inexistência da adoção de mecanismos alternativos em prol da garantia do cumprimento dos precatórios em tempo minimamente razoável, transgredindo direitos essenciais e princípios constitucionais.

Palavras-chave: Precatório – Direitos Fundamentais – Inconstitucionalidades.

Abstract: Precatório is a debt established by a judicial conviction, in which a citizen, or a particular legal entity, is the creditor of the public entity. It happens that the current system of performance is endowed with vices, delaying the fulfillment of the obligation and, consequently, violating essential rights of individuals. Thus, there is a significant discrepancy between the debt payment system, having the citizen as debtor and creditor, where, in the former, he is subject to severe sanctions in case of default or delay, while, when he is in the creditor pole, he has his guarantees. widely violated constitutional Therefore, while the State has a legal duty to assure individuals of the protection of their rights, it violates them widely. Therefore, it is necessary to study this problem, considering the outstanding importance that the science of such adversities brings to society by generating support in contemporary reality. In this context, it is convenient to invent alternative measures for the fulfillment of the obligations arising from the Public Treasury towards the individual, having as a fulcrum the inviolability of fundamental rights, such as due process of law, reasonable procedural duration and even human dignity. Therefore, the present research was based on bibliographic studies, as well as on the analysis of the legislation in force. As a result, it is noted the inexistence of the adoption of alternative mechanisms in favor of guaranteeing the fulfillment of the precatories in a minimally reasonable time, transgressing essential rights and constitutional principles.

Keywords: Court-ordered Debts – Fundamentals Rights – Unconstitutionalities.

Sumário: 3.2.1 Introdução – 3.2.2 Sistemática dos precatórios – 3.2.3 Violações dos direitos fundamentais – 3.2.4 "Emendas do calote" e impactos inconstitucionais – 3.2.5 Mecanismos alternativos – 3.2.6 Considerações finais – Referências.

3.2.1 INTRODUÇÃO

É de comum conhecimento que o sistema de precatório se trata de uma espécie de dívida pública, na qual uma pessoa física ou jurídica se encontra na posição de credora que possui, facilmente, seus créditos retidos por um longo lapso temporal pela Fazenda Pública. Ocorre que tal inadimplemento ocasiona severas violações constitucionais e de direitos fundamentais dos indivíduos da obrigação, como o direito de ter um acesso à justiça, com uma duração processual em tempo razoável ou, até mesmo, de estar em gozo de seus direitos garantidos após julgamento, gerando impactos negativos, bem como uma farta insegurança jurídica.

Ressalta-se, ainda, que o pagamento dos precatórios se refere a uma autoexecutoriedade do poder público, onde este irá se condenar, através do judiciário, a pagar os créditos devidos ao ente privado. Portanto, é gerada uma forte arbitrariedade estatal, havendo, desde logo, uma assimetria referente ao processo de execução quando o poder público se encontra no polo devedor, e quando se encontra no polo credor, principalmente no tocante à razoável duração processual.

Logo, quando o poder público move uma execução, é aplicada a Lei de Execução Fiscal, onde não há sua suspensão, mas quando este se encontra no polo devedor, como é o caso de precatório, a execução só ocorre após o trânsito em julgado da sentença condenatória que, após esta, ainda há possibilidade de impugnação.

Ocorre que tal sistemática já sofreu, e continua sofrendo, grandes modificações e, a cada mudança, surgem novos impactos negativos para a pessoa física ou jurídica credora do poder público. Além das Emendas Constitucionais (ECs) 30/2000 e 62/2009, em 2021, foram aprovadas as ECs 113 e 114/2021, denominadas de "novas emendas do calote", trazendo mais prejuízos aos credores, como a atualização da correção monetária, onde os envolvidos receberão menos, a título de juros e correção.

Portanto, é necessário adotar meios alternativos para que tais dívidas sejam quitadas em conformidade com os direitos fundamentais dos indivíduos, o que, ainda, não é encontrado no ordenamento jurídico brasileiro.

3.2.2 SISTEMÁTICA DOS PRECATÓRIOS

Farta é a doutrina para minudenciar o conceito de precatório, podendo extrair do entendimento de Fonseca (2021, p. 56) que se trata de "[...] um instituto que representa uma requisição judicial de pagamento, expedido pelo juízo da execução de sentença ao presidente do tribunal, para proferir uma decisão exequenda devido à Fazenda Pública".

Portanto, os precatórios se referem a uma espécie de dívida pública, no qual uma pessoa física ou jurídica, após ser submetida a uma sentença condenatória transitada e julgada, encontra-se na situação de credora do poder público, ou seja, sinteticamente, é a obrigação do deste em quitar suas dívidas perante o ente particular.

Importante salientar que há um longo percurso para que o trâmite processual chegue na fase decisória, o que demanda tempo, retardando, em regra, o direito dos credores terem por adimplido o que lhe é devido. Inicialmente, tem-se o processo, iniciada com a fase de conhecimento, na qual uma pessoa física ou jurídica recorre ao judiciário para requerer determinado direito contra o ente público e onde o juiz, respeitando o contraditório e ampla defesa, analisa todas as provas e alegações realizadas para firmar uma decisão.

Contudo, caso a decisão do magistrado seja procedente aos pedidos do autor, antes de ser iniciada a execução e ser expedido o precatório, tal procedência será reapreciada pelo tribunal de justiça, ou seja, a decisão do juiz será submetida à análise do tribunal, para que seja confirmada ou refutada. Caso a decisão seja mantida, o requerido estipula o valor que entende lhe ser devido a título de precatório, tendo o poder público, ainda, o direito de impugnar tais valores, levando a sentença a uma nova revisão.

Por conseguinte, apenas quando se tem por fixado um valor, ou seja, após as inúmeras postergações ocasionadas pelas diversas impugnações, o magistrado encaminha o requerimento de precatório para o presidente do tribunal autorizar o processamento. Posteriormente, o precatório receberá um número e será incluído em uma listagem cronológica. Desta maneira, o governo municipal, estadual ou federal, que estiver no polo devedor, separará o orçamento para que seja efetuado o pagamento.

Neste âmbito, jurista e magistrado em Direito Vladimir Souza Carvalho (1982, p. 337) expõe que:

O presidente que proferiu a decisão exequenda é o Presidente do Tribunal hierárquico superior, vez que, condenada em primeira instância a Fazenda Pública, a sentença fica sujeita a duplo grau de jurisdição. Então, o círculo se iniciando com o juízo de primeira instância que condena a Fazenda Pública e recorre de sua própria sentença *ex lege* – passa por uma fase primordial, quando a sentença subindo ao Tribunal Superior por força do recurso *ex officio*, é confirmada. O círculo prossegue: os autos retornam do juízo superior, onde a sentença foi apreciada e confirmada, ao juízo inferior para a liquidação da sentença, fechando-se o círculo quando o precatório é expedido do Juízo inferior para o superior, e este, tendo em vista o precatório recebido, expede a ordem de pagamento.

Todavia, em que pese a essencialidade da quitação de precatórios, este se enquadra nos compromissos de "restos a pagar", segundo Silva (2016). Assim, após o processo de execução contra a Fazenda Pública, a referida dívida só será paga caso esteja submetida ao sistema orçamentário, caso contrário, não será adimplida no mesmo exercício financeiro.

Por conseguinte, é válido ressaltar que tal espécie de precatório diz respeito aos precatórios comuns, além deste existem os precatórios de caráter alimentar, que são aqueles considerados indispensáveis por sua natureza, decorrentes de ações trabalhistas ou pensionistas, exemplificadamente, e que possuem prioridade em seu pagamento, perfeitamente estabelecido pela própria Constituição Federal de 1988 (CF/88), em seu artigo 100, § 2º:

> Os débitos de natureza alimentícia cujos titulares, originários ou por sucessão hereditária, tenham 60 (sessenta) anos de idade, ou sejam portadores de doença grave, ou pessoas com deficiência, assim definidos na forma da lei, serão pagos com preferência sobre todos os demais débitos, até o valor equivalente ao triplo fixado em lei para os fins do disposto no § 3º deste artigo, admitido o fracionamento para essa finalidade, sendo que o restante será pago na ordem cronológica de apresentação do precatório (BRASIL, 1988).

Segundo Fonseca (2021), os precatórios de natureza alimentar dizem respeito aqueles advindos de ações trabalhistas que têm como autor agentes públicos ou pensionistas, buscando, judicialmente, direitos referentes a complementações, indenizações, honorários advocatícios, gratificações ou, até mesmo, indenizações advindas de acidentes de natureza alimentar.

Ocorre que, mesmo diante da prioridade dada aos precatórios de natureza alimentar, os vícios decorrentes do cumprimento de tal obrigação ainda são predominantes e se tornam, dia após dia, mais consternadores, pois o poder público possui autonomia para estabelecer inúmeras prorrogações ou limitações, retardando o direito dos indivíduos, como o que foi previsto pela EC 114/21, que limitou o valor dos precatórios para que fossem adimplidos primeiramente.

Portanto, percebe-se que o sistema de precatório está diretamente ligado às dívidas públicas. Todavia, o Brasil, desde seus primórdios, é constituído por dívidas e desequilíbrios econômicos, o que, de acordo com Carvalho (2016), já ao ser declarada a independência do país, já foram reconhecidas dívidas advindas de Portugal, a fim de suceder o acesso às fontes de financiamento.

Para Fonseca (2021), o endividamento da Fazenda Pública sempre foi, e continua sendo, uma problemática que desenvolve um impacto direto na capacidade financeira estatal, além de desequilibrar o crescimento econômico e os suprimentos das necessidades sociais da população em geral. Em contrapartida, o sistema de precatório tem base constitucional, na mesma medida em que afronta diversos de seus princípios e fundamentos basilares.

3.2.3 VIOLAÇÕES DOS DIREITOS FUNDAMENTAIS

De maneira primordial, é de grande valia destacar que a CF/88 traz o fundamento da razoável duração do processo, destacando em seu artigo 5º, LXXVIII, que "[...] a todos, no âmbito judicial e administrativo, são assegurados a razoável duração do processo e os meios que garantam a celeridade de sua tramitação". Em que pese a palavra "razoável" seja algo muito subjetivo, dificilmente a sistemática do precatório se adequa à tal controvérsia.

Ora, a razoável duração do processo pode ser perfeitamente compreendida pelo lapso temporal, eficiência jurisdicional ou, como dispõe Silva (2016, p. 27), "A razoável duração do processo e a celeridade da sua tramitação dependem diretamente da complexidade da causa levada ao conhecimento e julgamento dos magistrados", ressaltando ainda que "[...] outra via de análise sobre a razoabilidade do andamento do feito deverá levar em conta a necessária obediência às garantias processuais e constitucionais que vinculam o caso concreto".

Para que os precatórios sejam expedidos, é necessário o trânsito em julgado da sentença que o condenou, portanto, presume-se que as fases cognitiva e processual já foram findadas e eficientemente julgadas e processadas. Deste modo, as garantias constitucionais que envolvem o trâmite processual já foram devidamente observadas, como a avaliação das provas e alegações efetuadas, bem como analisada a complexidade da causa.

Ademais, a violação ao princípio da razoável duração processual também afronta outros princípios fundamentais, como do acesso à justiça, o qual busca garantir uma prestação jurisdicional eficiente. Este princípio se trata de uma garantia constitucional prevista no artigo 5º, XXXV, onde estipula que "[...] a lei não excluirá da apreciação do Poder Judiciário lesão ou ameaça a direito", ou seja, é assegurado ao cidadão a possibilidade de recorrer às vias judiciárias para reivindicar seus direitos (BRASIL, 1988). Assim, ao buscar a tutela jurisdicional, o mínimo que se espera é que, findando o trâmite processual e iniciando a fase executória, a decisão prolatada seja, de fato, cumprida, o que, em regra, não ocorrendo em tempo hábil.

Portanto, qual a finalidade de ter por garantido pela CF/88 a possibilidade de ir até o judiciário para pleitear seus direitos, quando estes não serão, mesmo após julgados com sentença transitada, adquiridos? A verdade é que, simplesmente, não há sentido. Ressalta-se ainda a grande probabilidade de, quando o poder público finalmente pagar os créditos devidos, mesmo com a prioridade que lhes é concedida, o indivíduo não estar mais em vida, o que muito ocorre com o pleito de benefícios previdenciários que, em sua grande maioria, os requerentes ou estão doentes, ou em idade avançada.

Silva (2016, p. 25) ressalta que "[...] a garantia do devido processo legal somente estará completa se o respectivo processo legal a que o jurisdicionado tenha que se submeter contar com uma duração razoável". Ocorre que há uma nítida assimetria referente à execução contra o poder público e movido por ele, principalmente no tocante à razoável duração do processo, tendo em vista que, quando o poder público move uma execução, é aplicada a Lei de Execução Fiscal, que não há sua suspensão, mas, quando se encontra no polo devedor, a execução só ocorre após o trânsito em julgado da sentença condenatória, que ainda há possibilidade de impugnação.

Para Coelho, Genro e Menezes (2022), o princípio da igualdade perante a aplicação legislativa impõe tal equidade na edição e na aplicação da lei, além de buscar impedir que o legislador gere desigualdades na aplicação. Ressalta-se que, por mais que o poder público precise de um determinado trâmite especializado, é injustificável a discrepância no que diz respeito à efetividade processual condicionante a qual polo da obrigação ele se encontra.

Ademais, o fato de a Fazenda Pública simplesmente não efetuar o pagamento de sua dívida perante seu credor, ou postergá-la, afronta o princípio da coisa julgada, previsto no artigo 502 do Código de Processo Civil (CPC), estabelecendo que "denomina-se coisa julgada material a autoridade que torna imutável e indiscutível a decisão de mérito não mais sujeita a recurso" (BRASIL, 2015).

Em contrapartida, é de grande valia relembrar que, além do imensurável retardo da execução quando o poder público se encontra como devedor, mesmo após o presidente do tribunal competente ter expedido a obrigação de pagamento, a Fazenda Pública simplesmente não o efetua, camuflando-se através do argumento de que o patrimônio é público e que, em outros países, logo é expedida a penhora dos bens, porém, no Brasil, tal ocasião não é efetivada, tendo em vista tal caráter, ou através de ECs.

Tais violações consequentemente também confrontam o devido processo legal, previsto no artigo 5º, LIV da CF/88, o qual estabelece que "[...] ninguém será privado da liberdade ou de seus bens sem o devido processo legal". Contudo, mesmo que a fase cognitiva do processo para expedição do precatório tenha sido em conformidade com o devido processo legal, este se encontra violado quando a decisão nele contida não é efetivada.

Todavia, em que pese os inúmeros vícios e violações constitucionais detectadas no atual sistema dos precatórios, pode-se dizer que, ainda assim, passou por algumas evoluções. Segundo Fonseca (2021), o sistema de precatórios só foi de fato constitucionalizado em 1934, até então, era praticamente impossível o credor receber a dívida do poder público. A Fazenda Pública se escondia atrás do princípio da impenhorabilidade de bens públicos para selecionar quem iria adimplir, assim, o cerne primordial não estava baseado nos fundamentos constitucionais, e sim na própria vontade do administrador.

Portanto, não haviam condições, nem imparcialidades e, muito menos, moralidade administrativa, pois tais princípios só foram estabelecidos pelo artigo 37 da CF/88 que estipula que "[...] a administração pública direta e indireta de qualquer dos Poderes da União, dos Estados, do Distrito Federal e dos Municípios obedecerá aos princípios de legalidade, impessoalidade, moralidade, publicidade e eficiência".

Contudo, o mesmo ente inadimplente e violador é aquele que tem a função de assegurar os direitos fundamentais dos indivíduos. De acordo com Fonseca (2021), o Estado é o responsável por buscar e garantir os direitos de seus cidadãos, estando a ideia de democracia e bem-estar social diretamente ligados à essencialidade dos direitos fundamentais que, além de necessários, são a base da força normativa constitucional.

Ocorre que, enquanto a CF/88 dispõe que o Estado venha a garantir minimamente os direitos básicos dos cidadãos, bem como seus direitos fundamentais, este se omite e retarda suas obrigações mínimas referentes ao pagamento de suas dívidas, englobando os precatórios.

3.2.4 "EMENDAS DO CALOTE" E IMPACTOS INCONSTITUCIONAIS

Sabe-se que a CF/88 trouxe disposições essenciais para o Estado Democrático de Direito, estabelecendo diversos direitos fundamentais e invioláveis para os cidadãos, incluindo em seus dispositivos o sistema de precatório, dotado de particularidades que merecem atenção, tal qual a que o próprio poder público irá se executar frente a um indivíduo. Tal advento gerou uma expectativa de melhorias em relação ao mecanismo de pagamento de dívidas do poder público fundadas no precatório, este já considerado um direito fundamental, todavia, a ideia e esperança de melhorias se restaram frustradas.

Diversas foram as ECs propostas com a finalidade de sanar tal problemática, buscando constantemente fazer com que o poder público quitasse suas dívidas perante a pessoa física ou jurídica credora. O artigo 33 do Ato das Disposições Constitucionais Transitórias (ADCT) de 1988 estipulou o prazo máximo de oito anos para que os precatórios inadimplentes na data da promulgação da CF/88 fossem adimplidos com suas devidas correções monetárias.

> Art. 33. Ressalvados os créditos de natureza alimentar, o valor dos precatórios judiciais pendentes de pagamento na data da promulgação da Constituição, incluído o remanescente de juros e correção monetária, poderá ser pago em moeda corrente, com atualização, em prestações anuais, iguais e sucessivas, no prazo máximo de oito anos, a partir de 1º de julho de 1989, por decisão editada pelo Poder Executivo até cento e oitenta dias da promulgação da Constituição (BRASIL, 1988).

Entretanto, em que pese, teoricamente, oito anos seja um prazo consideravelmente longo, o fato de ter fixado um período máximo para que os credores pudessem, finalmente, gozar de seus créditos, já é considerado um grande avanço e uma grandiosa conquista. Todavia, tal dispositivo não foi colocado em prática, dando ensejo à criação da EC 30/2000, a qual trouxe o artigo 78 da ADCT, estabelecendo um novo prazo máximo para o pagamento dos precatórios, sendo o mesmo fixado em dez anos.

> Art. 78. Ressalvados os créditos definidos em lei como de pequeno valor, os de natureza alimentícia, os de que trata o art. 33 deste Ato das Disposições Constitucionais Transitórias e suas complementações e os que já tiverem os seus respectivos recursos liberados ou depositados em juízo, os precatórios pendentes na data de promulgação desta Emenda e os que decorram de ações iniciais ajuizadas até 31 de dezembro de 1999 serão liquidados pelo seu valor real, em moeda corrente, acrescido de juros legais, em prestações anuais, iguais e sucessivas, no prazo máximo de dez anos, permitida a cessão dos créditos.
>
> § 1º É permitida a decomposição de parcelas, a critério do credor.
>
> § 2º As prestações anuais a que se refere o caput deste artigo terão, se não liquidadas até o final do exercício a que se referem, poder liberatório do pagamento de tributos da entidade devedora.
>
> § 3º O prazo referido no caput deste artigo fica reduzido para dois anos, nos casos de precatórios judiciais originários de desapropriação de imóvel residencial do credor, desde que comprovadamente único à época da imissão na posse.
>
> § 4º O Presidente do Tribunal competente deverá, vencido o prazo ou em caso de omissão no orçamento, ou preterição ao direito de precedência, a requerimento do credor, requisitar ou determinar o sequestro de recursos financeiros da entidade executada, suficientes à satisfação da prestação (BRASIL, 2000).

Nota-se, portanto, que, insistentemente, o poder público busca postergar a quitação de suas dívidas, trazendo inúmeras consequências ao credor que é, também, cidadão e que deveria estar amplamente protegido pelo Estado. Ademais, o § 2 do artigo supracitado tratou de um grande problema, tendo vista que tornou os precatórios uma verdadeira mercadoria.

Machado Segundo (2021) dispõe que, mesmo o credor do Estado ou do município não sendo contribuinte de Imposto sobre Circulação de Mercadorias e Serviços (ICMS) ou Imposto Sobre Serviços de Qualquer Natureza (ISS), poderia conceder o crédito a um contribuinte que fosse devedor destes. Portanto, inúmeros foram os contribuintes que passaram a "comprar" os precatórios atrasados para quitar seus débitos de natureza tributária.

Ocorre que o Estado já possuía a obrigação de efetuar o pagamento do referido crédito ao cidadão e, por conta da demora ocasionada por ele mesmo, os credores foram praticamente forçados a receber quantias inferiores às devidas.

Ainda de acordo com Machado Segundo (2021), o longo prazo de dez anos se tratou de um atraso extremamente considerável, gerando contrariações à garantia jurisdicional e à própria coisa julgada. Contudo, em que pese a lastimável situação, ainda assim não foi suficiente. O poder público continuou com sua extensa lista de credores em aguardo do pagamento de seus precatórios.

Nove anos depois tal fato se tornou ocasião para criação da EC 62/2009, que acrescentou o artigo 97, estipulando o prazo, ainda mais vagaroso, de 15 anos. Além do extenso prazo fixado, Fonseca (2021) descreve que a EC 62/2009 alterou a ordem de pagamentos que, antes de serem efetuados os pagamentos dos créditos alimentares, deveriam ser pagos os que tinham como credoras pessoas idosas ou portadores de doença grave.

Ainda de acordo com o autor supracitado, a edição da EC 62/09 prejudicou os credores da Fazenda Pública, tendo em vista a prorrogação do pagamento dos precatórios por quinze anos e a inclusão ao texto constitucional da permissão dos entes públicos adotarem um regime especial para tal pagamento, tendo sido apelidada de "PEC do calote".

No entanto, o Supremo Tribunal Federal (STF) considerou inconstitucional as disposições impostas pela EC 62/2009 e, logo em 2013, julgou as Ações Diretas de Inconstitucionalidade (ADIs) 4.357/DF e 4.425/DF, destacando a violação dos princípios da efetividade jurisdicional, da coisa julgada material, da separação dos poderes e do direito fundamental à propriedade, ofendendo, portanto, o Estado Democrático de Direito.

Apesar das inúmeras tentativas de avançar positivamente, como sua constitucionalização em 1934, os precatórios se tornam retardados pelo próprio ente público, com a finalidade de determinar melhores meios de pagamentos ao devedor, ou seja, a ele próprio, não importando se trará retardo e malefícios aos credores.

Para Machado Segundo (2021), o maior problema do sistema de precatório diz respeito à sua ineficácia ou insuficiência que os entes públicos, estados-membros ou municípios, mesmo após esgotar todas as vias contestativas e inúmeras possibilidades de atrasar o pagamento, ainda assim simplesmente não pagam as dívidas.

Em 2021 todos foram surpreendidos com uma nova alteração que teve por aprovadas as ECs de 113 e 114, denominadas de "novas emendas do calote". A EC 113 é referente à aplicação da taxa SELIC como meio de atualização monetária, seja em processo ainda em trâmite, ou já condenados, e o principal aspecto é que tal modificação passou a ser aplicada independente da natureza do processo, logo, incluindo os precatórios de natureza alimentar, considerados essenciais e indispensáveis aos indivíduos que deles dependem.

Anteriormente, os temas 810 do STF e 905 do Superior Tribunal de Justiça (STJ) já haviam definido que, até março de 2006, seria aplicado o IGPDI referente às dívidas previdenciárias, ou seja, de natureza alimentar, e, a partir de abril de 2006 a junho de 2009, seria aplicado o Índice de preços no consumidor (INPC) para todos os benefícios previdenciários a partir de julho do mesmo ano, exceto ao Benefício de Prestação Continuada (BPC) e Lei Orgânica da Assistência Social (LOAS), que se aplicada o Índice Nacional de Preços ao Consumidor Amplo Especial (IPCA-E), ambos combinados com a aplicação de taxa de juros.

Portanto, com a alteração para SELIC, não haverá mais a soma do valor devido com a taxa de juros e correções, ou seja, os credores receberão menos a título de correção e juros, gerando um significativo impacto no valor indenizatório até então devido.

O atual tema vem ocasionando uma série de debates, tendo em vista a consideração de que tal modificação deveria ser considerada inconstitucional, já sendo, portanto, assunto que motivou a ADIN 7.047/2021, quando o Partido Democrático Trabalhista (PDT) questiona sua base constitucional, tendo em vista que a taxa aplicada não deveria ser meio adequado para repor perdas inflacionárias, pois teria como objetivo o controle da inflação, e não de reparação das perdas que poderiam advir posteriormente.

Ressalta-se ainda que ainda houve a aprovação da EC 114, trazendo modificações a respeito da ordem de preferência do pagamento de dívidas que já haviam sido sentenciadas e condenadas. De acordo com essa emenda, as Requisições de Pequeno Valor (RPV's) possuem prioridade na ordem de pagamento, sendo as primeiras dívidas a serem adimplidas, estando à frente, até mesmo, das dívidas de natureza alimentar que, em regra, deveriam ser priorizadas.

Logo em seguida das RPV's vêm os precatórios alimentares de idosos a partir de 60 (sessenta) anos e deficientes, contanto que o valor pago não ultrapasse o triplo do montante, onde, na ordem, seguem os precatórios alimentares com a mesma ressalva de não exceder o limite do valor e, logo em seguida, as demais dívidas de natureza alimentar.

Nota-se que, apesar do precatório alimentar ainda esteja dentro do patamar prioritário, ainda assim, é extremamente dificultosa e tardia a quitação da dívida, ocasionando certo inconformismo pelo fato das peculiaridades que tal espécie de precatório traz, como a necessidade de seus credores, somado ao fato de os valores menores terem prioridade, restando evidente que o objetivo do poder público é a sua conveniência.

Portanto, é válido se questionar qual a prioridade que o indivíduo tem perante o Estado, este tendo o dever estipulado pela Carta Magna de proteger seus cidadãos, ao mesmo tempo em que viola seu direito básico de gozar de seu crédito, ter uma razoável duração processual, devido processo legal, eficaz acesso à justiça ou, no caso dos precatórios de natureza alimentar, além do crédito, viver dignamente, como é o caso dos benefícios previdenciários referentes à impossibilidade de trabalho, pensões ou indenizações em geral.

Ainda é válido destacar que no § 3º da EC 114 determina o acordo com deságio, onde o credor tem a possibilidade de receber o valor que lhe é devido através de parcela única. Contudo, para que tenha o privilégio de ter a dívida quitada, deve renunciar o correspondente a 40% do valor total do crédito que iria receber. Inevitável se torna perceber que o objetivo de tal dispositivo é apenas induzir o credor a renunciar de grande parte de seu crédito e, consequentemente, diminuir a dívida do poder público.

Portanto, tendo em vista ser de conhecimento de todos a desproporcional demora do processo que envolve o pagamento de precatórios, além das inúmeras essencialidades advindas dele, a urgência e necessidade do recebimento torna incontestável a drástica renúncia, onde a sobrevivência, em diversos casos, é o principal motivador.

Foi perfeitamente possível perceber o quão gravosas foram, e são, as inúmeras ECs aplicadas ao ordenamento, com o intuito de retardar o pagamento dos precatórios em geral que os credores, mesmo após serem submetidos a um extenso trâmite processual, ainda precisam suportar a grande mora do poder público em lhe conceder seus créditos, prazo que se tornou maior a cada emenda.

Desta forma é que se torna ainda mais problemático o acordo com deságio, tipificado no § 3º da EC 114/21, onde, para que o indivíduo receba seu crédito em tempo minimamente razoável, que não deveria nem mesmo precisar ser exigido por se tratar de um direito constitucional, tem que renunciar 40% do valor devido.

Portanto, pode-se concluir que, quando o poder público se omite ou retarda o pagamento dos precatórios, não se trata apenas de um simples inadimplemento de dívida pública. O núcleo da problemática é ainda mais preocupante por se tratar, na realidade, de uma direta afronta aos direitos fundamentais dos cidadãos componentes do estado democrático, que tem suas garantias completamente violadas.

3.2.5 MECANISMOS ALTERNATIVOS

O atual sistema de precatório se trata de um mecanismo dotado de vícios e violadores de direitos essenciais dos indivíduos, seja por sua omissão, assimetria ou, simplesmente, por seu retardo injustificável, não sendo, até os dias atuais, determinada nenhuma medida a fim de solucionar tais problemas. Ocorre que o mesmo mecanismo corresponde à única despesa pública que decorre de uma lista previamente elaborada de dívidas decorrentes de condenação judicial transitada em julgado.

Ao retratar a respeito de meios alternativos, torna-se extremamente relevante apresentar o mecanismo estabelecido pelas RPV's. Tal requisição também diz respeito à uma dívida reconhecida por uma sentença condenatória transitada em julgado, e o que as diferenciam da sistemática dos precatórios são os valores devidos.

O artigo 87 do ADCT estabelece que serão submetidos à RPV os créditos correspondentes até quarenta salários mínimos, se o devedor forem os Estados ou Distrito Federal; de até trinta salários mínimos ao que diz respeito aos créditos perante os Municípios e de até sessenta salários quando a dívida for da União.

Ademais, outro ponto significativo das RPV's diz respeito à possibilidade do credor que possuir um crédito superior a tais valores estipulados pelo artigo 87 renunciar o excedente para que receba, a título de RPV e, consequentemente, não seja submetido ao longo trâmite do sistema dos precatórios. Para Machado Segundo (2021), tais requisições solucionam o problema da fila cronológica dos precatórios a que os indivíduos submetidos a posições posteriores na fila por possuírem créditos menores aos primeiros, antecipando a satisfação de seu montante devido pelo poder público.

Para tanto, a Fazenda Pública tem o prazo de sessenta dias, contados da conclusão do cumprimento de sentença, para emitir a ordem de pagamento e, caso não a cumpra, o juízo pode estabelecer o sequestro do valor devido dos cofres públicos e repassar ao credor. Machado Segundo (2021) menciona ainda que um aprimoramento significante para a sistemática dos precatórios seria o aumento do valor dos RPV's, não se limitando a valores tão baixos como são fixados atualmente, assim, aceleraria o processo de quitação de dívida perante poder público e indivíduo.

Ainda de acordo com o autor supracitado, outra medida solucionatória para a problemática dos precatórios seria sua expedição antes do trânsito em julgado da sentença que condena a Fazenda Pública ao pagamento. Assim, após tal trânsito e, posterior a concessão provisória, o poder público continuaria tendo seu direito de impugnações, porém o indivíduo já possuiria uma segurança maior de garantir seu crédito, uma vez que já estaria sob guarda da justiça e, quando transitada em julgado de maneira definitiva, já estava pronto para ser expedido diretamente ao credor. Em contrapartida, caso a Fazenda Pública obtivesse êxito em suas alegações e o crédito, até então devido, fosse revogado, o valor seria apenas reavido à esta.

Outra medida alternativa seria a apontada por Agottani (2015) que estabelece a defesa de alguns autores a respeito da simplificação do processo para inscrição do precatório, com a finalidade de agilizar a efetividade da execução. Logo, defende que a inscrição para o processo do pagamento do precatório seja mais simples e, consequentemente, torne-o mais célere, visando melhor garantir o pagamento aos credores.

Mink (2011) também traz uma frutuosa análise a respeito de outras medidas alternativas do precatório, defendendo a ideia de que é necessária a aplicação de sanções para agentes públicos que não incluem as verbas de precatório em seu orçamento anual, destinando-as a outras finalidades. Nota-se que a ideia deste autor busca fixar sanções ao atraso do pagamento dos precatórios decorrentes da omissão dos agentes públicos que têm o dever e responsabilidade de incluir as verbas devidas ao orçamento anual e, por não fazê-lo, atrasa o pagamento por mais um ano.

Contudo, em que pese a essencialidade de uma organização orçamentária, bem como o não esgotamento dos cofres públicos, é de grande valia se atentar também para a essencialidade dos direitos dos cidadãos que são, ou deveriam ser legalmente protegidos pelo poder público, devendo ser respeitado o devido processo legal, acesso à justiça de maneira realmente eficaz, razoável duração do processo e o Estado Democrático de Direito.

No entanto, pode-se concluir que, apesar das inúmeras ideias solucionatórias frente aos vícios constitucionais encontrados no atual sistema de precatórios, desde o brilhante pensamento de Machado Segundo, com o aumento dos valores mínimos estipulados aos RPV's, bem como a concessão provisória do crédito, até à aplicação de sanções aos agentes que não incluem as verbas do precatório no orçamento, ainda assim, não existem quaisquer medidas a fim de corrigir as violações constitucionais constantemente ocasionadas.

3.2.6 CONSIDERAÇÕES FINAIS

Conclui-se que o atual sistema de precatório se trata de uma espécie de dívida pública que traz uma série de violações constitucionais decorrentes da grande demora em ser quitada. Nitidamente, o extenso lapso temporal ocasionado, primeiramente, pelo trâmite processual, onde o poder público tem o privilégio de oferecer inúmeras impugnações, seja a respeito da existência do crédito ou pelo valor, e, por conseguinte, mesmo condenado à execução, ter um prazo ainda mais extenso para efetuar o pagamento, viola diretamente a razoável duração do processo.

Ademais, com a violação do princípio supra, consequentemente, o acesso à justiça é fragilizado, ocasionando uma farta insegurança jurídica, pois qual a essencialidade de se ter o direito de recorrer ao judiciário quando, na realidade, para que a decisão seja de fato efetivada, é necessária uma grande espera ao ponto de, inúmeras vezes, perder o sentido de usufruir de seu crédito?

Ocorre que, enquanto o poder público afronta direitos fundamentais, considerados invioláveis, tem também o dever de garanti-los e protegê-los. Todavia, mesmo após a conquista de ter o precatório constitucionalizado em 1934, foi perfeitamente possível perceber que o sistema ainda é um procedimento omissivo e retrógrado no tocante ao seu adimplemento, fato que é agravado pelas ECs de 2021, como se não bastassem as anteriores a elas que estenderam o prazo de pagamento de oito para quinze anos.

"Emendas do calote" foi o apelido dado às emendas que tanto buscam retardar o pagamento dos precatórios por considerar que, na realidade, não se busca uma efetivação jurisdicional, mas apenas dar um calote nos credores e não pagar seus créditos. Ocorre que, quando o poder público se omite ou retarda o pagamento dos precatórios, não se trata apenas de um simples inadimplemento de dívida pública, onde o poder público não paga ou atrasa o pagamento de uma dívida que tem um cidadão como credor, o núcleo da problemática é ainda mais preocupante por se tratar, na realidade, de um inadimplemento perante direitos fundamentais dos cidadãos componentes do estado democrático, os quais têm suas garantias que completamente violadas.

REFERÊNCIAS

AGOTTANI, Diogo Zelak. Precatórios: *A busca pela quitação dos débitos judiciais da fazenda pública*. 2015. Trabalho de conclusão de curso (Curso de Graduação em Direito) – Faculdade de Direito, Universidade Federal do Paraná, Curitiba, 2015. Disponível em: https://acervodigital.ufpr.br/handle/1884/42421. Acesso em: 07 jan. 2022.

BRASIL. Constituição da República Federativa do Brasil. Diário Oficial da República Federativa. Brasília, 1988. Disponível em: http://www.planalto.gov.br/ccivil_03/constituicao/constituicao.htm. Acesso em: 07 jan. 2022.

BRASIL. Emenda Constitucional 30, de 13 de setembro de 2000. Altera a redação do art. 100 da Constituição Federal e acrescenta o art. 78 no Ato das Disposições Constitucionais Transitórias, referente ao pagamento de precatórios judiciários. Diário Oficial da República Federativa. Brasília, 2000. Disponível em: http://www.planalto.gov.br/ccivil_03/constituicao/emendas/emc/emc30.htm. Acesso em: 07 jan. 2022.

BRASIL. Emenda Constitucional 62, de 9 de dezembro de 2009. Altera o art. 100 da Constituição Federal e acrescenta o art. 97 ao Ato das Disposições Constitucionais Transitórias, instituindo regime especial de pagamento de precatórios pelos Estados, Distrito Federal e Municípios.

Diário Oficial da República Federativa. Brasília, 2009. Disponível em: http://www.planalto.gov.br/ccivil_03/constituicao/emendas/emc/emc62.htm. Acesso em: 07 jan. 2022.

BRASIL. Emenda Constitucional 113, de 8 de dezembro de 2021. Altera a Constituição Federal e o Ato das Disposições Constitucionais Transitórias para estabelecer o novo regime de pagamentos de precatórios, modificar normas relativas ao Novo Regime Fiscal e autorizar o parcelamento de débitos previdenciários dos Municípios; e dá outras providências. Diário Oficial da República Federativa. Brasília, 2021. Disponível em: http://www.planalto.gov.br/ccivil_03/constituicao/emendas/emc/emc113.htm. Acesso em: 07 jan. 2022.

BRASIL. Emenda Constitucional 114, de 16 de dezembro de 2021. Altera a Constituição Federal e o Ato das Disposições Constitucionais Transitórias para estabelecer o novo regime de pagamentos de precatórios, modificar normas relativas ao Novo Regime Fiscal e autorizar o parcelamento de débitos previdenciários dos Municípios; e dá outras providências. Diário Oficial da República Federativa. Brasília, 2021. Disponível em: http://www.planalto.gov.br/ccivil_03/constituicao/Emc/Emc/emc114.htm. Acesso em: 07 jan. 2022.

BRASIL. Lei 13.105, de 16 de março de 2015. Código de Processo Civil. Diário Oficial da República Federativa. Brasília, 2015. Disponível em: http://www.planalto.gov.br/ccivil_03/_ato2015-2018/2015/lei/l13105.htm. Acesso em: 07 jan. 2022.

BRASIL. Supremo Tribunal Federal. ADI 4.357/DF. Relator: Ministro Ayres Britto. Brasília, 14/03/2013. Disponível em: https://redir.stf.jus.br/paginadorpub/paginador.jsp?docTP=-TP&docID=6812428. Acesso em: 20 jan. 2022.

BRASIL. Supremo Tribunal Federal. ADI 4.425/DF. Relator: Ministro Ayres Britto. Brasília, 14/03/2013. Disponível em: https://redir.stf.jus.br/paginadorpub/paginador.jsp?docTP=-TP&docID=5067184. Acesso em: 20 jan. 2022.

BRASIL. Supremo Tribunal Federal. ADI 7.047/DF. Relatora: Ministra Rosa Weber. Brasília, 10/12/2021. Disponível em: https://redir.stf.jus.br/estfvisualizadorpub/jsp/consultarprocessoeletronico/ConsultarProcessoEletronico.jsf?seqobjetoincidente=6318731. Acesso em: 20 jan. 2022.

CARVALHO, João Carlos Corrêa. *Dívida Pública Brasileira*: comportamento da dívida pública mobiliárias federal interna 2003-2013. 2016. Trabalho de conclusão de curso (Curso de Graduação em Ciências Econômicas) – Universidade Federal do Maranhão, São Luís, 2016. Disponível em: https://monografias.ufma.br/jspui/handle/123456789/1189. Acesso em: 07 jan. 2022.

CARVALHO, Vladimir Souza. Iniciação ao estudo do precatório. *Revista de Informação Legislativa*, v. 19, n. 76, p. 325-364, out./dez. 1982. Disponível em: https://www.lexml.gov.br/urn/urn:lex:br:rede.virtual.bibliotecas:artigo.revista:1982;1000398324. Acesso em: 07 jan. 2022.

COELHO, Rogério Viola; GENRO, Tarso; MENEZES, Mauro de Azevedo. *A Inconstitucionalidade das Emendas Constitucionais 113/2021 e 114/2021*: fundamentos e consequências. 2022. Disponível em: http://www.direitosfundamentais.adv.br/6221-2/. Acesso em: 07 jan. 2022.

FONSECA, Madalena Gontijo Borges. *O Direito Fundamental à alimentação e a precedência dos precatórios alimentares*: a efetividade da prestação jurisdicional nos Juizados Especiais da Fazenda Pública a partir da EC 99/2017. 2021. Dissertação (Mestrado em Direito) – Universidade Federal de Uberlândia, Uberlândia, 2021. Disponível em: https://repositorio.ufu.br/handle/123456789/32833. Acesso em: 08 jan. 2022.

MINK, Carlos Henrique. *Execução contra a Fazenda Pública e o regime de precatórios*. 2011. Trabalho de conclusão de curso (Curso de Graduação em Ciências Econômicas) – Escola da Magistratura do Estado do Rio de Janeiro, Rio de Janeiro, 2011. Disponível em: https://www.emerj.tjrj.jus.

br/paginas/trabalhos_conclusao/1semestre2011/trabalhos_12011/CarlosHenriqueMink.pdf. Acesso em: 08 jan. 2022.

MACHADO SEGUNDO, Hugo de Brito. *Poder público e litigiosidade*. Indaiatuba: Editora Foco, 2021.

SILVA, Américo Luís Martins da. *Precatórios-Requisitórios e Requisição de Pequeno Valor (RPV)*: requisição contra a Fazenda Pública no Poder Judiciário. Rio de Janeiro: Ed. RT, 2016.

4
EFICÁCIA TEMPORAL DAS DECISÕES JUDICIAIS ENVOLVENDO O PODER PÚBLICO E SEGURANÇA JURÍDICA

4.1
DOS EFEITOS PATRIMONIAIS DA SENTENÇA CONCESSIVA DE MANDADO DE SEGURANÇA À LUZ DAS SÚMULAS 269 E 271 DO STF: INCOERÊNCIAS E DESAFIOS ATUAIS

Felipe Coelho Teixeira

Mestrando em Direito pela UNICHRISTUS. Professor do Instituto de Pós-graduação e Graduação (IPOG). LLM em Direito Corporativo (IBMEC/RJ). MBA em Contabilidade e Direito Tributário (IPOG). Advogado e sócio do Autran Nunes & Teixeira Advogados. E-mail: felipe@ant.adv.br.

Resumo: Este artigo objetiva debater acerca dos efeitos patrimoniais da sentença concessiva de mandado de segurança que declara o direito à repetição do indébito tributário. Partir-se-á do pressuposto que essa espécie de provimento assume contornos de título executivo judicial, possibilitando o cumprimento de sentença e a restituição pela sistemática de precatórios. A partir daí, serão estudados os efeitos temporais dessa espécie de sentença, por meio da análise de duas linhas jurisprudenciais que se formaram acerca do tema. A primeira e minoritária linha segue o entendimento de que a sentença produz efeitos patrimoniais pretéritos e futuros, ou seja, possibilita ao impetrante incluir, no cumprimento de sentença, tanto os valores indevidamente recolhidos nos cinco anos que antecedem o ajuizamento do *writ* quanto as prestações indevidamente pagas a partir do ajuizamento do *mandamus*. A segunda e majoritária linha, por sua vez, defende que a sentença do mandado de segurança que objetiva a declaração do indébito tributário produz apenas efeitos futuros, albergando somente os valores indevidamente recolhidos após a impetração. Nesse caso, apenas uma porção do julgado poderia ser objeto de cumprimento de sentença e restituição pela sistemática dos precatórios. Por meio do presente trabalho, criticar-se-á justamente esse posicionamento majoritário, formado com base em incoerências e sustentado nas ultrapassadas súmulas 269 e 271 do Supremo Tribunal Federal.

Palavras-chave: Mandado – Segurança – Indébito – Efeitos – Sentença.

Abstract: This paper aims to approach the effects of an injunction ruling that states the right to reimburse undue taxes. It will be assumed that this kind of ruling is characterized as direct court enforcement of debt instrument, enabling the restitution through the systematic of judiciary bonds. The temporal effects of this kind of ruling will also be studied, through the analysis of two case law lines that have been formed around this subject. The first and minor line believes that the ruling produces past and future effects, that is, it allows the taxpayer to reimburse taxes unduly paid in the five years prior to the filing of the law suit as well as after it has been filed. The second and major line on the other hand defends that the ruling should produce only future effects, including only the amounts unduly collected after the law suit filing. In this case, only a portion of the ruling could be subject to restitution through the system of judiciary bonds. This paper aims to criticize this major case law line, since it has been created upon inconsistencies and supported by the outdated precedents 269 and 271 of the Brazilian Supreme Court.

Keywords: Tax – Undue – Restitution – Effects – Injunction.

Sumário: 4.1.1 Introdução – 4.1.2 Da repetição do indébito tributário por meio do mandado de segurança; 4.1.2.1 Dos efeitos da sentença prolatada em sede de mandado de segurança; 4.1.2.2 Jurisprudência majoritária: as súmulas 269 e 271 do STF impedem que a sentença do mandado de segurança produza efeitos patrimoniais pretéritos; 4.1.2.3 Jurisprudência minoritária: a sentença do mandado de segurança que declara direito à repetição do indébito é título executivo judicial e produz efeitos pretéritos – 4.1.3 Incoerência das decisões judiciais e suas consequências para os litígios com o poder público – 4.1.4 Considerações finais – Referências.

4.1.1 INTRODUÇÃO

O mandado de segurança se trata de remédio constitucional, de procedimento especial cuja utilização sofreu adaptações no decorrer do tempo, conferindo-lhe características de uma ação tributária por excelência, notadamente quando se busca o reconhecimento do direito à repetição do indébito tributário. Em função das referidas mutações processuais, a sentença do mandado de segurança deixou, em muitos casos, de ter cunho eminentemente mandamental, para adotar natureza declaratória.

Partindo desses pressupostos, a discussão que se pretende enfrentar por meio do presente artigo está baseada em dois pontos principais: inicialmente, se a sentença do mandado de segurança que declara o direito ao indébito se trata de título executivo judicial, podendo ser objeto de cumprimento de sentença e possibilitando, ao contribuinte, restituir-se dos valores em dinheiro, por meio da sistemática do precatório. Por fim, debater-se-á acerca da produção de efeitos dessa sentença em relação ao tempo, no caso em que o contribuinte opta por realizar o cumprimento de sentença para recebimento por precatório.

Especificamente em relação aos efeitos dessa espécie de sentença para os contribuintes que optam por receber o indébito por meio de precatório, os tribunais brasileiros têm seguido duas linhas de entendimento distintas: a) a sentença produz efeitos pretéritos e futuros, ou seja, alberga os cinco anos que antecedem o ajuizamento do *writ* bem como as prestações indevidamente pagas a partir do ajuizamento do *mandamus*; b) a sentença mandamental produz apenas efeitos futuros, albergando somente os valores indevidamente recolhidos após o ajuizamento da medida. Essa última linha jurisprudencial se sustenta no enunciado das Súmulas 269 e 271 do Supremo Tribunal Federal, que estabelecem limites à produção de efeitos da sentença prolatada em sede de mandado de segurança.

Esse impasse jurisprudencial, o alcance e a efetividade das referidas súmulas serão o foco do presente artigo, que também explorará a incoerência das decisões acerca do tema e suas consequências para os litígios tributários entre particulares e poder público.

4.1.2 DA REPETIÇÃO DO INDÉBITO TRIBUTÁRIO POR MEIO DO MANDADO DE SEGURANÇA

Muitos são os instrumentos pelos quais o contribuinte pode buscar, através do judiciário, a restituição de um tributo[1] que julga ter recolhido indevidamente. O mais clássico deles é a ação de repetição de indébito tributário, que encontra o seu fundamento material nos arts. 165 a 169 do Código Tributário Nacional, segue o procedimento comum (art. 318 do CPC) e cuja sentença tem, por essência, natureza constitutiva e condenatória.[2]

A ação declaratória de inexistência de relação jurídica e a ação anulatória de débito fiscal também se mostram como instrumentos aptos a perseguir a repetição do indébito tributário, desde, é claro, que nas referidas ações seja cumulado pedido com o objetivo de condenar a Fazenda Pública a restituir valores indevidamente recolhidos, ou de declarar o direito do contribuinte à repetição do indébito (LAURENTIIS, 2015).

O objeto do presente artigo, todavia, é a ação constitucional do mandado de segurança, a qual, dentre tantas aplicações, consagrou-se pela doutrina e pela jurisprudência como meio processual apto a pleitear a repetição do indébito,[3] por meio de compensação[4] a ser efetivada após o trânsito em julgado da sentença mandamental.[5] Não há maiores dúvidas, portanto, que, uma vez transitada em julgado a sentença do mandado de segurança, é lícito ao contribuinte compensar seus débitos com os créditos reconhecidos judicialmente (JESUS; JESUS; JESUS, 2019), de forma que o foco do presente artigo não haveria de ser esse já sedimentado direito à compensação, muito menos os procedimentos administrativos a serem adotados pelo contribuinte para atingir tal objetivo.

---

1. Para parte da doutrina, "a expressão "restituição do tributo" é equivocada porque tributo devido não é restituível; o que se restituiu é uma quantia oferecida ao Erário rotulada incorretamente como tributo, mas que não atende aos pressupostos formais e materiais dessa exação. (MELO, 1999).
2. A sentença é condenatória porque, na ação de repetição de indébito tributário (procedimento comum), postula-se, via de regra, "a condenação da Fazenda Pública a devolver o que recebeu indevidamente por um suposto crédito tributário". (LOPES, 2019, p. 356).
3. O contribuinte pode optar pela repetição do indébito através de alguma das ações de conhecimento previstas na legislação processual, porém o mandado de segurança comumente se mostra mais interessante para o fim de restituição tributária na esfera judicial, notadamente em função do não pagamento de honorários advocatícios em caso de julgamento improcedente do feito (art. 25 da Lei 12.016/2009, súmula 512 do STF e súmula 105 do STJ) e do rito mais célere da medida.
4. É o que se extrai da Súmula 213 do Superior Tribunal de Justiça: "O mandado de segurança constitui ação adequada para a declaração do direito à compensação tributária".
5. Valemo-nos novamente do entendimento do Superior Tribunal de Justiça, evidenciado na Súmula 212: "A compensação de créditos tributários não pode ser deferida em ação cautelar ou por medida liminar cautelar ou antecipatória". Em consonância com o entendimento sedimentado no âmbito do STJ, o legislador cuidou de inserir, em 2001, a mesma proibição no Código Tributário Nacional: "Art. 170-A. É vedada a compensação mediante o aproveitamento de tributo, objeto de contestação judicial pelo sujeito passivo, antes do trânsito em julgado da respectiva decisão judicial".

O cerne do trabalho é, em verdade, a dúvida que paira acerca da possibilidade (ou não) de cumprimento de sentença em sede de mandado de segurança, com o objetivo de liquidar o montante referente ao indébito nele pleiteado, com consequente recebimento dos valores por meio de precatório. Mais ainda, busca-se discutir os efeitos patrimoniais e os limites temporais dessa espécie de sentença, a partir de uma análise das súmulas 269 e 271 do Supremo Tribunal Federal. Esses temas têm conduzido os tribunais pátrios a produzirem decisões incoerentes, impondo sérios desafios à prática forense e à já conturbada relação entre fisco (poder público) e contribuinte (particular). É o que se busca expor nos tópicos a seguir.

4.1.2.1 Dos efeitos da sentença prolatada em sede de mandado de segurança

Os provimentos jurisdicionais podem ser agrupados e classificados de diversas formas. Considerando apenas o conteúdo da atividade desempenhada, os provimentos se classificam em cognitivos e executivos (MACHADO SEGUNDO, 2021). Para efeito do presente trabalho, importa aprofundar-se na tutela de conhecimento, pois se está a tratar acerca dos efeitos da sentença prolatada em mandado de segurança.

A tutela cognitiva pode ser: a) declaratória (que visa pôr fim à incerteza sobre a existência ou inexistência de uma relação jurídica); b) constitutiva (que tem por finalidade criar, modificar ou extinguir um estado ou relação jurídica) ou c) condenatória (que, além da declaração acerca da certeza do direito, objetiva a condenação do réu a prestar uma obrigação). A essa divisão tríplice, a doutrina ainda acrescenta a tutela mandamental (contém ordem dirigida à terceiro, ensejando a realização do direito material pleiteado) (DONIZETTI, 2017).

O mandado de segurança se trata de uma ação cognitiva sujeita a rito especial disciplinado pela Lei 12.016/2009. Não se trata, porém, de mero processo de conhecimento para declarar direitos individuais, pois seu objetivo não se limita a alcançar uma condenação para preparar futura execução forçada contra o Poder Público. Uma vez concedida a segurança, o magistrado vai além da simples declaração e condenação, pois emite ordem de autoridade para cumprimento imediato. É, portanto, ação da natureza mandamental em sua essência (THEODORO JÚNIOR, 2019), mas que pode possuir feições combinadas de ação condenatória e mandamental ou constitutiva e mandamental (DECOMAIN, 2009).

Nada obsta, ainda, que o mandado de segurança possua características eminentemente declaratórias. É o que ocorre nos mandados de segurança cujo objetivo específico é reaver tributo indevidamente recolhido, nos quais "a verificação do indébito depende do reconhecimento da ilegalidade da interpretação do Fisco sobre a lei tributária impositiva ou mesmo da declaração da inconstitucionalidade da lei". (PAULSEN, 2017, p. 277). Busca-se, portanto, por meio dessa espécie de *mandamus*, a reparação de um dano patrimonial, sendo a sentença dele advinda de cunho declaratório, pois tem por objeto a declaração da existência ou inexistência de uma relação jurídico-tributária.[6] Para que, além de declaratória, essa sentença possa ser classificada como mandamental, é necessário que haja ordem dirigida à autoridade coatora (no sentido de fazer ou abster-se de fazer algo) (MACHADO, 2021).[7]

Enquanto na sentença declaratória o juiz declara a existência (ou inexistência) do direito do autor, na sentença condenatória, por sua vez, além de declarar a existência do direito material, imputa-se ao réu o cumprimento de uma obrigação, que pode ser de fazer, não fazer, entregar coisa ou pagar quantia certa. O efeito da sentença condenatória é "a criação de um título executivo, o que permitirá a prática de atos executivos voltados ao efetivo cumprimento dessa prestação, como a consequente satisfação do autor". (NEVES, 2017, p. 825).

A discussão inicial se concentra exatamente em definir se, nos mandados de segurança em que se objetiva o reconhecimento da cobrança indevida de um tributo, a sentença judicial assumiria contornos de título executivo, mesmo possuindo apenas natureza declaratória (e não condenatória). No que tange a esse questionamento, os tribunais pátrios têm se inclinado no sentido de reconhecer as feições de título executivo judicial da sentença oriunda de mandado de segurança, notadamente quando o pedido envolve a declaração de inexistência de relação tributária[8] e o reconhecimento do direito de restituição das prestações tributárias indevidamente pagas. De fato, nessa espécie de mandado de segurança, as questões são exclusivamente de direito, de forma que não se discute quanto de determinado tributo foi pago indevidamente. A apuração desse montante é realizada em momento posterior (liquidação de sentença[9] ou habilitação do crédito

---

6. Machado Segundo (2020) afirma que, apesar da "mandamentalidade" própria da sentença oriunda de mandado de segurança, o próprio Superior Tribunal de Justiça assenta que, nos casos em que se reconhece a cobrança indevida de um tributo, a sentença assume também contornos declaratórios. Esse posicionamento do STJ pode ser extraído dos seguintes julgados: AgInt nos EDcl no AREsp 1793224/MS, DJe 06.05.2021; AgInt no REsp 1209315/MG, DJe 27.04.2021); AgInt no REsp 1518470/PI, DJe 25.09.2019).
7. Em alguns casos, é possível que constem, na sentença do mandado de segurança, previsões de cunho mandamental, por exemplo para que a autoridade coatora se abstenha de exigir determinado tributo, ou para que se abstenha de lavrar autos de infração relativos ao(s) tributo(s) em discussão. Nesse caso, a sentença assume contornos declaratórios (pois declara o direito a repetir o indébito) e também mandamentais.
8. A jurisprudência reiterada do Superior Tribunal de Justiça é no sentido de que "a sentença do mandado de segurança, de natureza declaratória, que reconhece o direito à compensação tributária, é título executivo judicial. (AgRg nos EDcl no REsp 1528037/SC, DJe 28.08.2017; REsp 1596218/SC, DJe 10.08.2016; AgRg no REsp 1466607/RS, DJe 11.03.2015).
9. SANTOS (2017).

junto à administração pública[10]) e por conta e risco do contribuinte (MACHADO SEGUNDO, 2020).

A dúvida que continua a assolar os profissionais da área tributária – em função da instabilidade e incoerência jurisprudencial acerca do tema – é a seguinte: no caso de o impetrante optar por efetivar o cumprimento de sentença para posterior recebimento dos valores por precatório, qual período poderia ser objeto de restituição? Existe uma corrente minoritária que defende que, nesse caso, a sentença que declarou o direito à repetição do indébito produz efeitos pretéritos e futuros, ou seja, alberga os cinco anos que antecedem o ajuizamento do *writ* bem como as prestações indevidamente pagas a partir do ajuizamento do *mandamus*. Outra corrente (majoritária) entende que a sentença dessa espécie de mandado de segurança produz apenas efeitos futuros, albergando somente os valores indevidamente recolhidos após o ajuizamento da medida. É o que se passa a discutir.

4.1.2.2 Jurisprudência majoritária: as súmulas 269 e 271 do STF impedem que a sentença do mandado de segurança produza efeitos patrimoniais pretéritos

O presente tema assume importância em função da disparidade de posicionamentos jurisprudenciais oriundos das cortes de vértice e da insegurança jurídica daí resultante. A maior parte das decisões acerca do assunto se mostra contraditória e incoerente, prejudicando a estabilidade da própria ordem jurídica.

Para melhor elucidar a questão que se pretende tratar, colha-se o exemplo a seguir: uma empresa varejista, contribuinte do ICMS e das contribuições PIS e COFINS, ajuizou, no dia 15 de março de 2015, um mandado de segurança cujos pedidos principais eram os seguintes: a) o reconhecimento da inconstitucionalidade da inclusão do ICMS na base de cálculo do PIS/COFINS; b) a declaração de inexistência de relação jurídico-tributária que obrigue a empresa a recolher as contribuições ao PIS/COFINS com acréscimo do ICMS em suas bases de cálculo; c) a restituição/compensação[11] dos valores que a contribuinte recolheu

---

10. Em se tratando de tributo federal, uma vez transitada em julgado a decisão judicial que reconhece a existência do indébito e declara o direito do contribuinte, poderá ele realizar a compensação perante a administração pública. É o que se extrai da legislação federal, conforme previsão da Lei 8.383/91, da Lei 9.430/96 e da Instrução Normativa RFB 2.055/2021.
11. Nos ensinamentos de Leandro Paulsen (2017, p. 277), "há dois modos possíveis de ressarcimento: a restituição do montante indevido, de que tratam os arts. 165 a 169 do CTN, e o aproveitamento do crédito para a compensação com tributos efetivamente devidos, de que tratam os arts. 170 e 170-A do CTN".

indevidamente a título de PIS/COFINS, tanto nos cinco anos[12] que antecederam o ajuizamento do *mandamus*, quanto durante o curso da ação judicial.

A sentença do mandado de segurança – de natureza declaratória – transitou em julgado em junho de 2019, reconhecendo a inconstitucionalidade alegada, a inexistência de relação jurídico-tributária e o direito à compensação/restituição. Contudo, por ocasião do trânsito em julgado da ação, a empresa impetrante já havia encerrado suas atividades e, em função da paralisação definitiva de suas operações, o recebimento dos valores pela via da compensação se mostrava inviável, pois, sem faturamento, não havia tributos federais vincendos a serem quitados por meio da compensação do crédito reconhecido em sentença judicial. Restava-lhe, portanto, valer-se do procedimento do cumprimento de sentença previsto nos arts. 534 e 535 do CPC, para reaver o crédito pleiteado na ação por meio da sistemática dos precatórios.[13]

Para o contribuinte que se encontra na situação hipotética acima, o cumprimento de sentença e o recebimento dos valores pela via do precatório se apresenta como única via a ser seguida, já que a compensação, embora autorizada no Código Tributário Nacional (art. 170-A) e na legislação federal, se revela impossível.

Aí é que se iniciam os percalços. Caso queira o impetrante dar início ao cumprimento de sentença contra a Fazenda Pública, nos termos dos arts. 534 e 535 do CPC, poderá incluir no referido procedimento tão somente os valores recolhidos indevidamente a partir da data do ajuizamento do *mandamus*. Os valores por ele pagos entre 15 de março de 2010 e 15 de março de 2015 não estão, segundo a jurisprudência dominante,[14] albergados pela sentença do mandado de segurança, não podendo ser objeto de restituição em dinheiro por meio de cumprimento de sentença e posterior expedição de precatório.

O entendimento sedimentado nas duas turmas da 1ª. Seção do Superior Tribunal de Justiça (que julgam matérias de direito público) é no sentido de que o mandado de segurança, embora constitua ação adequada para a declaração do

---

12. De acordo com o art. 168, I, do CTN, com redação dada pela LC 118/2005, o direito de pleitear a restituição se extingue com o decurso do prazo de 05 (cinco) anos, contados da data da extinção do crédito tributário, ou seja, do pagamento.
13. O art. 100 da Constituição Federal assenta que os pagamentos devem ser realizados pela Fazenda Pública por força de sentença judicial transitada em julgado, por ordem cronológica. O processo de precatórios, portanto, "caracteriza-se pela entrega do montante relativo ao tributo indevidamente recolhido pelo Estado ao contribuinte". (LAURENTIIS, 2015, p. 293).
14. A segunda turma do STJ, no REsp 1873758/SC, de relatoria do Ministro Herman Benjamin (DJe 17.09.2020), reafirmou que, nos autos de mandado de segurança, não pode haver restituição de tributo indevidamente pago no passado (pela sistemática dos precatórios). A primeira turma mantém idêntico entendimento (AgInt no REsp 1895331/SP, DJe 11.06.2021).

direito à compensação tributária – nos termos da súmula 213 do próprio STJ –,[15] não é substitutivo de ação de cobrança, conforme a súmula 269 do STF.[16]

Portanto, sua concessão não produz efeitos patrimoniais em relação a período pretérito, ou seja, os valores indevidamente recolhidos antes do ajuizamento da demanda não podem ser objeto de cumprimento de sentença.[17] Esses valores pretéritos devem ser reclamados administrativamente ou pela via judicial própria, de acordo com o enunciado da súmula 271 do STF.[18] Em outros termos, em relação aos valores indevidamente recolhidos antes ao ajuizamento do *writ*, restam ao contribuinte três opções após o trânsito em julgado da sentença: a) utilizá-los para efetuar compensação (o que nem sempre é possível, como no caso hipotético apresentado); b) requerê-los administrativamente (suportando a morosidade e os empecilhos próprios dessa esfera); c) ajuizar uma ação de repetição de indébito de procedimento comum.

A doutrina e a jurisprudência dos Tribunais Regionais Federais[19] corroboram o entendimento do STJ, no sentido de que o mandado de segurança não substitui ação de cobrança, de forma que o pagamento de valores pleiteados a título de restituição de tributos só pode albergar "as prestações que se vencerem a contar da data do ajuizamento da inicial (Lei 12.016/2009, art. 14, § 4º)". (CUNHA, 2021, p. 573).

Leonardo Carneiro da Cunha (2021, p. 573-574) assenta ainda que:

> Os valores devidos entre a impetração e o trânsito em julgado devem ser cobrados no próprio mandado de segurança, mediante execução contra a Fazenda Pública, seguindo-se a sistemática do precatório, com o procedimento descrito nos arts. 534 e 535 do CPC. Se os valores forem de pequena monta, dispensa-se o precatório, expedindo-se a Requisição de Pequeno Valor (RPV). [...]. Quanto ao período que antecede o ajuizamento do writ, não estará compreendido pela sentença, devendo o impetrante cobrá-lo pelo procedimento comum.

Em relação a essa possibilidade (ajuizamento de ação de repetição de indébito – procedimento comum), além da elevada chance de ocorrência de prescrição

---

15. Súmula 213 (STJ): O mandado de segurança constitui ação adequada para a declaração do direito à compensação tributária.
16. Súmula 269 (STF): "O mandado de segurança não é substitutivo de ação de cobrança". Nas lições de Humberto Theodoro Júnior (2019, p. 229), "os precedentes que sustentam esse enunciado sumular se lastrearam em mandados de segurança relacionados com a remuneração de funcionários públicos, mas é possível estender seu alcance também aos créditos de particulares perante o Poder Público".
17. "A sentença proferida em sede de mandado de segurança somente produz efeitos pecuniários relativos a períodos posteriores à impetração, o que reduz sobremaneira a possibilidade de uma fase executiva na qual venha a ser exigido o pagamento de quantia certa em dinheiro". (SODRÉ, 2007, p. 513).
18. Súmula 271 (STF): "Concessão de mandado de segurança não produz efeitos patrimoniais em relação a período pretérito, os quais devem ser reclamados administrativamente ou pela via judicial própria".
19. Nesse sentido: TRF1 (EDclAC: 00319467120144013803, Pub. 19.12.2018); TRF2 (APELREEX: 00306951220174025120, Pub. 09.09.2020); TRF3 (ApCível 50075618520204036105/SP, Pub. 22.10.2021); TRF4 (AG: 50149443520214040000, Julg. 06.07.2021); TRF5 (ApCível 00198427220074058300), Julg. 27.07.2021).

quinquenal, o contribuinte corre o sério risco de ver o feito extinto por falta de interesse processual (MACHADO SEGUNDO, 2020), pois, segundo já decidiu o próprio Superior Tribunal de Justiça, uma vez reconhecido o indébito tributário por meio do mandado de segurança, ingressar com Ação Ordinária para a discussão da mesma matéria demonstra falta de interesse processual (EDcl no AgRg no AgRg no Ag 1399296/RS, DJe 14.11.2011). Trata-se, como se vê, de mais uma evidente incoerência, pois, ao mesmo tempo em que o STJ afirma que os valores pretéritos podem ser cobrados pela via judicial própria (procedimento comum),[20] o tribunal extingue a ação por falta de interesse processual.

A súmula 461 do STJ, publicada em setembro de 2010, parecia ter posto um fim à questão e eliminado a insegurança jurídica que a circunda, pois seu enunciado previu que "o contribuinte pode optar por receber, por meio de precatório ou por compensação, o indébito tributário certificado por sentença declaratória transitada em julgado". A conjugação óbvia das súmulas 461 e 213 do STJ conduz à coerente conclusão de que, uma vez em posse de uma sentença judicial declaratória transitada em julgado (seja em mandado de segurança, seja em ação de procedimento comum), é permitido ao contribuinte optar sobre a forma de recebimento dos valores que lhe são devidos: por meio do instituto da compensação ou por restituição em dinheiro (precatório), não se estabelecendo qualquer limitação temporal para os efeitos da sentença. Essa conclusão, todavia, se revela traiçoeira, pois o próprio STJ, ao esmiuçar a súmula 461, vem decidindo que

> [...] a opção pela compensação ou restituição do indébito, na forma da Súmula 461 do STJ c/c os arts. 66, § 2º, da Lei 8.383/1991 e 74, caput, da Lei 9.430/1996, se refere à restituição administrativa do indébito e não à restituição via precatório ou RPV, uma vez que a pretensão manifestada na via mandamental de condenação da Fazenda Nacional à restituição de tributo indevidamente pago no passado, viabilizando o posterior recebimento desse valor pela via do precatório, implica utilização do mandado de segurança como substitutivo da ação de cobrança, o que não se admite, conforme entendimento cristalizado na Súmula 269 do STF.[21] (BRASIL, 2021).

Em suma, mesmo diante da existência das súmulas 461 e 213 do STJ, a corrente jurisprudencial majoritária do próprio tribunal veda o recebimento de valores pretéritos (anteriores ao ajuizamento do *mandamus*) por meio da sistemática dos precatórios. Vê-se, portanto, que as referidas súmulas, ao invés de ajudar a por fim à discussão, vieram para confundir ainda mais os jurisdicionados e os

---

20. Recomendar a propositura de nova ação de conhecimento é teratológico, pois o juiz que fosse julgar essa nova ação estaria vinculado ao efeito positivo da coisa julgada no mandado de segurança e, por óbvio, não mais poderia rever a questão já decidida no *mandamus*.
21. REsp 1918433/DF, Rel. Ministro Mauro Campbell Marques, 2. Turma, julgado em 02.03.2021, DJe 15.03.2021.

profissionais que militam na área, aumentando a insegurança e a instabilidade da ordem jurídica.

O mais incoerente é que, caso o contribuinte opte unicamente pela compensação para o recebimento do crédito reconhecido em sentença de mandado de segurança, não deve enfrentar maiores empecilhos. Nesse caso, tanto os valores indevidamente recolhidos nos cinco anos anteriores ao ajuizamento do *mandamus* quanto as prestações recolhidas após o a impetração podem ser objeto de compensação (MACHADO, 2021), conforme se extrai de trecho de acórdão oriundo do mesmo Superior Tribunal de Justiça (2021):

> [...] o reconhecimento do direito à compensação de eventuais indébitos recolhidos anteriormente à impetração ainda não atingidos pela prescrição não importa em produção de efeito patrimonial pretérito, vedado pela Súmula 271 do STF, visto que não há quantificação dos créditos a compensar e, por conseguinte, provimento condenatório em desfavor da Fazenda Pública à devolução de determinado valor, o qual deverá ser calculado posteriormente pelo contribuinte e pelo fisco no âmbito administrativo segundo o direito declarado judicialmente ao impetrante.[22]

O posicionamento supracitado encontra aceitação uníssona no âmbito dos tribunais, mas revela mais uma incoerência e contradição, pois estabelece efeitos diversos ao provimento oriundo do mandado de segurança a depender da opção de recebimento exercida pelo autor. Assim, caso o impetrante opte por receber os valores indevidamente recolhidos pela via da compensação, a sentença operará efeitos pretéritos e futuros; caso a escolha seja receber a restituição em dinheiro por meio de precatório, incidirá a vedação das Súmulas 269 e 271 do STF e apenas os valores futuros (recolhidos indevidamente após a impetração) estão albergados pela sentença.

4.1.2.3 Jurisprudência minoritária: a sentença do mandado de segurança que declara direito à repetição do indébito é título executivo judicial e produz efeitos pretéritos

Uma corrente minoritária da jurisprudência vem se manifestando no sentido de conferir eficácia executiva ao mandado de segurança também no que diz respeito aos valores indevidamente pagos nos últimos cinco anos anteriores ao ajuizamento do *writ*. Esses precedentes, portanto, reconhecem a produção de efeitos patrimoniais pretéritos pelo *mandamus*.[23]

---

22. AgInt no REsp 1840283/RS, Rel. Ministro Gurgel de Faria, 1. Turma, julgado em 14.06.2021, DJe 17.06.2021.
23. O Tribunal Regional Federal da 3ª. Região, ao julgar apelação contra sentença que, em mandado de segurança, reconheceu ser indevida a inclusão do ICMS na base de cálculo do PIS e da COFINS, bem como o direito à compensação das diferenças recolhidas, assentou que "verifica-se, pois, o entendimento

Esse entendimento encontra fundamento em sólidos argumentos, a começar pela idade das súmulas 269 e 271 do STF. Apesar de serem utilizadas pela corrente majoritária para denegar os efeitos pretéritos ao mandado de segurança, elas datam 1963, ou seja, de muito antes da Constituição de 1988, e não foram criadas para a matéria tributária, e sim para a remuneração de servidores públicos.[24] Assim, além de claramente ultrapassadas pelo transcurso do tempo, essas súmulas não espelham a realidade atual do manejo da ação de mandado de segurança, que se tornou uma ação tributária por excelência (MARINS, 2016), sendo amplamente utilizada para pleitear declaração de indébito e posterior compensação ou restituição em dinheiro.

Ademais, é importante entender que as súmulas 269 e 271 do STF nasceram em função da realidade política de um tempo no qual os juízes prolatavam sentenças de cunho eminentemente mandamental, ordenando que os gestores públicos "pagassem imediatamente" os valores requeridos por servidores públicos em sede de mandado de segurança. A intenção do STF ao editar as súmulas na época foi exatamente evitar "pagamento direto sem processo de execução, o que permitiria uma ordem de pagamento relativa a longos períodos em relação ao passado, sem controle mais apurado pelo Erário, devido à rapidez e instantaneidade da ordem". (MACHADO, 2021, p. 122). No entanto, na atual conjuntura jurídica, não existe mais ordem de pagamento direta em sede de mandado de segurança, conforme decidido pelo próprio STF com repercussão geral em 2015.[25] Daí a importância de se conhecer a *ratio decidendi* de uma súmula e os precedentes que lhe deram origem, para que a súmula não seja reduzida a seu enunciado, como se fosse uma

---

dos Tribunais Superiores no sentido da possibilidade de instauração de liquidação/cumprimento de sentença proveniente de mandado de segurança, uma vez que autorizado o pagamento de indébito tributário oriundo de decisão concessiva da ordem, por meio de precatório ou requisição de pequeno valor." Nesse caso em específico, a Tribunal possibilitou que o cumprimento albergasse tanto os valores indevidamente pagos nos cinco antes anteriores ao ajuizamento do mandado de segurança, quanto as quantias recolhidas posteriormente à impetração. (Ap. Cível 50025855020204036100/SP, Pub. 05.04.2021).

24. Tanto é verdade que, após a edição das súmulas em 1963, sobreveio a Lei 5.021/66, que sem seu art. 1º previu que "o pagamento de vencimentos e vantagens pecuniárias asseguradas, em sentença concessiva de mandado de segurança, a servidor público federal, da administração direta ou autárquica, e a servidor público estadual e municipal, somente será efetuado relativamente às prestações que se vencerem a contar da data do ajuizamento da inicial". A referida lei foi revogada pela Lei 12.016/2009, que manteve idêntica previsão em seu art. 14., § 4º.

25. No julgamento do tema 831, o STF definiu a tese segundo a qual "o pagamento dos valores devidos pela Fazenda Pública entre a data da impetração do mandado de segurança e a efetiva implementação da ordem concessiva deve observar o regime de precatórios previsto no artigo 100 da Constituição Federal". O Ministro Luiz Fux, relator do caso, assentou em seu voto que "os pagamentos devidos pela Fazenda Pública estão adstritos ao sistema de precatórios, nos termos do que dispõe o artigo 100 da Constituição Federal, o que abrange, inclusive, as verbas de caráter alimentar, não sendo suficiente a afastar essa sistemática o simples fato de o débito ser proveniente de sentença concessiva de mandado de segurança". (RE 889173/MS, Pub. 17.08.2015).

norma geral e abstrata.[26] Ao se estudar o assunto desde o seu nascedouro, chega-se à inevitável conclusão de que os mandados de segurança que visam à compensação ou restituição de tributos em nada coincidem com os aqueles que deram origem às súmulas 269 e 271 do STF.

Acerca do tema, é válido citar precedente oriundo do Tribunal Regional Federal da 4ª. Região, no qual figurou como relator o Desembargador Rômulo Pizzolatti. Por ocasião do julgamento de uma apelação, a corte entendeu ser desnecessário o manejo de ação de repetição de indébito (procedimento comum) quando o contribuinte já dispõe de título executivo judicial, alcançado por meio de mandado de segurança com decisão transitada em julgado, que declara seu direito à repetição do indébito tributário. Contrariando os interesses da Fazenda Nacional, que invocara, em sede de contrarrazões, as súmulas 269 e 271 do STF, para impossibilitar o cumprimento de sentença no que tange a valores pretéritos à impetração, o Tribunal muito bem assentou que

> Ao contrário do que sustenta a Fazenda Nacional, a vigente compreensão não propriamente afasta as sexagenárias orientações do Supremo Tribunal Federal (STF) – formuladas sob o Código de Processo Civil de 1939 – constantes da sua Súmula – enunciados 269 (O mandado de segurança não é substitutivo de ação de cobrança) e 271 (A concessão de mandado de segurança não produz efeitos patrimoniais em relação ao período pretérito, os quais devem ser reclamados administrativamente ou pela via judicial própria) –, senão que *as atualiza*. Em termos práticos, isso significa que a sentença proferida em mandado de segurança não vale como 'ordem de pagamento' dirigida à autoridade impetrada, pois há – antes como agora – a necessidade de expedição de precatório[27] [...]. (destaque nosso)

O próprio STJ, ainda que em decisões isoladas, já tratou de ressaltar a inutilidade prática das Súmulas 269 e 271 do STF, deixando de aplicá-las em mandado de segurança concessivo de verbas de servidor público.[28] Não se pode entender a não aplicação dessas súmulas como mero *error in judicando* ou *in procedendo*. Na verdade, se cortes inferiores ao STF não podem superar os precedentes do

---

26. Lopes Filho (2020, p. 124), ao tratar de precedentes judiciais, afirma que "há uma rejeição internacional à redução do precedente, ou equiparação de sua *ratio*, a qualquer espécie de sumário emitido pelo tribunal. Usar precedente, pois, envolve conhecer a lidar com a integralidade da decisão, seus argumentos, fatos e fundamentação, bem como uma série maior de elementos".
27. AC 50023272120194047111/RS, Julg. 18.05.2021.
28. Na ocasião, o Tribunal ressaltou que "quanto aos efeitos patrimoniais da tutela mandamental, sabe-se que, nos termos das Súmula 269 e 271 do STF, caberia à parte impetrante, após o trânsito em julgado da sentença concessiva da segurança, ajuizar nova demanda de natureza condenatória para reivindicar os valores vencidos em data anterior à impetração do pedido de writ; essa exigência, contudo, não apresenta nenhuma utilidade prática e atenta contra os princípios da justiça, da efetividade processual, da celeridade e da razoável duração do processo, além de estimular demandas desnecessárias e que movimentam a máquina judiciária, consumindo tempo e recursos públicos, de forma completamente inútil, inclusive honorários sucumbenciais, em ação que já se sabe destinada à procedência". (BRASIL, 2016).

próprio Supremo, ao deixar de segui-los, estão enfraquecendo-os e possibilitando a evolução do direito (DUXBURY, 2008).

Outro argumento para o reconhecimento de efeitos patrimoniais pretéritos ao mandado de segurança em matéria tributária é a própria evolução da legislação processual civil. Na redação original do Código de Processo Civil de 1973, seu art. 584 era expresso ao conferir efeito de título executivo judicial somente às sentenças judiciais condenatórias proferidas no processo civil. Esse panorama começou a ser alterado já em 2005, com a chamada Reforma da Execução, que inseriu o art. 475-N, I no CPC de 1973. Esse novo artigo passou a tratar, como título executivo judicial, também a sentença que reconheça a existência de obrigação de fazer, não fazer, entregar coisa ou pagar quantia. O novo CPC/2015 trouxe previsão análoga no art. 515, I.[29]

Assim, partindo-se do pressuposto que o atual art. 515, I, do CPC permite a execução de sentença meramente declaratória, a ausência de condenação expressa em favor do impetrante com relação às prestações pretéritas não é o suficiente para evitar a execução desses valores (NEVES, 2017). Exigir do contribuinte que está em posse de uma sentença concessiva de mandado de segurança que ajuíze outra demanda cognitiva com o único objetivo de obter um novo provimento que contenha o verbo "condenar", além de injusto, contraria os princípios da instrumentalidade, da efetividade e da duração razoável do processo (DIDIER JR. et al, 2017).

A regra positivada no CPC não deixa maiores dúvidas de que, no ordenamento jurídico atual, não são apenas as sentenças condenatórias que detêm eficácia de título executivo. Ao tratar da sentença declaratória e de seus efeitos pretéritos, o ilustre Ministro Teori Zavascki afirma, com notória propriedade, que

> [...] se tal sentença traz definição de certeza a respeito, não apenas da existência da relação jurídica, mas também da exigibilidade da prestação devida, não há como negar-lhe, categoricamente, eficácia executiva. Conforme assinalado anteriormente, ao legislador ordinário não é dado negar executividade a norma jurídica concreta, certificada por sentença, se nela estiverem presentes todos os elementos identificadores da obrigação (sujeitos, prestação, liquidez, exigibilidade), pois isso representaria atentado ao direito constitucional à tutela executiva, que é inerente e complemento necessário do direito de ação. [...]. É artificiosa, sob esse aspecto, a construção doutrinária em torno da denominada condenação para o futuro, formulada para manter o dogma de que somente a sentença condenatória é título executivo. [...] não procede a afirmação de que a sentença meramente declaratória jamais é título executivo; ela terá força executiva quando contiver certificação de todos os elementos de uma norma jurídica concreta, relativa à obrigação com as características acima referidas. (ZAVASKI, 1986, p. 141).

---

29. Art. 515. São títulos executivos judiciais, cujo cumprimento dar-se-á de acordo com os artigos previstos neste Título: I – as decisões proferidas no processo civil que reconheçam a exigibilidade de obrigação de pagar quantia, de fazer, de não fazer ou de entregar coisa.

Percebe-se, portanto, que a executividade decorre da sentença em si, e não da natureza do pronunciamento (SANTOS, 2017). Assim, não há razão plausível para negar efeitos patrimoniais pretéritos à sentença declaratória prolatada em mandado de segurança que reconhece o direito à repetição de indébito, impossibilitando o impetrante de restituir – por meio de precatório – os valores indevidamente pagos em períodos que antecederam o ajuizamento do *writ*. Trata-se de medida ultrapassada e desprovida de razoabilidade (NEVES, 2017). É preciso reconhecer que as súmulas 269 e 271 do STF, que são reduções substanciais de precedentes não tributários, perderam força normativa, em função da sua idade,[30] das mutações da ação do mandado de segurança e da evolução da legislação processual, que prima pela efetividade do processo.

4.1.3 INCOERÊNCIA DAS DECISÕES JUDICIAIS E SUAS CONSEQUÊNCIAS PARA OS LITÍGIOS COM O PODER PÚBLICO

Uma decisão judicial deve ser coerente, caso contrário sequer será possível afirmar que ela esteja fundamentada (MACHADO SEGUNDO, 2021). A coerência dos provimentos judiciais diz respeito à "racionalidade que deve transparecer na decisão tanto de maneira interna (racionalidade entre os argumentos utilizados na decisão) quanto externa (conexão racional entre os argumentos utilizados, os fatos narrados e o ordenamento jurídico como um todo)". (MARTINS; ROESLER; JESUS, 2011, p. 207). É flagrante a incoerência das decisões que tratam dos efeitos temporais da sentença oriunda de mandado de segurança que objetiva a declaração do indébito, o que leva o particular a ter a sensação de que, ao limitar os efeitos da sentença, o verdadeiro objetivo dos tribunais é atender aos interesses da Fazenda Pública (MACHADO SEGUNDO, 2021).

É incoerente a jurisprudência que impõe efeitos diversos ao provimento oriundo do mandado de segurança a depender da opção de recebimento exercida pelo autor. Se o caminho eleito for o da compensação, a sentença opera efeitos pretéritos e futuros, albergando-se tanto os valores recolhidos nos últimos cinco anos anteriores à impetração quanto os valores indevidamente pagos após o ajuizamento. O coerente e óbvio seria garantir os mesmos efeitos temporais ao contribuinte que opta por receber os valores pela sistemática dos precatórios, pois tanto na compensação quanto no recebimento por meio de cumprimento de sentença, opera-se uma reparação de danos por parte do Poder Público, os valores envolvidos são os mesmos e o provimento judicial que embasa o direito do contribuinte é idêntico. É difícil,

---

30. Taruffo e La Torre (2016) ensinam que existem fatores que determinam o nível de força normativa de um precedente, sendo um deles justamente a sua idade. Segundo o autor italiano, um precedente antigo pode ser considerado influenciador pela sua idade, mas caso a realidade econômica, social e política tenham mudado, ele já não será tão forte.

assim, sustentar a ideia de que a mudança na modalidade de recebimento possa causar tamanho prejuízo ao contribuinte que opta pela execução do título judicial (cumprimento de sentença e posterior expedição de precatório).

No atual panorama, o contribuinte se encontra em uma verdadeira encruzilhada: se optar por ajuizar uma ação de repetição de indébito (procedimento comum), arcará com custas e honorários sucumbenciais em caso de perda da demanda, além de suportar a tramitação mais lenta, própria do procedimento comum (MARINONI, 2009). No entanto, em caso de demanda julgada procedente, após o trânsito em julgado ser-lhe-á possível optar tanto pela compensação quanto pelo cumprimento de sentença e, nos dois casos, estarão albergados tanto os valores recolhidos no período anterior ao ajuizamento quanto aqueles pagos posteriormente ao protocolo da ação.

Por outro lado, caso decida manejar mandado de segurança, embora se trate de procedimento especial mais célere e que não gera condenação ao pagamento de honorários sucumbenciais em caso de perda, poderá o contribuinte valer-se apenas da compensação para recebimento da integralidade do crédito reconhecido em sentença. Como visto, caso esse contribuinte opte por dar seguimento ao cumprimento de sentença, com liquidação e recebimento dos valores pela via do precatório, deverá enfrentar obstáculos no que tange à restituição das prestações indevidamente pagas no período anterior ao ajuizamento do *writ*, pois a jurisprudência dominante é no sentido de que a sentença oriunda de mandado de segurança não produz efeitos patrimoniais pretéritos.

Essa jurisprudência não é apenas incoerente, mas também inconsistente, pois, além de não interpretar o direito de maneira lógica, se utiliza de uma argumentação frágil e ultrapassada (DIDIER JR., 2018), estabelecendo limites temporais diversos à sentença também com base no tipo de ação manejada: mandado de segurança ou repetição de indébito (procedimento comum). O atual cenário demonstra que ajuizar um mandado de segurança para depois buscar restituir os valores em dinheiro – por meio do precatório – se trata de verdadeira loteria, na qual o contribuinte muito provavelmente sairá perdedor, dado o posicionamento da jurisprudência majoritária.

Os jurisdicionados baseiam seu comportamento não apenas na lei, mas também nos precedentes judiciais (TUCCI, 2021). Uma das principais características do *stare decisis* é a promoção da segurança jurídica, privilegiando a previsibilidade do direito (PEIXOTO, 2015). Decisões incoerentes em seu conteúdo e linhas de entendimento diversas fomentam justamente a insegurança jurídica, impossibilitando o ideal de sistematicidade que a ordem jurídica deve perseguir.

A corrente jurisprudencial minoritária – que confere efeitos patrimoniais pretéritos ao mandado de segurança e reconhece a descontextualização das súmulas 269 e 271 do Supremo Tribunal Federal – muito embora possa, em princípio, parecer contribuir para uma imprevisibilidade do direito, está, na verdade, primando pela integridade e coerência do sistema de precedentes, pois não está apenas replicando indistintamente o enunciado das súmulas. Essa corrente de juízes justifica claramente a não aplicação das súmulas, buscando alinhar suas decisões com outros elementos que compõem o sistema jurídico.

É justamente a integridade e a coerência que permitem que esses magistrados não se sujeitem à posição do STF de forma constrangedora, com base apenas no *pedigree* das súmulas (LOPES FILHO, 2020). Esses juízes não fazem distinção no que tange à espécie de ação eleita para pleitear o indébito, muito menos no que diz respeito à modalidade de recebimento. Seja mandado de segurança, seja ação de repetição de indébito; seja por meio de compensação, seja por meio de precatório, as sentenças produzirão efeitos pretéritos e futuros. Concretiza-se, assim, o ideal de integridade, ou seja, "a prevalência da decisão mais coerente com o ordenamento jurídico, a partir do cotejamento com as decisões passadas e especialmente com o respeito aos ideais de equidade e justiça de uma comunidade". (VERBICARO; HOMCI, 2017, p. 63).

É fato, porém, que os posicionamentos estudados revelam que a maioria da jurisprudência permanece alinhada às antigas súmulas 269 e 271 do STF, obrigando o impetrante a ajuizar mais uma ação de procedimento comum para perquirir os valores indevidamente pagos antes do ajuizamento do *mandamus*, o que não se coaduna com os princípios da instrumentalidade, da efetividade e da duração razoável do processo.

4.1.4 CONSIDERAÇÕES FINAIS

No desenvolver deste trabalho, procurou-se investigar os efeitos patrimoniais e as limitações temporais das sentenças prolatadas em sede de mandado de segurança, especialmente nos casos em que se pleiteia o reconhecimento do direito à repetição do indébito tributário.

As duas correntes jurisprudenciais que se formaram no âmbito dos tribunais mantêm posições opostas. A primeira e majoritária delas entende que, em função dos enunciados das súmulas 269 e 271 do Supremo Tribunal Federal, o mandado de segurança não produz efeitos patrimoniais pretéritos. Dessa forma, o contribuinte vencedor de um mandado de segurança no qual se reconhece o direito à repetição de indébito não poderia receber, por meio de precatório, os valores indevidamente pagos em data anterior ao ajuizamento do *mandamus*. Segundo essa corrente jurisprudencial, os valores relativos a períodos anteriores ao ajuizamento do *writ* devem ser pleiteados, pelo contribuinte, por meio de pedido de restituição administrativo ou através de nova ação de procedimento comum. De forma incoerente, essa mesma corrente defende que, caso a opção do contribuinte seja receber os valores reconhecidos na sentença do mandado de segurança por meio de compensação, estarão albergados tanto os valores indevidamente pagos nos cinco anos anteriores ao ajuizamento do *writ* quanto após a impetração. Portanto, percebe-se que, para esses julgadores, os efeitos patrimoniais do mandado de segurança no tempo dependem da modalidade de recebimento dos valores: se por compensação, o mandado de segurança opera efeitos pretéritos e futuros; se por precatório (mediante cumprimento de sentença e liquidação), opera apenas efeitos futuros.

A segunda e minoritária corrente demonstra respeito às mudanças estruturais pelas quais passaram o processo civil e o processo tributário, especialmente o mandado de segurança, que se tornou ação amplamente utilizada para pleitear o direito à repetição do indébito tributário. Para os magistrados alinhados a essa corrente, as súmulas 269 e 271 do STF estão ultrapassadas, pois foram editadas no longínquo ano de 1963, tempo no qual o mandado de segurança não se tratava de instrumento utilizado para o fim específico de restituir tributos. Além disso, as referidas súmulas foram editadas para evitar "ordens de pagamento imediatas" a servidores públicos que requeriam verbas em sede de mandado de segurança, algo que não mais encontra respaldo na realidade jurídica atual, que impõe a necessidade de pagamento por meio de precatório nas causas em que restar vencido em definitivo o poder público. Por fim, as mudanças implementadas no processo civil e tributário fizeram com que não apenas as sentenças de cunho condenatório fossem consideradas títulos executivos judiciais, mas também as sentenças que reconheçam a existência de obrigação de fazer, não fazer, entregar coisa ou pagar quantia. Dessa forma, não há como continuar sustentando que, pelo fato de a sentença do mandado de segurança ter características declaratórias – especialmente nas ações em que se pleiteia declaração do indébito –, ela não possa produzir efeitos patrimoniais pretéritos. Essa corrente minoritária encampa a ideia de que a aplicação em conjunto das súmulas 213 e 461 do STJ levam à conclusão óbvia de que, uma vez em posse de uma sentença judicial declaratória transitada em julgado – seja em mandado de segurança, seja em ação de procedimento comum –, é permitido ao contribuinte decidir a forma de recebimento dos valores que lhe são devidos, sem limitar a produção de efeitos da sentença em relação ao tempo.

Admitir a natureza de título executivo judicial da sentença prolatada em sede de mandado de segurança, reconhecendo seus efeitos pretéritos e futuros, significa primar pela instrumentalidade, pois, nesse caso, poderá o impetrante optar não apenas pela via da compensação, mas também pelo recebimento dos valores por meio de precatório (precedido de cumprimento de sentença e liquidação), relativizando-se, assim, o uso das formas em nome da efetividade processual. Da mesma maneira, sustentar que o contribuinte que detém uma sentença de mandado de segurança tenha que manejar nova ação judicial para reaver os valores indevidamente pagos antes do ajuizamento do *writ* constitui claro e condenável estímulo ao ajuizamento de demandas desnecessárias, em uma máquina judiciária já assoberbada.

Igualmente incoerente e inconsistente é o entendimento que confere efeitos patrimoniais pretéritos a uma sentença oriunda de uma ação de repetição de indébito (procedimento comum), porém nega-os a uma sentença concessiva em mandado de segurança que declara o direito ao indébito, com base no argumento de que a primeira tem efeitos condenatórios e a segunda declaratórios. Em verdade, em se tratando de provimento judicial que declara o direito ao indébito, ambas as sentenças (tanto no procedimento comum quanto no mandado de segurança) possuem cunho eminentemente declaratório. Portanto, não é razoável entender que a sentença concessiva de mandado de segurança pode ser executada apenas "em relação a uma porção da lide", ou seja, no que tange ao período posterior ao ajuizamento. Essa divisão meramente temporal não possui mais razão de ser no atual ordenamento pátrio.

Por tudo que já foi exposto, é possível perceber que o tema ainda depende de consolidação definitiva no âmbito dos tribunais brasileiros. A partir da posição de interesse das partes (fisco ou contribuinte), os argumentos parecem ilimitados. Espera-se, todavia, que as cortes nacionais – especialmente os tribunais de vértice – não apliquem as súmulas 269 e 271 do STF com base apenas na literalidade dos seus enunciados, sem atentar para as suas respectivas *ratio decidendi* e, especialmente, para os precedentes que lhes deram origem.

Os posicionamentos minoritários que garantem ao impetrante o direito de restituir, por meio de precatório, também o indébito tributário relativo a períodos anteriores à impetração demonstram que, ainda que de forma paulatina, existe uma mudança jurisprudencial em curso, que deverá culminar na superação total (*overruling*) ou pelo menos parcial (*overriding*) dos enunciados das súmulas 269 e 271. Caso isso não se verifique com o tempo, será fortalecido o sentimento de que a aplicação das referidas súmulas se dá com o objetivo ilegítimo de atender aos interesses da Fazenda Pública.

REFERÊNCIAS

BRASIL. Constituição da República Federativa do Brasil. Diário Oficial da República Federativa. Brasília, 1988. Disponível em: http://www.planalto.gov.br/ccivil_03/constituicao/constituicao.htm. Acesso em: 6 jan. 2022.

BRASIL. Instrução Normativa RFB 2.055, de 8 de dezembro de 2021. Dispõe sobre restituição, compensação, ressarcimento e reembolso, no âmbito da Secretaria Especial da Receita Federal do Brasil. Diário Oficial da República Federativa. Brasília: Receita Federal do Brasil, 2021. Disponível em: http://normas.receita.fazenda.gov.br/sijut2consulta/link.action?visao=anotado&idAto=122002. Acesso em: 06 jan. 2022.

BRASIL. Lei Complementar 118, de 9 de fevereiro de 2005. Altera e acrescenta dispositivos à Lei 5.172, de 25 de outubro de 1966 – Código Tributário Nacional, e dispõe sobre a interpretação do inciso I do art. 168 da mesma Lei. Oficial da República Federativa. Brasília, 2005. Disponível em: http://www.planalto.gov.br/ccivil_03/leis/lcp/lcp118.htm. Acesso em: 04 jan. 2022.

BRASIL. Lei 5.021, de 9 de junho de 1966. Dispõe sobre o pagamento de vencimentos e vantagens pecuniárias asseguradas, em sentença concessiva de mandado de segurança, a servidor público civil. Oficial da República Federativa. Brasília, 1966. Disponível em: http://www.planalto.gov.br/ccivil_03/leis/l5021.htm. Acesso em: 04 jan. 2022.

BRASIL. Lei 8.383, de 30 de dezembro de 1991. Institui a Unidade Fiscal de Referência, altera a legislação do imposto de renda e dá outras providências. Oficial da República Federativa. Brasília, 1991. Disponível em: http://www.planalto.gov.br/ccivil_03/leis/l8383.htm. Acesso em: 04 jan. 2022.

BRASIL. Lei 9.430, de 27 de dezembro de 1996. Dispõe sobre a legislação tributária federal, as contribuições para a seguridade social, o processo administrativo de consulta e dá outras providências. Oficial da República Federativa. Brasília, 1996. Disponível em: http://www.planalto.gov.br/ccivil_03/leis/l9430.htm. Acesso em: 04 jan. 2022.

BRASIL. Lei 12.016, de 7 de agosto de 2009. Disciplina o mandado de segurança individual e coletivo e dá outras providências. Oficial da República Federativa. Brasília, 2009. Disponível em: http://www.planalto.gov.br/ccivil_03/_ato2007-2010/2009/lei/l12016.htm. Acesso em: 04 jan. 2022.

BRASIL. Lei 13.105, de 16 de março de 2015. Código de Processo Civil. Diário Oficial da República Federativa. Brasília, 2015. Disponível em: http://www.planalto.gov.br/ccivil_03/_ato2015-2018/2015/lei/l13105.htm. Acesso em: 06 jan. 2022.

BRASIL. Superior Tribunal de Justiça. AgInt no REsp 1209315/MG. Recorrente: Estado de Minas Gerais. Recorrido: Astolpho Gonçalves Supermercado Ltda. Relator: Ministro Og Fernandes. Brasília, 27/04/2021. Disponível em: https://scon.stj.jus.br/SCON/GetInteiroTeorDoAcordao?num_registro=201001563580&dt_publicacao=27.04.2021. Acesso em: 06 jan. 2022.

BRASIL. Superior Tribunal de Justiça. AgInt no REsp 1518470/PI. Recorrente: Estado do Piauí. Recorrido: Associação Brasileira de Indústria de Hotéis Piauí. Relator: Ministro Gurgel de Faria. Brasília, 25.09.2019. Disponível em: https://scon.stj.jus.br/SCON/GetInteiroTeorDoAcordao?num_registro=201500465367&dt_publicacao=25.09.2019. Acesso em: 06 jan. 2022.

BRASIL. Superior Tribunal de Justiça. AgRg nos EDcl no REsp 1528037/SC. Recorrente: Thermovac Embalagens Plásticas Ltda. Recorrido: Fazenda Nacional. Relator: Ministro Francisco Falcão. Brasília, 28.08.2017. Disponível em: https://scon.stj.jus.br/SCON/GetInteiroTeorDoAcordao?num_registro=201500868800&dt_publicacao=28.08.2017. Acesso em: 06 jan. 2022.

BRASIL. Superior Tribunal de Justiça. AgInt nos EDcl no AREsp 1793224/MS. Recorrente: Estado do Mato Grosso do Sul. Recorrido: WMB Supermercados do Brasil Ltda. Relatora: Ministra Assusete Magalhães. Brasília, 06.05.2021. Disponível em: https://scon.stj.jus.br/SCON/GetInteiroTeorDoAcordao?num_registro=202003075079&dt_publicacao=06.05.2021. Acesso em: 06 jan. 2022.

BRASIL. Superior Tribunal de Justiça. AgInt no REsp 1895331/SP. Recorrente: José Fernandes Figueiroa & Cia Ltda. Recorrido: Fazenda Nacional. Relator: Ministro Gurgel de Faria. Brasília, 11.06.2021. Disponível em: https://scon.stj.jus.br/SCON/GetInteiroTeorDoAcordao?num_registro=202002363512&dt_publicacao=11.06.2021. Acesso em: 06 jan. 2022.

BRASIL. Superior Tribunal de Justiça. AgInt no REsp 1840283/RS. Recorrente: Estado do Rio Grande do Sul. Recorrido: Lujetec Equipamentos Eletrônicos Ltda. Relator: Ministro Gurgel de Faria. Brasília, 17.06.2021. Disponível em: https://scon.stj.jus.br/SCON/GetInteiroTeorDoAcordao?num_registro=201902891570&dt_publicacao=17.06.2021. Acesso em: 06 jan. 2022.

BRASIL. Superior Tribunal de Justiça. AgRg no REsp 1466607/RS. Recorrente: Fazenda Nacional. Recorrido: Ibiauto Veículos Ltda. Relator: Ministro Humberto Martins. Brasília, 11.03.2015. Disponível em: https://scon.stj.jus.br/SCON/GetInteiroTeorDoAcordao?num_registro=201401664286&dt_publicacao=11.03.2015. Acesso em: 06 jan. 2022.

BRASIL. Superior Tribunal de Justiça. EREsp 1164514/AM. Recorrente: Estado do Amazonas. Recorrido: Maria da Paz Monteiro Litaff. Relator: Ministro Napoleão Nunes Maia Filho. Brasília, 25.02.2016. Disponível em: https://scon.stj.jus.br/SCON/GetInteiroTeorDoAcordao?num_registro=201103122152&dt_publicacao=25.02.2016. Acesso em: 06 jan. 2022.

BRASIL. Superior Tribunal de Justiça. REsp 1596218/SC. Recorrente: Fazenda Nacional. Recorrido: Vera Lucia Bahr. Relator: Ministro Humberto Martins. Brasília, 10.09.2016. Disponível em: https://scon.stj.jus.br/SCON/GetInteiroTeorDoAcordao?num_registro=201600928393&dt_publicacao=10.08.2016. Acesso em: 06 jan. 2022.

BRASIL. Superior Tribunal de Justiça. REsp 1873758/SC. Recorrente: Gelnex Indústria e Comércio Ltda. Recorrido: Fazenda Nacional. Relator: Ministro Herman Benjamin. Brasília, 17.09.2020. Disponível em: https://scon.stj.jus.br/SCON/GetInteiroTeorDoAcordao?num_registro=202001099556&dt_publicacao=17.09.2020. Acesso em: 06 jan. 2022.

BRASIL. Superior Tribunal de Justiça. REsp 1918433/DF. Recorrente: Tokyo Comércio de Veículos Ltda. Recorrido: Fazenda Nacional. Relator: Ministro Mauro Campbell Marques. Brasília, 15.03.2021. Disponível em: https://scon.stj.jus.br/SCON/GetInteiroTeorDoAcordao?num_registro=202100245886&dt_publicacao=15.03.2021. Acesso em: 06 jan. 2022.

BRASIL. Superior Tribunal de Justiça. Súmula 105. Relator: Ministro José Dantas, Brasília, 26.05.1994. Disponível em: https://www.stj.jus.br/publicacaoinstitucional/index.php/sumstj/article/download/5403/552. Acesso em: 04 jan. 2022.

BRASIL. Superior Tribunal de Justiça. Súmula 212. Relatora: Ministra Denise Arruda, Brasília, 11.05.2005. Disponível em: https://ww2.stj.jus.br/docs_internet/revista/eletronica/stj-revista-sumulas-2010_15_capSumula212alterada.pdf. Acesso em: 04 jan. 2022.

BRASIL. Superior Tribunal de Justiça. Súmula 213. Relator: Ministro Ari Pargendler, Brasília, 23.09.1998. Disponível em: https://www.stj.jus.br/docs_internet/revista/eletronica/stj-revista-sumulas-2011_16_capSumula213.pdf. Acesso em: 04 jan. 2022.

BRASIL. Superior Tribunal de Justiça. Súmula 461. Relator: Ministro Mauro Campbell Marques, Brasília, 25.08.2010. Disponível em: https://www.stj.jus.br/publicacaoinstitucional/index.php/sumstj/article/download/5191/531. Acesso em: 04 jan. 2022.

BRASIL. Tribunal Regional Federal da 1ª Região. EDcl na AC 00319467120144013803. Recorrentes: Banco Triângulo AS e Fazenda Nacional. Recorridos: os mesmos. Relatora: Desembargadora Federal Ângela Catão. Brasília, 19.12.2018. Disponível em: https://trf-1.jusbrasil.com.br/jurisprudencia/899160045/embargos-de-declaracao-na-apelacao-civel-edac-edac-319467120144013803. Acesso em: 04 jan. 2022.

BRASIL. Tribunal Regional Federal da 2ª Região. ApReex 00306951220174025120. Recorrentes: Fazenda Nacional e Outro. Recorridos: os mesmos. Relator: Desembargador Federal Marcus Abraham. Rio de Janeiro, 19.12.2018. Disponível em: https://trf-2.jusbrasil.com.br/jurisprudencia/1211819773/apelacao-reexame-necessario-apelreex-306951220174025120-rj-0030695-1220174025120/inteiro-teor-1211819774. Acesso em: 04 jan. 2022.

BRASIL. Tribunal Regional Federal da 3ª Região. AC 50025855020204036100. Recorrente: Tabacaria RO Ltda. – EPP. Recorrido: Fazenda Nacional. Relator: Desembargador Federal Nery Júnior. São Paulo, 05.04.2021. Disponível em: https://trf-3.jusbrasil.com.br/jurisprudencia/1316464450/apelacao-civel-apciv-50025855020204036100-sp/inteiro-teor-1316464451. Acesso em: 04 jan. 2022.

BRASIL. Tribunal Regional Federal da 3ª Região. AC 50075618520204036105. Recorrente: Fazenda Nacional. Recorrido: Alternativa Segurança Patrimonial Ltda. Relator: Desembargador Federal Cotrim Guimarães. São Paulo, 22.10.2021. Disponível em: https://trf-3.jusbrasil.com.br/jurisprudencia/1323225669/apelacao-civel-apciv-50075618520204036105-sp/inteiro-teor-1323225698. Acesso em: 04 jan. 2022.

BRASIL. Tribunal Regional Federal da 4ª Região. AC 50023272120194047111. Recorrente: Brincasa Brinquedos e Utilidades Ltda. Recorrido: Fazenda Nacional. Relator: Desembargador Federal Rômulo Pizzolatti. Porto Alegre, 10.02.2021. Disponível em: https://trf-4.jusbrasil.com.br/jurisprudencia/1166976248/apelacao-civel-ac-50023272120194047111-rs-5002327-2120194047111. Acesso em: 04 jan. 2022.

BRASIL. Tribunal Regional Federal da 5ª Região. AC 00198427220074058300. Recorrente: Jurandir Pires Galdino & Cia Ltda. Recorrido: Fazenda Nacional. Relator: Desembargador Rubens de Mendonça Canuto. Recife, 27.07.2021. Disponível em: https://trf-5.jusbrasil.com.br/jurisprudencia/1285865107/apelacao-civel-ap-198427220074058300. Acesso em: 04 jan. 2022.

BRASIL. Supremo Tribunal Federal. RE 889173/MS. Recorrente: Estado de Mato Grosso do Sul. Recorrido: Geraldo Aparecido Cavasana. Relator: Ministro Luiz Fux. Brasília, 17.08.2015. Disponível em: https://redir.stf.jus.br/paginadorpub/paginador.jsp?docTP=TP&docID=9132828. Acesso em: 04 jan. 2022.

BRASIL. Supremo Tribunal Federal. Súmula 269. Relator: Ministro Felix Fischer, Brasília, 13.12.1963. Disponível em: https://jurisprudencia.stf.jus.br/pages/search/seq-sumula269/false. Acesso em: 04 jan. 2022.

BRASIL. Supremo Tribunal Federal. Súmula 512. Brasília, 03.12.1969. Disponível em: https://jurisprudencia.stf.jus.br/pages/search/seq-sumula512/false. Acesso em: 04 jan. 2022.

BRASIL. Supremo Tribunal Federal. Súmula 271. Brasília, 13.12.1963. Disponível em: https://jurisprudencia.stf.jus.br/pages/search/seq-sumula271/false. Acesso em: 04 jan. 2022.

CUNHA, Leonardo Carneiro da. *A Fazenda Pública em juízo*. 18. ed. Rio de Janeiro: Forense, 2021.

DECOMAIN, Pedro Roberto. *Mandado de segurança*: o tradicional, o novo e o polêmico na Lei 12.016/09. São Paulo: Dialética, 2009.

DIDIER JR., Fredie et al. *Curso de Direito Processual Civil*: Execução. 7. ed. Salvador: JusPodivm, 2017.

DIDIER JR., Fredie. Sistema brasileiro de precedentes judiciais obrigatórios e os deveres institucionais dos tribunais: uniformidade, estabilidade, integridade e coerência da jurisprudência. In: SARLET, Ingo Wolfgang; JOBIM, Marco Félix (Org.). *Precedentes Judiciais*: diálogos transnacionais. Florianópolis: Tirant lo Blanch, 2018.

DONIZETTI, Elpídio. *Curso Didático de Direito Processual Civil*. 20. ed. São Paulo: Atlas, 2017.

DUXBURY, Neil. *The nature and authority of precedent*. Cambridge: Cambridge University Press, 2008.

JESUS, Isabela Bonfá de; JESUS, Fernando Bonfá de; JESUS, Ricardo Bonfá de. *Manual de direito e processo tributário*. 5. ed. São Paulo: Thomson Reuters Brasil, 2019.

LAURENTIIS, Thais de. *Restituição de tributo inconstitucional*. São Paulo: Noeses, 2015.

LOPES FILHO, Juraci Mourão. *Os precedentes judiciais no constitucionalismo brasileiro contemporâneo*. 3. ed. Salvador: JusPodivm, 2020.

LOPES, Mauro Luís Rocha. *Processo judicial tributário*: execução fiscal e ações tributárias. 10. ed. Niterói: Impetus, 2019.

MACHADO, Milton Terra. Efeitos pretéritos no mandado de segurança em matéria tributária. Superação parcial (*overriding*) das súmulas 269 e 271 do STF. *Revista de Direitos Fundamentais e Tributação – RDFT*, v. 1, n. 4, p. 118-139, jun. 2021. Disponível em: http://www.rdft.com.br/revista/article/view/44/31. Acesso em: 06 jan. 2021.

MACHADO SEGUNDO, Hugo de Brito. *Poder público e litigiosidade*. Indaiatuba: Editora Foco, 2021.

MACHADO SEGUNDO, Hugo de Brito. *Processo Tributário*. 12. ed. São Paulo, Atlas, 2020.

MARINONI, Luiz Guilherme. Direito fundamental à duração razoável do processo. *Estação Científica*, Juiz de Fora, v. 379, p. 82-97, 2009. Disponível em: https://portaladm.estacio.br/media/4413/artigo-5-revisado.pdf. Acesso em: 06 jan. 2021.

MARINS, James. *Direito processual tributário brasileiro*: administrativo e judicial. São Paulo: Ed. RT, 2016.

MARTINS, Argemiro Cardoso Moreira; ROESLER, Cláudia Rosane; JESUS, Ricardo Antônio Rezende de. A noção de coerência na teoria da argumentação jurídica de Neil MacCormick: caracterização, limitações, possibilidades. *Novos Estudos Jurídicos*, v. 16, n. 2, p. 207-221, 2011. Disponível em: https://siaiap32.univali.br/seer/index.php/nej/article/view/3281. Acesso em: 6 jan. 2021.

MELO, José Eduardo Soares de. Repetição do indébito e compensação. In: MACHADO, Hugo de Brito (Org.). *Repetição do indébito e compensação no Direito Tributário*. São Paulo: Dialética, 1999.

NEVES, Daniel Amorim Assumpção. *Manual de Direito Processual Civil*: volume único. 9. ed. Salvador: JusPodivm, 2017.

PAULSEN, Leandro. *Curso de direito tributário completo*. 8. ed. São Paulo: Saraiva, 2017.

PEIXOTO, Ravi. *Superação do precedente e segurança jurídica*. Salvador: JusPodivm, 2015.

SANTOS, Ernane Fidélis dos. *Manuel de direito processual civil*: cumprimento de sentença e processo de execução. 16. ed. São Paulo: Saraiva, 2017.

SODRÉ, Eduardo. Mandado de Segurança. In: DIDIER JR., Fredie (Org.). *Ações Constitucionais*. 2. ed. Salvador: JusPodivm, 2007.

TARUFFO, Michele; LA TORRE, Massimo. Precedent in Italy. In: MACCORMICK, D. Neil; SUMMERS, Robert S. *Interpreting Precedents*. Nova Iorque: Routledge, 2016.

THEODORO JÚNIOR, Humberto. *Lei do mandado de segurança comentada*: artigo por artigo. 2. ed. Rio de Janeiro: Forense, 2019.

TUCCI, José Rogério Cruz. *Precedente judicial como fonte do direito*. 2. ed. Rio de Janeiro: GZ, 2021.

VERBICARO, Loiane Prado; HOMCI, Arthur Laércio. O sistema precedentalista brasileiro à luz do direito como integridade de Ronald Dworkin. *Revista de Processo, Jurisdição e Efetividade da Justiça*, Brasília, v. 3, n. 1. p. 53-74, jan./jun. 2017. Disponível em: https://indexlaw.org/index.php/revistaprocessojurisdicao/article/view/1943/pdf. Acesso em: 06 jan. 2021.

ZAVASKI, Teori Albino. Sentenças declaratórias, sentenças condenatórias e eficácia executiva dos julgados. In: OLIVEIRA, Carlos Alberto Álvaro (Org.). *Eficácia e coisa julgada*. Rio de Janeiro: Forense, 1986.

4.2
OS DIREITOS FUNDAMENTAIS DO CONTRIBUINTE E A SUPERMODULAÇÃO DOS EFEITOS TEMPORAIS DA DECISÃO DE INCONSTITUCIONALIDADE EM FAVOR DO PODER PÚBLICO: A (IM) POSSIBILIDADE DE CONVALIDAÇÃO DO VÍCIO EM MATÉRIA TRIBUTÁRIA

Daniel Holanda Ibiapina

Mestrando em Direito pelo Centro Universitário Christus (UNICHRISTUS). Especialista em Direito Processual Civil: Individual e Coletivo (UNICHRISTUS). Pós-graduando em Direito, Processo e Planejamento Tributário (UNIFOR). Graduado em Direito pela UNICHRISTUS. Advogado. E-mail: danielhibiapina@gmail.com.

Resumo: A ideia de Estado Democrático de Direito está intrinsicamente conectada à realização (e proteção) dos direitos e garantias fundamentais, os quais podem ser invocados contra atos ilegais e abusivos praticados pelo Poder Público. Na relação jurídico-tributária, é comum a edição de leis incompatíveis com a Constituição Federal, ante a sanha arrecadatória do Estado em angariar, cada vez mais, receitas tributárias aos cofres públicos. É nesta toada que ganha relevância o controle de constitucionalidade das leis e atos normativos, para que seja resguardada a supremacia constitucional, daí a necessidade de aplicação dos efeitos retroativos em matérias tributárias que envolvam a Fazenda Pública, a fim de incutir no Estado o sentimento de que, eventual violação da Constituição Federal, ensejará na devolução do tributo pago indevidamente. Como regra geral, a lei declarada inconstitucional deve retroagir, vez que a lei nula não pode produzir efeitos jurídicos, razão pela qual a modulação dos efeitos temporais das decisões em matéria tributária somente deve ser realizada de forma excepcionalíssima, mediante a ponderação entre os direitos e garantias fundamentais do contribuinte e o poder de tributar do Estado, tendo em mente a situação de vulnerabilidade e hipossuficiência do sujeito passivo perante o Fisco. Para que a modulação da decisão ocorra em prol do Poder Público, é primordial a observância de alguns critérios objetivos que serão analisados com base na jurisprudência da Corte Europeia de Justiça.

Palavras-chave: Direitos fundamentais – Supremacia da Constituição – Efetividade da Jurisdição – Segurança jurídica – Modulação dos efeitos.

Abstract: The idea of a Democratic State of Law is intrinsically connected to the realization (and protection) of fundamental rights and guarantees, which can be invoked against illegal and abusive acts practiced by the Government. In the legal-tax relationship, it is common to issue laws that are incompatible with the Federal Constitution, in view of the State's tax collection rage to raise, increasingly, tax revenues to the public coffers. It is in this context that the control of the constitutionality of laws and normative acts becomes relevant, so that the constitutional supremacy is protected, hence the need to apply retroactive effects in tax matters involving the Public Treasury, in order to instill in the State the feeling of which, in the event of a violation of the Federal Constitution, will result in the return of the unduly paid tax. As a general rule, the law declared unconstitutional must retroact, since the null law cannot produce legal effects, which is why the modulation of the temporal effects of decisions in tax matters must only be carried out in a very exceptional way, by weighing the rights and fundamental guarantees of the taxpayer and the State's power to tax, bearing in mind the situation of vulnerability and hyposufficiency of the taxable person before the Tax Authorities. For the modulation of the decision to occur in favor of the Public Power, it is essential to observe some objective criteria that will be analyzed based on the jurisprudence of the European Court of Justice.

Keywords: Fundamental rights – Supremacy of the Constitution – Jurisdiction Effectiveness – Legal security – Effects modulation.

Sumário: 4.2.1 Introdução – 4.2.2 Os direitos fundamentais do contribuinte – 4.2.3 O controle de constitucionalidade das leis e a modulação dos efeitos temporais da decisão em causas que envolvem o poder público – 4.2.4 Análise da Jurisprudência da Corte Europeia de Justiça (CJEU) – 4.2.5 Considerações finais – Referências.

4.2.1 INTRODUÇÃO

No controle de constitucionalidade de lei ou ato normativo, o Supremo Tribunal Federal (STF) poderá restringir os efeitos da declaração ou decidir que ela só tenha eficácia a partir de seu trânsito em julgado, ou de outro momento que venha a ser fixado, tendo em vista razões de segurança jurídica ou de excepcional interesse social, por maioria de dois terços de seus membros (art. 27 da Lei 9.868/99). A regra geral, portanto, é que a lei declarada inconstitucional tenha efeitos retroativos (*ex tunc*) e que, somente em casos excepcionalíssimos, o STF poderá limitar os efeitos para o futuro (*ex nunc*).

Neste contexto, o presente artigo propõe uma reflexão sobre a modulação dos efeitos prospectivos realizada nos autos do Recurso Extraordinário 714.139/SC, em que se discutiu a constitucionalidade do art. 19, inciso I, alínea "a" da Lei 10.297/96 do Estado de Santa Catarina, que estabelecia alíquota diferenciada de 25% para o Imposto sobre Circulação de Mercadorias e Serviços (ICMS) sobre as operações de fornecimento de energia elétrica e prestação de serviços de telecomunicação, em patamar superior ao estabelecido para as operações em geral, que era de 17%.

Na sessão virtual do dia 12.11.2021 a 22.11.2021, o plenário do STF, por maioria (8 x 3), declarou a inconstitucionalidade da lei catarinense por violação do princípio da seletividade e essencialidade (artigos 150, inciso II, e 155, § 2º, inciso III, da CF/88), por entender que, adotada pelo legislador, a técnica da seletividade em relação ao ICMS discrepa do figurino constitucional alíquotas sobre as operações de energia elétrica e serviços de telecomunicação previstas em patamar superior ao das operações em geral.

Após o julgamento do mérito do recurso extraordinário na sessão virtual realizada durante o período de 10.12.2021 a 17.12.2021, o Tribunal, por maioria (pelo placar de 10 x 1), modulou os efeitos da decisão, estipulando o marco temporal a partir do exercício financeiro de 2024, ressalvando as ações ajuizadas até a data do início do julgamento do mérito, que se deu com o voto favorável do Ministro Relator Marco Aurélio, prolatado no dia 5 de fevereiro de 2021.

O objetivo da presente pesquisa é de analisar se o STF modulou os efeitos temporais da decisão em favor do Poder Público e quais os critérios utilizados por este Tribunal para a decisão, motivo pelo qual serão analisados os votos dos Ministros, com ênfase, principalmente, no voto que conduziu ao resultado do julgamento, da lavra do Ministro Gilmar Mendes e do voto isolado do Ministro Edson Fachin, que não concordou com a modulação realizada.

Em síntese, buscar-se-á analisar se a decisão do STF acolheu os argumentos financeiros suscitados pelo Poder Público, bem como para refletir se houve a adequada ponderação entre os direitos fundamentais do contribuinte e o poder de tributar do Estado, com enforque especial sobre os princípios da supremacia constitucional e segurança jurídica. Será analisado, ainda, se a decisão incentiva, ou não, a litigiosidade em matérias tributárias que envolvem o Poder Público.

O trabalho está dividido em três seções. Primeiramente, será feita uma breve explanação sobre os direitos e garantias fundamentais do contribuinte perante o Poder Público. No segundo momento, será analisado, pormenorizadamente, a modulação dos efeitos realizada nos autos do RE 714.139, bem como os efeitos da declaração perante os demais jurisdicionados.

Com o intuito de fixar critérios objetivos para a limitação temporal dos efeitos das decisões, será analisada a jurisprudência da Corte Europeia de Justiça, onde se observarão os critérios utilizados pelo tribunal europeu para aplicação dos efeitos retroativos às suas decisões, contrastando, assim, com a jurisprudência do STF sobre o mesmo assunto.

Em relação à metodologia da pesquisa, foi realizada uma abordagem teórica dedutiva, com a qual se busca explicar as razões fáticas e jurídicas adotadas pelo STF quando modula os efeitos das decisões em matéria tributária. Quanto ao tipo de pesquisa, isto é, segundo a utilização dos resultados, é pura, visto ser realizada com a finalidade de aumentar o conhecimento do pesquisador para uma nova tomada de posição sobre o objeto de estudo.

Quanto aos objetivos, a pesquisa é descritivo-analítica, buscando descrever fenômenos, sua natureza e características, além de exploratória, envolvendo levantamento bibliográfico, com a utilização de literaturas especializadas sobre o tema, artigos de revistas científicas e exemplos de casos julgados pelo STF, com vistas à reflexão e análise crítica dos efeitos prospectivos aplicados no julgamento do RE 714.139.

4.2.2 OS DIREITOS FUNDAMENTAIS DO CONTRIBUINTE

Inicialmente, é oportuno frisar que a Constituição Federal de 1988 (CF/88) se constitui em Estado Democrático de Direito[1] como regime de organização do Estado brasileiro e tem como fundamento a soberania, cidadania, dignidade da pessoa humana, valores sociais do trabalho e da livre iniciativa e o pluralismo político. A ideia de Estado Democrático de Direito está intrinsicamente conectada com a realização (e proteção) dos direitos e garantias fundamentais contra atos ilegais e abusivos praticados pelo Estado.

A relevância dos direitos e garantias fundamentais pode ser extraída, ainda, da leitura do Preâmbulo da CF/88, isso porque a Assembleia Nacional Constituinte assegurou, como "valores supremos", o exercício dos direitos sociais e individuais, a liberdade, segurança, bem-estar, desenvolvimento, igualdade e justiça, razão pela qual respectivos valores não podem ser ignorados, tampouco, desrespeitados pela Administração Pública.

Pelo contrário, o atual sistema constitucional brasileiro possui como um dos vetores axiológicos a concretização dos direitos e garantias fundamentais, os quais devem ser interpretados como uma ordem objetiva de valores calcada, especialmente, no princípio da segurança jurídica, dignidade da pessoa humana e na efetividade dos direitos e liberdades dos cidadãos.

A CF/88, em seu art. 150, estabelece vários princípios constitucionais tributários que impõem verdadeiros limites ao poder de tributar do Estado, são eles: princípio da legalidade tributária, que proíbe "exigir ou aumentar tributo sem lei que o estabeleça" (art. 150, inc. I, CF/88), a vedação de "tratamento desigual entre contribuintes que se encontrem em situação equivalente" (art. 150, inc. II), refletindo o princípio da isonomia.

A proibição de cobrar tributos de "surpresa" do contribuinte "em relação a fatos geradores ocorridos antes do início da vigência da lei" (art. 150, inc. III,

---

1. Para Silva (2000, p. 116), "O Estado Democrático de Direito reúne os princípios do Estado Democrático e do Estado de Direito, não como simples reunião formal dos respectivos elementos, porque, em verdade, revela um conceito novo que os supera, na medida em que incorpora um componente revolucionário de transformação do *status quo*".

alínea "a"), que resguarda o princípio da irretroatividade das leis, além de proibir a cobrança "no mesmo exercício financeiro em que haja sido publicada a lei que os houver instituído ou aumentado" (princípio da anterioridade do exercício financeiro), e "antes de decorridos noventa dias" (princípio nonagesimal), e o princípio que veda a cobrança de tributo com efeito confiscatório previsto no inc. IV do art. 150 da CF/88.

Nesta perspectiva, os direitos e garantias fundamentais possuem grande importância na relação jurídico-tributária, eis que são verdadeiros mecanismos de controle contra a atuação arbitrária do Poder Público, razão pela qual, na relação entre Estado e indivíduo, reconhece-se que "[...] o indivíduo tem, primeiro, direitos, e, depois, deveres perante o Estado, e que os direitos que o Estado tem em relação ao indivíduo se ordenam ao objetivo de melhor cuidar das necessidades dos cidadãos". (MENDES; BRANCO, 2020, p. 136).

Não se desconhece que a arrecadação tributária é essencial para a manutenção da máquina pública, seja para pagar os salários dos seus servidores, seja para investir em áreas da saúde, educação, moradia, saneamento básico e segurança pública. Contudo, conforme será demonstrado a seguir, a obrigação do contribuinte de pagar seus tributos e o direito do Estado em receber o que lhe é devido, encontra óbice intransponível nos direitos e garantias fundamentais dos contribuintes, isso porque a sanha arrecadatória do Estado deve ser feita dentro dos limites estabelecidos pela Constituição, a qual, todavia, não tem sido respeitada pelos legisladores e seus entes tributantes.

Nesta toada, a Suprema Corte brasileira já foi provocada, várias vezes, a se pronunciar sobre a modulação dos efeitos temporais das decisões em matéria tributária que envolvem o Poder Público, de modo que a jurisprudência do STF está se consolidando no sentido de restringir os efeitos das decisões em favor do Poder Público, invocando, para tanto, conceitos jurídicos indeterminados de "segurança jurídica" ou "excepcional interesse público" previsto no art. 27 da Lei 9.868/99.

Para a análise da modulação dos efeitos das decisões em matéria tributária pelo STF, faz-se necessário um sopesamento entre os direitos e garantias fundamentais do contribuinte e o poder de tributar do Estado, tendo como parâmetro a observância ao princípio da supremacia constitucional que, segundo Mendes e Branco (2020, p. 62), "[...] fixa o status hierárquico máximo da Constituição no conjunto das normas do ordenamento jurídico".

A consequência dessa hierarquia, nas palavras do constitucionalista Bonavides (2013, p. 307-308), "[...] é o reconhecimento da 'superlegalidade constitucional', que faz da Constituição a lei das leis, a *lex legum*, ou seja, a mais alta expressão da soberania". Ao derivar da Constituição sua competência, ensina o mesmo autor que "[...] o órgão legislativo não pode obviamente introduzir no sistema jurídico leis contrárias as disposições constitucionais".

É nesta toada que o princípio da supremacia constitucional merece uma análise mais acurada. Nas lições de Machado (2009, p. 73), "[...] é uma garantia do cidadão contra o Estado, não sendo razoável admitir-se que a declaração de inconstitucionalidade possa produzir efeito diametralmente oposto". Todavia, conforme será demonstrado a seguir, os interesses fazendários têm prevalecido sobre os direitos fundamentais do contribuinte, o que coloca em risco o Estado Democrático de Direito.

4.2.3 O CONTROLE DE CONSTITUCIONALIDADE DAS LEIS[2] E A MODULAÇÃO DOS EFEITOS TEMPORAIS DA DECISÃO EM CAUSAS QUE ENVOLVEM O PODER PÚBLICO

De início, é importante destacar que as leis e atos normativos, como regra geral, possuem a presunção de constitucionalidade,[3] a qual pode ser contestada através de controle prévio ou posterior, seja através do controle de constitucionalidade abstrato ou concentrado, quando, por exemplo, algum legitimado ingressa com uma Ação Direta de Inconstitucionalidade (ADI) perante o STF, ou mediante o controle difuso de constitucionalidade, que pode chegar à Suprema Corte através da interposição do recurso extraordinário.

O controle de constitucionalidade das leis (*judicial review*), previsto expressamente no art. 27 da Lei 9.868/99,[4] que disciplina o processo e julgamento da ADI e a Ação Declaratória de Constitucionalidade (ADC,) além do art. 11 da Lei 9.882/99,[5] que regulamenta a Ação de Descumprimento de Preceito Fundamental (ADPF), concede poderes ao STF para restringir os efeitos da decisão judicial, desde que observados os requisitos legais da segurança jurídica ou de excepcional interesse social, bem como a exigência do quórum diferenciado

---

2. Sobre o nascimento e a certidão de batismo do controle de constitucionalidade das leis, nas palavras de Souto (2019, p. 96): "[...] coube ao Judiciário (Suprema Corte dos Estados Unidos), via construção jurisprudencial, ao julgar, em 1803, o caso *Marbury v. Madison*".
3. Segundo Barroso (2020, p. 289), essa presunção "[...] é uma decorrência do princípio da separação de Poderes e funciona como fator de autolimitação da atuação judicial".
4. Art. 27 da Lei 9.868/98: Ao declarar a inconstitucionalidade de lei ou ato normativo, e tendo em vista razões de segurança jurídica ou de excepcional interesse social, poderá o Supremo Tribunal Federal, por maioria de dois terços de seus membros, restringir os efeitos daquela declaração ou decidir que ela só tenha eficácia a partir de seu trânsito em julgado ou de outro momento que venha a ser fixado.
5. Art. 11 da Lei 9.882/99: Ao declarar a inconstitucionalidade de lei ou ato normativo, no processo de arguição de descumprimento de preceito fundamental, e tendo em vista razões de segurança jurídica ou de excepcional interesse social, poderá o Supremo Tribunal Federal, por maioria de dois terços de seus membros, restringir os efeitos daquela declaração ou decidir que ela só tenha eficácia a partir do trânsito em julgado ou de outro momento que venha a ser fixado.

de 2/3 dos ministros para que seja declarada a inconstitucionalidade de uma lei ou ato normativo.[6]

De acordo com Mendes e Branco (2020, p. 1515), o STF poderá proferir, em tese, umas das seguintes decisões: a) declarar a inconstitucionalidade apenas a partir do trânsito em julgado da decisão, com efeitos *ex nunc*; b) declarar a inconstitucionalidade, com a suspensão dos efeitos por algum tempo, a ser fixado na sentença, com eficácia prospectiva; e, eventualmente, c) declarar a inconstitucionalidade sem a pronúncia de nulidade, com a suspensão dos efeitos da lei e de processos até que o Poder Legislativo se manifeste sobre essa situação de inconstitucionalidade.

Significa dizer, portanto, que a regra geral é a de que a lei declarada inconstitucional produza efeitos retroativos, tendo em vista o princípio da nulidade,[7] razão pela qual a modulação dos efeitos temporais da decisão somente deve ser realizada em casos excepcionalíssimos, mediante uma severa e rigorosa[8] reflexão sobre a ponderação entre os direitos e garantias fundamentais do contribuinte e o poder de tributar do Estado.

Sobre o princípio da supremacia constitucional, Barroso (2004, p. 15) explica que:

> A lógica do raciocínio é irrefutável. Se a Constituição é a lei suprema, admitir a aplicação de uma lei com ela incompatível é violar sua supremacia. Se uma lei inconstitucional puder reger uma dada situação e produzir efeitos regulares e válidos, isto representaria a negativa de vigência da Constituição naquele mesmo período, em relação àquela matéria. A teoria constitucional não poderia conviver com essa contradição sem sacrificar o postulado sobre o qual se assenta. Daí porque a inconstitucionalidade deve ser tida como uma forma de nulidade, conceito que denuncia o vício de origem e a impossibilidade de convalidação do ato.

Contudo, conforme será visto a seguir, o Poder Público não parece muito preocupado com a edição de leis tributárias inconstitucionais, isso porque, o STF

---

6. Importante destacar que o Código de Processo Civil de 2015, em seu art. 927, § 3º, trouxe previsão de modulação dos efeitos na hipótese de alteração de jurisprudência dominante das Cortes Superiores, confira-se: "[...] na hipótese de alteração de jurisprudência dominante do STF e dos tribunais superiores ou daquela oriunda de julgamento de casos repetitivos, pode haver modulação de efeitos da alteração no interesse social e no da segurança jurídica".
7. Nas palavras dos juristas Mendes e Branco (2020, p. 1514-1515), "[...] o princípio da nulidade somente há de ser afastado se se puder demonstrar numa ponderação concreta, que a declaração de inconstitucionalidade ortodoxa envolveria o sacrifício da segurança jurídica".
8. A exposição de motivos do Projeto de Lei 2.960/97, que deu azo à Lei 9.868/98, teve a seguinte fundamentação: "Coerente com evolução constatada no Direito Constitucional comparado, a presente proposta permite que o próprio Supremo Tribunal Federal, por uma maioria diferenciada, decida sobre efeitos da declaração de inconstitucionalidade, fazendo um juízo rigoroso de ponderação entre o princípio da nulidade da lei inconstitucional, de um lado, e os postulados da segurança jurídica e do interesse social, de outro (art. 27). Assim, o princípio da nulidade somente será afastado 'in concreto' se o juízo do próprio Tribunal, se puder afirmar que a declaração de nulidade acabaria por distanciar-se ainda mais da vontade constitucional".

vem, diuturnamente, aplicando efeitos prospectivos em matérias tributárias que envolvem a Fazenda Pública. É o que se extrai, portanto, da análise do julgamento do RE 714.139, que passará a ser examinado a seguir.

O Recurso Extraordinário 714.139 foi interposto pelas Lojas Americanas S/A, contra decisão proferida pela Quarta Câmara de Direito Público do Tribunal de Justiça do Estado de Santa Catarina,[9] no qual se discutia a constitucionalidade do art. 19, inciso I, alínea "a" da Lei Estadual 10.297, de 26 de dezembro de 1996,[10] que estabelecia alíquota diferenciada de 25% para o ICMS sobre as operações de fornecimento de energia elétrica e prestação de serviços de telecomunicação, em patamar superior ao estabelecido para as operações em geral, que era de 17%. Buscava-se, ainda, a restituição do ICMS pago indevidamente nos últimos cinco anos, nos termos do art. 168 do Código Tributário Nacional.

O cerne da discussão tributária era saber se o Poder Legislativo Estadual possuía discricionariedade para escolher os produtos ou serviços que poderiam ter uma alíquota mais elevada. O debate, portanto, girava em torno da norma constitucional insculpida no art. 155, § 2º, inc. III,[11] que prevê o princípio da seletividade em função da essencialidade do produto ou serviço. O principal argumento suscitado pelo contribuinte era que a alíquota majorada que incidia sobre a energia elétrica e serviços de telecomunicações era a mesma alíquota aplicada para os produtos supérfluos, como: bebidas alcoólicas, cigarros, joias, armas e munições.

Por outro lado, o Estado de Santa Catarina argumentava que o STF, ou qualquer outro órgão do Poder Judiciário, não poderia "transformar-se em legislador positivo, alterando o conteúdo da norma". A tese invocada pelo Poder Público, portanto, era o da "Separação dos Poderes".

Quando do julgamento do caso, no dia 23.11.2021, o Tribunal Pleno decidiu, por maioria (8 x 3), em dar provimento ao recurso extraordinário interposto

---

9. Eis a ementa do julgado do TJ/SC: Apelação cível em mandado de segurança. Alíquota de ICMS (25%). Energia elétrica e serviços de comunicação. Alegação de ofensa ao princípio constitucional da seletividade, em função da essencialidade do produto (art. 155 § 2º, III). Inocorrência. Manutenção da sentença que denegou a segurança. Precedentes. Recurso desprovido.
10. Art. 19 da Lei 10.297/1996: "As alíquotas do imposto, nas operações e prestações internas e interestaduais, inclusive na entrada de mercadoria importada e nos casos de serviços iniciados ou prestados no exterior, são: I – 17% (dezessete por cento), salvo quanto às mercadorias e serviços relacionados nos incisos II e III; II – 25% (vinte e cinco por cento) nos seguintes casos: a) operações com energia elétrica; b) operações com os produtos supérfluos relacionados na Seção I do Anexo Único desta Lei; c) prestações de serviços de comunicação; [...]".
11. Art. 155. Compete aos Estados e ao Distrito Federal instituir impostos sobre: II – operações relativas à circulação de mercadorias e sobre prestações de serviços de transporte interestadual e intermunicipal e de comunicação, ainda que as operações e as prestações se iniciem no exterior; § 2.º O imposto previsto no inciso II atenderá ao seguinte: III – poderá ser seletivo, em função da essencialidade das mercadorias e serviços; [...].

pelo contribuinte para "deferir a ordem e reconhecer o direito da impetrante ao recolhimento do ICMS incidente sobre a energia elétrica e serviços de telecomunicação, considerada a alíquota geral de 17%". Ato contínuo, a Suprema Corte fixou a seguinte tese jurídica:

> Adotada, pelo legislador estadual, a técnica da seletividade em relação ao Imposto sobre Circulação de Mercadorias e Serviços – ICMS, discrepam do figurino constitucional alíquotas sobre as operações de energia elétrica e serviços de telecomunicação em patamar superior ao das operações em geral, considerada a essencialidade dos bens e serviços (BRASIL, 2014).

Após o julgamento, os Estados interessados, na condição de "*amici curiae*", apresentaram uma petição alegando que a modulação dos efeitos deveria se "dar para momento em que o planejamento orçamentário-financeiro e administrativo tenha exauridas as receitas então programadas, e que aconteceria após a finalização dos atuais Planos Plurianuais, em 2024".

Depois do julgamento do mérito do recurso extraordinário, na sessão virtual realizada no período de 10.12.2021 a 17.12.2021, o Tribunal, por maioria (pelo placar de 10 x 1), modulou os efeitos da decisão, estipulando que ela produza efeitos a partir do exercício financeiro de 2024, ressalvando as ações ajuizadas até a data do início do julgamento do mérito (05.02.2021).

No voto-vista do Ministro Gilmar Ferreira Mendes restou assentado que "há inegável interesse social na adoção de solução temporal que contemple a realização de transição orçamentária pelos gestores estaduais". Em seguida, reconheceu o Ministro Gilmar Mendes que existe uma "expectativa legítima de arrecadação a título de ICMS", conforme se observa do decote da fundamentação abaixo reproduzida:

> Assim, seja sob o ângulo da segurança jurídica plasmada na formação do planejamento fiscal dos Estados a partir de expectativa legítima de arrecadação a título de ICMS, seja a partir do interesse social materializado nas prestações estatais dependentes dos recursos estimados na sistemática tributária então vigente, é imperiosa a restrição dos efeitos da declaração de inconstitucionalidade, com a incidência do entendimento do Plenário a partir do Plano Plurianual 2024-2027. (BRASIL, 2014).

Seguindo o mesmo entendimento do voto-vista do Ministro Gilmar Mendes, o Ministro Dias Toffoli decidiu reajustar seu voto para decidir que "a lei questionada continuou a ser aplicada, com presunção de constitucionalidade, gerando receitas e expectativas de receitas".

Restou consignado no voto do Ministro que "notícias veiculadas na mídia"[12] revelavam a magnitude do impacto da decisão do STF nas contas públicas. Em

---

12. Consta no voto do Ministro Dias Toffoli a seguinte *obiter dictum*: "O Jota publicou matéria, da qual participou o Diretor institucional do Comitê Nacional dos Secretários de Estado da Fazenda (Comsefaz), indicando que "a redefinição da alíquota, se seguido o entendimento do STF pelos estados em

seguida, o Ministro Dias Tofolli sustentou que recebeu governadores e representantes das procuradorias estaduais e que, na referida ocasião, foram apresentadas "tabelas"[13] nas quais identificaram o impacto anual da decisão da Corte no orçamento dos Estados.

Em análise minuciosa da decisão de modulação do STF, já se observam as seguintes premissas que beneficiam o Poder Público, primeiro, a fixação do lapso temporal para resguardar as ações já ajuizadas, eis que o termo temporal fixado pela maioria dos ministros foi a data do voto proferido pelo Ministro Marco Aurélio, que se deu no dia 05.02.2021, o que contraria o próprio entendimento do Tribunal que vem, sistematicamente, fixando o dia em que foi proferido o "acórdão e julgado o mérito do recurso". No caso em exame, o julgamento do mérito somente foi finalizado no dia 22.11.2021.

Referida decisão fulmina o direito fundamental do contribuinte de "bater as portas do Poder Judiciário" para reaver o tributo pago indevidamente, motivo pelo qual a decisão de modulação dos efeitos prospectivos viola, além dos princípios constitucionais já citados, o princípio que prevê a inafastabilidade do controle jurisdicional (art. 5º, inc. XXXV), bem como o que proíbe o fisco de criar tributo com efeito confiscatório (art. 150, inc. IV), ambos da Constituição Federal.

Trata-se, sem sombra de dúvidas, de fato que comprova a intenção do STF de "proteger" ou, pelo menos, reduzir os impactos financeiros que os Estados sofrerão com a "derrota" no caso. Outra questão inédita e relevante que se extrai da modulação dos efeitos do RE 714.139, é o fato de o STF ter diferido a produção dos efeitos da decisão de inconstitucionalidade somente para o ano de 2024, ocasionando, assim, uma verdadeira insegurança jurídica nas relações jurídico-tributárias.

É de se concluir que, os contribuintes que foram cuidadosos e decidiram aguardar a decisão do STF e não ingressaram com as respectivas medidas judiciais para resguardarem seus interesses, foram indevidamente cerceados do direito de pedir a restituição do indébito tributário, em detrimento dos contribuintes que

---

legislações locais, representaria uma perda anual estima por eles de R$ 26,6 bilhões". Por seu turno, o jornal Diário do Nordeste apontou que, no Ceará, a decisão da Corte enseja "perda de cerca de 1.6 bilhão por ano na arrecadação do ICMS".

13. As palavras do Ministro Dias Toffoli foram vazadas nos exatos termos: "Recentemente, recebi em audiência os governadores dos estados e as respectivas procuradoria, os quais também peticionaram nos autos reproduzindo tabela na qual identificam que o impacto anual da decisão da Corte, tomando como base preços de 2019, varia, a depender do estado, de R$ 19 milhões (Estado de Roraima) a R$ 3,59 bilhões (Estado de São Paulo). Ainda a título de exemplo, vale citar que, à luz da mesma tabela, o impacto anual será (com arredondamento) de R4 1,45 bilhão para o Estado da Bahia; de R$ 1,66 bilhão para o Estado do Goiás; de R$ 3,08 bilhões para o Estado de Minas Gerais; de R$ 3,10 bilhões para o Estado do Paraná; de R$ 2,32 bilhões para o Estado do Rio de Janeiro; de R$ 3,26 para o Estado do Rio Grande do Sul; e de R$ 1,49 para o Estado de Santa Catarina".

deduziram suas pretensões antes do dia 05.02.2021 (data em que foi proferido o voto favorável aos contribuintes, pelo Ministro Relator Marco Aurélio), o que configura, inexoravelmente, violação do princípio da isonomia.[14]

Oportuno frisar que o Ministro Edson Fachin foi o único magistrado da Suprema Corte que não concordou com a proposta de modulação dos efeitos da decisão, ante a ausência de razões de segurança jurídica e interesse social, sob o fundamento de que "eventual modulação promoveria resultados fáticos incompatíveis com o nosso ordenamento jurídico, visto que haveria a convalidação de cobranças consideradas inconstitucionais".

Para rebater o argumento financeiro sustentado pelo Estado, o Ministro Edson Fachin declarou que "a perda de arrecadação não é argumento idôneo a permitir que os efeitos de lançamentos inconstitucionais, que agridem direitos fundamentais dos contribuintes, sejam mantidos". Eis as palavras exatas do Ministro Edson Fachin:

> Não podem, portanto, os Estados valerem-se de uma *inconstitucionalidade útil* e imputarem aos contribuintes o ônus de arcar com os valores que foram indevidamente arrecadados. Em síntese, a modulação não deve ser um meio hábil para atingir o equilíbrio orçamentário às custas dos contribuintes. (BRASIL, 2014).

Perfilhando a mesma orientação, mas sob o conceito de "inconstitucionalidade eficaz", Machado Segundo (2021, p. 84), em sua obra "Poder Público e Litigiosidade", explica que "[...] a atribuição de efeitos *ex tunc* às decisões em muitos casos é a mais eficaz maneira de conter tais excessos, sendo por vezes a única, sob pena de se criarem situações em que se configura a chamada "inconstitucionalidade eficaz".

Sobre o tema, o tributarista cearense explica que:

> [...] o argumento ligado ao equilíbrio das contas públicas e a um possível "rombo" nessas contas que decorreria do dever de restituir, embora aparentemente plausíveis, levaria à chamada inconstitucionalidade eficaz: mesmo sabendo da proibição Constituição à instituição e à cobrança do tributo naquelas circunstâncias, o Poder Público o instituiria e o arrecadaria sem problema algum. Se e quando o Judiciário reconhecesse a vedação, seria o caso apenas de deixar de cobrá-lo, ou mesmo de substitui-lo por outro, portador de inconstitucionalidade diferente, e começar tudo de novo. (MACHADO SEGUNDO, 2021, p. 85).

---

14. A propósito, confira-se o entendimento da professora Marilene Talarico Martins Rodrigues (2021, p. 782), que preconiza "O certo, todavia, é que os contribuintes que pagaram o tributo e não ajuizaram ação para discutir a sua legalidade não poderão pedir de volta os valores pagos de tributo declarado inconstitucional pela Suprema Corte, em total violação ao princípio da isonomia, na medida em que estabeleceu distinção entre contribuintes, pois a modulação dos efeitos da decisão é poder político do Tribunal".

O autor conclui afirmando que "a modulação, em tais circunstâncias, em princípio, não deve ser aceita, por implicar uma burla à própria supremacia constitucional e às garantias que ela representa para o cidadão".[15]

Há de se concordar com a tese defendida pela doutrina mais especializada, a qual foi refletida no voto vencido, isso porque a modulação dos efeitos temporais para frente subjaz a ideia de que o Poder Público pode continuar produzindo leis inconstitucionais porque, após referida questão tributária chegar ao conhecimento do Poder Judiciário (a qual pode perdurar por longos anos), a Suprema Corte poderá chancelar a cobrança do tributo declarado inconstitucional, e o que é ainda mais temerário, poderá impedir que os contribuintes que realizaram o pagamento indevido do tributo fiquem impossibilitados de pedir a restituição do indébito, culminando no enriquecimento sem causa do Poder Público em prol do empobrecimento do patrimônio do contribuinte.

Neste contexto, a regra que vem sendo adotada pelo STF, de modular os efeitos da decisão em favor do Estado, além de cercear os direitos e garantias fundamentais do contribuinte, culmina com a incompreensível proteção do Poder Público em relação aos seus próprios atos, na medida em que é ele quem tem o domínio sobre as leis inconstitucionais editadas pelo fisco e posteriormente aplicadas, cujos perniciosos efeitos tiveram que ser absorvidos pela parte mais vulnerável da relação jurídica tributária: o contribuinte (MENEGON, 2020).

Esta assimetria de forças é proveniente dos diversos fatores históricos e contemporâneos causadores da vulnerabilidade da posição do sujeito passivo na relação jurídico-tributária, e que o Direito não foi inteiramente capaz de eliminar. Muito embora já não exista a vulnerabilidade física do contribuinte diante da ânsia do Poder Público em angariar recursos aos cofres públicos, esta remanesce na memória remota ou recente dos povos, diante da prática histórica do terror fiscal, prática associada ao imperialismo, absolutismo, estado de guerra ou de polícia (MARINS, 2009).

A modulação dos efeitos temporais da decisão em favor da Fazenda Pública pode ser entendida através da denominada "tríplice função". A relação tributária sofre de uma peculiaridade que não encontra paralelo em nenhum outro tipo de relação: o Estado-credor é, a um só tempo, o criador da lei tributária obrigacional, aplicador desta mesma lei e julgador dos litígios que decorrem de sua aplicação (MARINS, 2009).

---

15. Um exemplo que pode ser citado para corroborar a ideia do autor é a famigerada taxa de iluminação pública cobrada pelos Municípios e o Distrito Federal, a qual foi declarada inconstitucional pelo STF. Tendo em vista a posição exarada pelo Supremo, o legislador conferiu uma nova roupagem legislativa para "substituir" a taxa por uma "contribuição" de iluminação pública, fruto, inclusive, de uma Emenda Constitucional (EC 39/2002), que acrescentou o art. 149-A no texto constitucional.

O Estado fiscal, segundo as lições do professor James Marins (2009, p. 24) é:

> [...] o *único credor nos quadrantes do Direito* que é simultaneamente, *per se*, criador, executor e julgador da relação obrigacional". E continua o autor sustentando que "o contribuinte é o *único devedor* no ordenamento jurídico cujo credor exerce tríplice função na relação obrigacional.

É nesta toada que ganha maior importância a proteção dos direitos fundamentais do contribuinte em causas que envolvem o Poder Público, razão pela qual deve ser afastada qualquer "inversão paradigmática, que pretenda posicionar a Fazenda Pública como destinatária de privilégios", conforme ensina o supracitado autor:

> Nas relações tributárias, no entanto, o paradigma da igualdade não apenas é desprezado como invertido. A interpretação que vem sendo proposta para o processo tributário pretende fazer com que a desigualdade de forças, a vulnerabilidade do contribuinte, na relação jurídico-tributária com o Estado seja magnificada, ampliada, ao invés de ser controlada, diminuída. [...] A vulnerabilidade histórica do contribuinte e a tríplice função do Estado, multipotente, são elementos fático-jurídicos que tornam a garantia processual, jurisdicional, do contribuinte, fator decisivo na ponderação dos valores constitucionais que se entrechocam no campo da lide fiscal. A inversão paradigmática, que pretenda posicionar a Fazenda Pública como destinatária de "privilégios" processuais, deve ser descartada, pois tem como efeito a ampliação da vulnerabilidade e da desigualdade, comprometendo a higidez da relação entre Estado e contribuinte. (2009, p. 54).

Como dito no tópico anterior, a supremacia constitucional é uma garantia do contribuinte contra os abusos praticados pelo Poder Público, razão pela qual são inadmissíveis, nas palavras de Machado Segundo (2021, p. 75) "[...] as teses autoritárias que invocam direitos e garantias constitucionais para favorecer o Estado contra o cidadão".

Nesta perspectiva, a fundamentação exarada no voto vencido é a que melhor reflete a ideia do Estado Democrático de Direito, calcada no princípio da supremacia e rigidez constitucional, além dos direitos e garantias fundamentais catalogados no texto constitucional, especialmente do princípio que trata da inafastabilidade do controle jurisdicional (art. 5º, inc. XXXV).

Registre-se, por fim, que a modulação dos efeitos da decisão em favor do Poder Público, nos autos do RE 714.139, não é um caso isolado na jurisprudência brasileira, pois o STF já foi instado a se pronunciar sobre a limitação dos efeitos em outras demandas tributárias. É o que se observa, por exemplo, na decisão que modulou os efeitos da deliberação que determinou a exclusão do ICMS da base de cálculo do PIS/COFINS,[16] cuja produção dos efeitos foi designada para o dia 15.03.2017.

---

16. RE 574.706.

Outro caso paradigmático, digno de nota, é o julgamento que reconheceu a inconstitucionalidade da "cobrança, em operação interestadual envolvendo mercadoria destinada a consumidor final não contribuinte", também conhecida pela sigla "DIFAL",[17] a qual postergou os efeitos a partir do exercício financeiro seguinte à conclusão do julgamento (2022).

Rememore-se, outrossim, a decisão que considerou legítima os recolhimentos tributários, nos prazos previstos nos artigos 45 e 46 da Lei 8.212/91, e que não foram impugnados antes da data de conclusão do julgamento.[18] Cita-se, ainda, o RE 643.247, em que se discutia a cobrança de taxa pela utilização potencial do serviço público de prevenção e combate ao incêndio, quando o STF deferiu os efeitos prospectivos a partir do dia 1º.08.2017, com ressalva das ações ajuizadas até a referida data.

4.2.4 ANÁLISE DA JURISPRUDÊNCIA DA CORTE EUROPEIA DE JUSTIÇA (CJEU)

À primeira vista, poder-se-ia cogitar que o sistema de controle de constitucionalidade exercido pelo Tribunal de Justiça Europeu é o mesmo adotado no ordenamento jurídico brasileiro. Todavia, conforme será detalhadamente demonstrado a seguir, os critérios utilizados pela CJEU para determinar a retroatividade da lei declarada nula não coincidem com a postura que vem sendo trilhada pelo STF.

Com efeito, a modulação dos efeitos da decisão judicial, no âmbito da Corte Europeia, possui, em regra, efeito retroativo (*ex tunc*), tendo em vista o princípio da segurança jurídica. Referido entendimento possui o condão de incutir nos Estados-membros o sentimento de que, eventual violação da lei comunitária, ensejará na devolução do tributo pago indevidamente. Excepcionalmente, a modulação dos efeitos da decisão judicial poderá produzir efeitos prospectivos (*ex nunc*), desde que observados alguns requisitos considerados indispensáveis.

O professor Waldhoff (2009) aponta dois critérios essenciais que devem ser obedecidos para a limitação dos efeitos temporais da decisão: o primeiro, é que os interessados devem agir de boa-fé, o segundo é que devem existir "sérias dificuldades" que impeçam a modulação dos efeitos da decisão.

Segundo o professor Lang (2013), a Corte Europeia deseja se assegurar de que suas sentenças tenham efeito retroativo por uma questão de princípio. Caso contrário, os Estados-Membros não levariam o Tribunal a sério, em particular nas matérias tributárias. Eis as palavras do autor: "they will only observe Union law requirements if they have to fear that they might otherwise suffer severe economic

---

17. RE 1287019.
18. RE 560.626.

consequences and that they might be forced to pay back a considerable amount of their tax revenues".[19]

Infere-se, de plano, que a CJEU admite a limitação dos efeitos temporais da decisão, desde que o fundamento pragmático de "impacto no orçamento público", que fundamenta os principais pedidos de modulação do Poder Público, seja comprovado de forma robusta, isto é, objetiva.

Em outras palavras, não basta o Poder Público simplesmente anexar "tabelas" ou "relatórios" do impacto que o provimento jurisdicional pode causar no orçamento público. As notícias "ad terrorem" veiculadas nos jornais, de igual modo, não possuem relevância alguma para o desfecho do caso, posto que o tribunal não possui conhecimento técnico especializado sobre o impacto financeiro negativo nas contas públicas.

A propósito, quando do julgamento do caso C-228/2005 (*StradasfaltiSrl*), o TJE exigiu, em primeiro lugar, a demonstração de que a Administração Pública, ao editar o ato de cuja invalidade se cogitava, estava agindo de boa-fé. Em segundo lugar, exigiu-se, para que fosse realizada à modulação, a demonstração objetiva do impacto econômico de uma possível não modulação (MACHADO SEGUNDO, 2021, p. 86).

Oportuno salientar que as "sérias dificuldades", descritas no caso do *Banca Popolare di Cre-mona*, estavam no fato de que, segundo a lei italiana, o reembolso do imposto poderia ser reclamado pelo período de 48 meses e que, devido à soma calculada de EUR 20 bilhões, isso teria efeitos catastróficos no financiamento regional. Ocorre que a modulação não foi deferida nesse caso concreto, uma vez que o Poder Público não comprovou, objetivamente, o impacto negativo no seu orçamento.

Deste modo, os padrões para atender os critérios para aplicação da modulação dos efeitos da decisão são extremamente elevados. Para que seja realizada a modulação dos efeitos da decisão, a Corte Europeia exige que o Estado-Membro comprove, de forma inequívoca e objetiva, que referida modulação afetará seu orçamento público e que, no entendimento do professor Lang (2013), é difícil de ocorrer na prática.

Este mesmo autor afirma ainda que é difícil de medi-los e é quase impossível que os governos surjam com evidências apropriadas. O TJUE exige que o Esta-

---

19. Na tradução livre e completa do pensamento do autor, A Corte deseja assegurar-se de que suas sentenças tenham efeito retroativo por uma questão de princípio. Caso contrário, os Estados-Membros não levariam o Tribunal a sério, em particular não em processos fiscais. Apenas cumprirão os requisitos do direito da União se tiverem de recear que, de outra forma, possam sofrer graves consequências económicas e sejam obrigados a reembolsar um montante considerável das suas receitas fiscais (LANG, 2013).

do-Membro que solicita a limitação dos efeitos no tempo apresente argumentos pelos quais a situação jurídica deve ser considerada incerta.

O caso emblemático *Meilicke* complicou ainda mais a utilização desta técnica de julgamento, pois os Estados-Membros têm de solicitar esta modulação no caso apropriado. Para não perder nenhuma oportunidade, estes têm que se autoincriminar o mais cedo possível: "Um governo só terá sucesso com seu pedido de limitação de os efeitos temporais em um caso proveniente de outro Estado-Membro, se puder convencer o Tribunal de Justiça que o seu próprio sistema fiscal infringe o direito da União e que uma decisão conduzirá a graves repercussões econômicas para seu país".

Depreende-se, então, que os julgamentos do CJEU, geralmente, têm efeito retroativo. Contudo, qualquer limitação temporal, e exceção a ela, decidida pelo Tribunal, será baseada em uma avaliação da existência de boa-fé por parte do Estado, risco de perturbação grave para o Poder Público e necessidade de proteção judicial eficaz para requerentes diligentes.

No que diz respeito à limitação temporal dos efeitos das decisões do STF, o professor Machado Segundo (2021, p. 86) aponta que "[...] o Judiciário brasileiro não parece preocupado nem com a boa-fé da Administração, nem com a demonstração objetiva de prejuízos econômicos advindos de uma possível não modulação".

Em busca de critérios objetivos para resolver o imbróglio da modulação dos efeitos das decisões que envolvem o Poder Público, Machado Segundo (2021) apresenta dois critérios que devem ser respeitados: o primeiro consiste em analisar a boa-fé da entidade pública quando da edição da lei; o segundo, é referente à prova dos prejuízos graves decorrentes de uma não modulação.

Para Bôas e Silva (2020), o argumento financeiro suscitado pelo Poder Público deve ser "previsível, expressivo e social". No que diz respeito à previsibilidade, deve ser demonstrada na Lei de Diretrizes Orçamentárias (LDO), notadamente no "Anexo de Riscos Fiscais",[20] onde serão avaliados os passivos contingentes e outros riscos capazes de afetar as contas públicas, a qual, segundo o autor, deve ser atualizada anualmente.

Em relação à expressividade, o montante apontado como impacto financeiro deve ser "expressivo, em valores que demonstrem, de forma significativa, o desfalque ao orçamento daquele ente federativo". (SILVA, 2020, p. 152).[21] Por fim, o

---

20. Art. 4º [...] § 3º da LC 101/2000: A lei de diretrizes orçamentárias conterá Anexo de Riscos Fiscais, onde serão avaliados os passivos contingentes e outros riscos capazes de afetar as contas públicas, informando as providências a serem tomadas, caso se concretizem.
21. Argumenta o autor que "o preenchimento do requisito da expressividade ocorrerá quando a Fazenda Pública trouxer dados empíricos concretos, com anexos, e demonstrando toda metodologia de cálculo utilizada para chegar no montante apontado como perda arrecadatória". (SILVA, 2020, p. 152).

requisito social pode ser entendido como aquele que "[...] não apenas atrapalharia as contas públicas, como também resultaria na impossibilidade de manutenção dos serviços públicos daquele ente federativo".[22]

Tendo como parâmetro as lições doutrinárias acima citadas, podem-se fixar três critérios objetivos para que a modulação seja feita em favor do Poder Público. Primeiro, deve ser analisada a boa-fé do Poder Público quando da edição do ato legislativo. Ademais, o ente público deve comprovar, objetivamente, o impacto negativo nas contas públicas, que deve ser demonstrado através de suas leis orçamentárias (Anexo de Riscos Fiscais) e, por último, a Fazenda Pública, por consequência lógica do segundo requisito, deve comprovar o impacto que a sociedade terá com a perda da arrecadação tributária.

O requisito da boa-fé ou da proteção à confiança legítima pode ser observado quando a lei ou ato normativo possui compatibilidade com a Constituição Federal. Outro ponto que merece destaque é a "forma" como a lei é recebida pela comunidade jurídica, se esta é objeto de crítica pela doutrina e, principalmente, é bastante contestada no Poder Judiciário, pode se presumir que o legislador não agiu conforme os ditames da boa-fé.

Neste contexto, Machado Segundo (2021, p. 88) pontua que, em nenhuma hipótese, poderia haver a modulação em "[...] situações nas quais o Poder Público elabora normas que se sabe serem inconstitucionais, na confiança de que poucos contribuintes procurarão o Judiciário, sob pena de reduzir toda a seriedade e efetividade do controle judicial inerentes ao Estado de Direito".

No tocante ao argumento pragmático de que a decisão poderá resultar em impacto nas contas públicas, o supracitado autor explica que:

> É preciso que o reflexo seja imenso, de modo a inviabilizá-las, criando, como se disse, situação ainda mais inconstitucional. E não só: não basta à Fazenda alegar isso, enchendo as suas petições de números, grafados em fonte maior, em negrito e sublinhado. É preciso que comprove, documentalmente, suas alegações a esse respeito. Apenas diante de tais circunstâncias, que hão de ser excepcionalíssimas, a modulação em benefício do Poder Público responsável pela lei inconstitucional e que com ela se beneficiou é admissível. (MACHADO SEGUNDO, 2021, p. 88-89).

Considerando os requisitos acima elencados pela doutrina especializada que trata do tema, é de se concluir que as leis estaduais, que fixaram alíquotas de ICMS majoradas para as operações que envolvem energia elétrica e prestação de serviços de telecomunicação, foram editadas sem a observância do requisito da boa-fé, isso porque a lei dos Estados foi questionada fortemente por vários contribuintes, por violação do princípio da seletividade e essencialidade do produto ou serviço.

---

22. Ibidem, p. 157.

O professor Baleeiro (2000), além de outros doutrinadores,[23] já contestavam a constitucionalidade da lei estadual que fixava alíquotas de ICMS superiores para operações de fornecimento de energia elétrica e serviços de telecomunicação, haja vista a evidente essencialidade dos bens tributados. A Lei 7.783, de 28 de junho de 1989, que dispõe sobre o exercício de greve, em seu art. 10, já dizia que são considerados serviços ou atividades essenciais o tratamento e abastecimento de água, produção e distribuição de energia elétrica, gás e combustíveis.

A corroborar o argumento de que a lei estava sendo impugnada nos Tribunais Pátrios há vários anos, importante destacar que, no dia 13.10.2014, o plenário do Tribunal de Justiça do Estado do Rio de Janeiro[24] se antecipou à decisão do STF e reconheceu a inconstitucionalidade da alíquota majorada na conta de energia e nos serviços de telecomunicação, vez que a fixação de alíquota em 25% não observava o princípio da seletividade previsto na Constituição Federal.

No tocante ao julgamento do RE 714.139, o Poder Público não se desincumbiu de comprovar, de forma objetiva, que a retroatividade da lei poderia lhe causar enormes prejuízos no orçamento público, razão pela qual é deveras preocupante o caminho que a jurisprudência do STF está trilhando nas modulações das decisões em matérias tributárias que envolvem o Poder Público, a qual carece de uma maior reflexão e ponderação entre os direitos e garantias fundamentais do contribuinte e o poder de tributar do Estado, pois, repise-se, que a parte vulnerável da relação jurídica tributária é o contribuinte.

4.2.5 CONSIDERAÇÕES FINAIS

A limitação dos efeitos temporais das decisões do STF em matéria tributária, consoante dicção do art. 27 da Lei 9.868/99, com fundamento nos requisitos da "segurança jurídica" e no "excepcional interesse público", poderá resultar na proliferação de leis inconstitucionais pelo Poder Público, em total afronta ao princípio da supremacia constitucional e do Estado Democrático de Direito, tendo em vista a possibilidade de convalidação do vício pelo STF, com a consequente modulação dos efeitos para frente, prejudicando, assim, os contribuintes que não ingressarem com suas medidas judiciais antes do julgamento da Suprema Corte, de modo que o princípio da isonomia e do acesso ao Poder Judiciário restará violado, sem mencionar a negativa de vigência do art. 165 do Código Tributário Nacional, que garante ao contribuinte a restituição do tributo pago indevidamente. É de se concluir, ainda, que a modulação dos efeitos da decisão em favor do Poder Público incentivará a litigiosidade por parte dos contribuintes, a fim de resguardar seus interesses creditícios perante uma eventual decisão contrária aos interesses da Fazenda Pública.

---

23. Confira-se: Machado (2007); Carrazza (2009); Paulsen e Melo (2016).
24. Arguição de inconstitucionalidade 0046584-48.2008.8.19.0000.

REFERÊNCIAS

BALEEIRO, Aliomar. *Direito Tributário Brasileiro*. 11. ed. Rio de Janeiro: Forense, 2000.

BARROSO, Luís Roberto. *Curso de Direito Constitucional contemporâneo*: os conceitos fundamentais e a construção do novo modelo. 9. ed. São Paulo: Saraiva, 2020.

BARROSO, Luís Roberto. *O controle de constitucionalidade no direito brasileiro*. São Paulo: Saraiva, 2004.

BONAVIDES, Paulo. *Curso de Direito Constitucional*. 28. ed. São Paulo: Malheiros, 2013.

BRASIL. Constituição da República Federativa do Brasil. Diário Oficial da República Federativa. Brasília, 1988. Disponível em: http://www.planalto.gov.br/ccivil_03/constituicao/constituicao.htm. Acesso em: 20 jan. 2022.

BRASIL. Lei 5.172, de 25 de outubro de 1966. Dispõe sobre o Sistema Tributário Nacional e institui normas gerais de direito tributário aplicáveis à União, Estados e Municípios. Diário Oficial da República Federativa. Brasília, 1966. Disponível em: http://www.planalto.gov.br/ccivil_03/leis/l5172compilado.htm. Acesso em: 20 jan. 2022.

BRASIL. Lei 7.783, de 28 de junho de 1989. Dispõe sobre o exercício do direito de greve, define as atividades essenciais, regula o atendimento das necessidades inadiáveis da comunidade, e dá outras providências. Diário Oficial da República Federativa. Brasília, 1989. Disponível em: http://www.planalto.gov.br/ccivil_03/leis/l7783.HTM. Acesso em: 20 jan. 2022.

BRASIL. Lei 9.868, de 10 de novembro de 1999. Dispõe sobre o processo e julgamento da ação direta de inconstitucionalidade e da ação declaratória de constitucionalidade perante o Supremo Tribunal Federal. Diário Oficial da República Federativa. Brasília, 1999. Disponível em: http://www.planalto.gov.br/ccivil_03/leis/l9868.htm. Acesso em: 20 jan. 2022.

BRASIL. Lei 9.882, de 10 de dezembro de 1999. Dispõe sobre o processo e julgamento da arguição de descumprimento de preceito fundamental, nos termos do § 1º do art. 102 da Constituição Federal. Diário Oficial da República Federativa. Brasília, 1999. Disponível em: http://www.planalto.gov.br/ccivil_03/leis/l9882.htm. Acesso em: 20 jan. 2022.

BRASIL. Lei 10.297, de 26 de dezembro de 1996. Dispõe sobre o Imposto sobre Operações Relativas à Circulação de Mercadorias e sobre Prestações de Serviços de Transporte Interestadual e Intermunicipal e de Comunicação – ICMS e adota outras providências. Diário Oficial de Santa Catarina. Florianópolis, 1996. Disponível em: https://legislacao.sef.sc.gov.br/html/leis/1996/lei_96_10297.htm. Acesso em: 20 jan. 2022.

BRASIL. Lei 13.105, de 16 de março de 2015. Código de Processo Civil. Diário Oficial da República Federativa. Brasília, 2015. Disponível em: http://www.planalto.gov.br/ccivil_03/_ato2015-2018/2015/lei/l13105.htm. Acesso em: 20 jan. 2022.

BRASIL. Superior Tribunal Federal. RE 560.626/RS. Relator: Ministro Gilmar Mendes. Brasília, 12/06/2008. Disponível em: https://redir.stf.jus.br/paginadorpub/paginador.jsp?docTP=AC&docID=567931. Acesso em: 20 jan. 2022.

BRASIL. Superior Tribunal Federal. RE 574.706/SP. Reclamante: IMCOPA IMPORTAÇÃO, EXPORTAÇÃO E INDÚSTRIA DE ÓLEOS LTDA. Relatora: Ministra Cármen Lúcia. Brasília, 13/12/2007. Disponível em: http://portal.stf.jus.br/processos/detalhe.asp?incidente=2585258. Acesso em: 20 jan. 2022.

BRASIL. Superior Tribunal Federal. RE 643.247/SP. Reclamante: Lojas Americanas S.A. Relator: Ministro Marco Aurélio. Brasília, 01.08.2017. Disponível em: https://stf.jusbrasil.com.br/jurisprudencia/770040361/recurso-extraordinario-re-643247-sp-sao-paulo/inteiro-teor-770040368. Acesso em: 20 jan. 2022.

BRASIL. Superior Tribunal Federal. RE 714.139/SC. Reclamante: Município de São Paulo. Relator: Ministro Marco Aurélio. Brasília, 12/06/2014. Disponível em: https://stf.jusbrasil.com.br/jurisprudencia/311628966/repercussao-geral-no-recurso-extraordinario-rg-re-714139-sc-santa-catarina/inteiro-teor-311628975. Acesso em: 20 jan. 2022.

BRASIL. Superior Tribunal Federal. RE 1287019. Relator: Ministro Marco Aurélio. Brasília, 21/08/2020. Disponível em: http://stf.jus.br/portal/jurisprudenciaRepercussao/verAndamentoProcesso.asp?incidente=5994076&numeroProcesso=1287019&classeProcesso=RE&numeroTema=1093#. Acesso em: 20 jan. 2022.

CARRAZZA, Roque Antônio. *ICMS*. 14. ed. São Paulo: Malheiros, 2009.

LANG, Michael. Limitation of Temporal Effects of CJEU Judgments – Mission Impossible for Governments of EU Member States. *WU International Taxation Research Paper Series*, n. 6, p. 1-25, 2013. Disponível em: https://deliverypdf.ssrn.com/delivery.php?ID=7320880240870930951240780811211040890260500640180170000180001201260090910690061112009902201706202305700711602112001808808308905109001201604105127065112115116020026024085031009081120031125080066018004010027124000002007117024081025114065064087102029064&EXT=pdf&INDEX=TRUE. Acesso em: 20 jan. 2022.

MACHADO, Hugo de Brito. *Curso de Direito Tributário*. 28. ed. São Paulo: Malheiros, 2007.

MACHADO, Hugo de Brito. *Direitos fundamentais do contribuinte e a efetividade da jurisdição*. São Paulo: Atlas, 2009.

MACHADO SEGUNDO, Hugo de Brito. *Poder Público e litigiosidade*. São Paulo: Foco, 2021.

MARINS, James. *Defesa e vulnerabilidade do contribuinte*. São Paulo: Dialética, 2009.

MENDES, Gilmar Ferreira; BRANCO, Paulo Gustavo Gonet. *Curso de Direito Constitucional*. 15. ed. São Paulo: Saraiva, 2020.

MENEGON, Francys Ricardo. *Modulação dos efeitos das decisões proferidas em matéria tributária*. São Paulo: Dialética, 2020.

PAULSEN, Leandro; MELO, José Eduardo Soares de. *Impostos federais, estaduais e municipais*. 10. ed. Porto Alegre: Livraria do Advogado, 2016.

RODRIGUES, M. T. M. Direitos Fundamentais dos contribuintes e modulação dos efeitos das decisões do STF. In: AMARAL, Antonio Carlos Rodrigues do. (Coord.). *Reformas, desenvolvimento econômico e políticas tributárias*: estudos em comemoração ao centenário do nascimento do Prof. Oliver Oldman, da Harvard Law School. São Paulo: Lex, 2021.

SILVA, Guilherme Villas Bôas e. *O argumento financeiro e a modulação de efeitos no STF*. São Paulo: Almedina, 2020.

SILVA, José Afonso da. *Curso de Direito Constitucional positivo*. 17. ed. São Paulo: Malheiros, 2000.

SOUTO, João Carlos. *Suprema Corte dos Estados Unidos*: principais decisões. 3. ed. São Paulo: Atlas, 2019.

WALDHOFF, Christian. Recent developments relating to the retroactive effect of decisions of the ECJ. *Commom Market Law Review*, v. 46, n. 1, p. 173-190, 2009. Disponível em: https://kluwerlawonline.com/journalarticle/Common+Market+Law+Review/46.1/COLA2009006. Acesso em: 20 jan. 2022.

5
FUNDAMENTOS USADOS NAS DECISÕES JUDICIAIS PROFERIDAS EM PROCESSOS EM QUE É PARTE O PODER PÚBLICO

5.1
A MÁ APLICAÇÃO DO SISTEMA DE PRECEDENTES JUDICIAIS E SUA INFLUÊNCIA PARA UM AUMENTO DA LITIGIOSIDADE

José Araújo de Pontes Neto

Mestrando em Direito pelo Cetro Universitário Unichristus (UNICHRISTUS). Especialista em Direito Público pela Universidade para o Desenvolvimento do Estado e da Região do Pantanal (UNIDERP). Graduado em Direito pela Universidade de Fortaleza (UNIFOR).

Resumo: O presente artigo visa analisar a influência do sistema de precedentes judiciais, previsto pelo novo Código de Processo Civil (CPC), no exercício da atividade jurisdicional. O objetivo é discorrer sobre a novidade trazida pela legislação processual, na busca pela isonomia, segurança jurídica, celeridade processual e uniformização da jurisprudência, a fim de evitar a ocorrência de decisões distintas para casos semelhantes. Para tanto, é de fundamental importância realizar a diferenciação conceitual entre súmula, jurisprudência e precedente judicial, uma vez que referidos instrumentos são utilizados indistintamente como meios para busca da estabilidade do sistema jurídico. Além disso, é necessário destacar que o sistema de precedentes, da forma como foi previsto pelo novo CPC, findou por privilegiar a formulação de teses e enunciados, em detrimento da consolidação de uma verdadeira cultura de precedentes judicias. Referida situação, por sua vez, acaba por gerar uma crise de aplicabilidade dos precedentes no momento da prestação jurisdicional, e um consequente aumento da litigiosidade.

Palavras-chave: Precedentes Judiciais – Jurisprudência – Litigiosidade.

Abstract: This article aims to analyze the influence of the system of judicial precedents, provided for by the new Civil Procedure Code (CPC), in the exercise of judicial activity. The objective is to discuss the novelty brought by procedural legislation, in the search for isonomy, legal certainty, procedural speed and standardization of jurisprudence, in order to avoid the occurrence of different decisions for similar cases. Therefore, it is of fundamental importance to make a conceptual differentiation between precedent, jurisprudence and judicial precedent, since these instruments are used indiscriminately as a means to seek the stability of the legal system. Furthermore, it is necessary to point out that the system of precedents, as foreseen by the new CPC, ended up favoring the formulation of theses and statements, to the detriment of the consolidation of a true culture of judicial precedents. This situation, in turn, ends up generating a crisis in the applicability of precedents at the time of adjudication, and a consequent increase in litigation.

Keywords: Judicial Precedents – Jurisprudence – Litigation.

Sumário: 5.1.1 Introdução – 5.1.2 Os precedentes no novo Código de Processo Civil – 5.1.3 Distinção entre súmula, jurisprudência e precedentes judiciais – 5.1.4 Considerações sobre a crise na aplicação dos precedentes na atividade jurisdicional – 5.1.5 Considerações finais – Referências.

5.1.1 INTRODUÇÃO

Sabe-se que, nos últimos tempos, o sistema jurídico processual brasileiro passou por diversas transformações, visando à obtenção da isonomia, segurança jurídica, celeridade processual e uniformização jurisprudencial. Todas essas mudanças objetivavam, assim, evitar a ocorrência de decisões divergentes em casos semelhantes.

Assim, e estudo pretende analisar a introdução do sistema de precedentes judiciais no Direito pátrio, bem como sua influência no aumento das demandas judiciais, em decorrência de sua má utilização. Neste sentido, o novo Código de Processo Civil (CPC) buscou aperfeiçoar, através das disposições contidas nos artigos 926 e 927, os mecanismos de uniformização de jurisprudência já existentes.

Assim, para se compreender a evolução do sistema de precedentes obrigatórios no direito brasileiro, fez-se uma análise, na primeira parte do trabalho, a respeito do sistema de precedentes implementado pelo recente CPC. Em seguida, mostrou-se imperioso tecer considerações a respeito das diferenças conceituais existentes entre súmula, jurisprudência e precedente judicial, com o objetivo de compreender as diversas maneiras de se concretizar a uniformidade e estabilidade das decisões judicias.

Por fim, verificou-se que o sistema de precedentes judiciais à brasileira passa por uma crise de aplicabilidade no momento da prestação jurisdicional, em especial, devido à confusão realizada entre o conceito de precedentes judiciais e os enunciados de caráter geral e abstrato (teses, por exemplo).

5.1.2 OS PRECEDENTES NO NOVO CÓDIGO DE PROCESSO CIVIL

Não é de hoje que se percebe a intenção no Direito pátrio na formulação de um sistema de precedentes obrigatórios. Tal tendência pode ser observada através das mais diversas manifestações legais e formações doutrinárias, em especial, a partir do momento em que os ideais do neoconstitucionalismo se tornaram mais presentes na cultura jurídica nacional.

No intuito de atingir tal desiderato, alguns instrumentos processuais e constitucionais foram criados ao longo do tempo, todos com o objetivo central de se obter uma maior igualdade e segurança jurídica advindas dos pronunciamentos judiciais (MACÊDO, 2019). Cumpre destacar, a título exemplificativo, os embargos de divergência para superar conflito interno dentro de um mesmo tribunal, os incidentes de uniformização de jurisprudência, a atribuição de efeito suspensivo às ações de controle concentrado de constitucionalidade, a necessidade da comprovação da repercussão geral nas questões sujeitas ao recurso extraordinário e a instituição das súmulas vinculantes.

Nota-se, portanto, que a valorização dos precedentes é um fenômeno jurídico que vem ocorrendo, paulatinamente, com a evolução jurídico-processual, objetivando, dentre outras coisas, aperfeiçoar as decisões no âmbito dos tribunais, no intuito de gerar uma redução da litigiosidade. No entanto, os instrumentos, até então implementados, não vinham sendo suficientes para a consecução de tal finalidade. Comprova-se o mencionado pela própria previsão que o novo CPC se viu obrigado a trazer no sentido de que os tribunais teriam o dever de uniformizar sua jurisprudência, garantindo, desta forma, igualdade e segurança jurídica (BUENO, 2017).

De acordo com Machado Segundo (2021, p. 108):

> Não basta, contudo, que as decisões dos Tribunais sejam coerentes. Isso é tão indispensável quanto insuficiente. É preciso, ainda, que sejam íntegras, e estáveis [...] tornam-se ainda mais relevantes, aliás, em um cenário em que as decisões judiciais – e também as administrativas – adquirem maior importância não só como instrumentos para a solução dos conflitos concretos que são levados aos Tribunais e em face dos quais são proferidas, mas especialmente como instrumentos balizadores de condutas futuras, a indicar aos que se submetem à ordem jurídica como suas disposições devem ser entendidas.

Hodiernamente, a aplicação dos precedentes judicias na ordem jurídica brasileira é assunto de extrema valia e de grande debate no meio acadêmico, sobretudo, após a entrada em vigor do CPC de 2015. O diploma legal citado objetivou a busca pela estabilidade das decisões judiciais, através da uniformização jurisprudencial, fortalecendo, de tal maneira, o instituto dos precedentes judiciais. A respeito do tema, os artigos 926 e 927 dispõem que:

> Art. 926. Os tribunais devem uniformizar sua jurisprudência e mantê-la estável, íntegra e coerente.
>
> § 1º Na forma estabelecida e segundo os pressupostos fixados no regimento interno, os tribunais editarão enunciados de súmula correspondentes a sua jurisprudência dominante.
>
> § 2º Ao editar enunciados de súmula, os tribunais devem ater-se às circunstâncias fáticas dos precedentes que motivaram sua criação.
>
> Art. 927. Os juízes e os tribunais observarão:
>
> I – as decisões do Supremo Tribunal Federal em controle concentrado de constitucionalidade;
>
> II – os enunciados de súmula vinculante;
>
> III – os acórdãos em incidente de assunção de competência ou de resolução de demandas repetitivas e em julgamento de recursos extraordinário e especial repetitivos;
>
> IV – os enunciados das súmulas do Supremo Tribunal Federal em matéria constitucional e do Superior Tribunal de Justiça em matéria infraconstitucional;
>
> V – a orientação do plenário ou do órgão especial aos quais estiverem vinculados.
>
> § 1º Os juízes e os tribunais observarão o disposto no art. 10 e no art. 489, § 1º, quando decidirem com fundamento neste artigo.

§ 2º A alteração de tese jurídica adotada em enunciado de súmula ou em julgamento de casos repetitivos poderá ser precedida de audiências públicas e da participação de pessoas, órgãos ou entidades que possam contribuir para a rediscussão da tese.

§ 3º Na hipótese de alteração de jurisprudência dominante do Supremo Tribunal Federal e dos tribunais superiores ou daquela oriunda de julgamento de casos repetitivos, pode haver modulação dos efeitos da alteração no interesse social e no da segurança jurídica.

§ 4º A modificação de enunciado de súmula, de jurisprudência pacificada ou de tese adotada em julgamento de casos repetitivos observará a necessidade de fundamentação adequada e específica, considerando os princípios da segurança jurídica, da proteção da confiança e da isonomia.

§ 5º Os tribunais darão publicidade a seus precedentes, organizando-os por questão jurídica decidida e divulgando-os, preferencialmente, na rede mundial de computadores.

Percebe-se que, apesar de o novo CPC ter tentado implementar um sistema de precedentes, referidos dispositivos legais apenas fizeram menção diretamente a estes em dois momentos: ao obrigar os tribunais a publicar seus precedentes de maneira organizada e pela *internet* (§ 5º do art. 927), bem como ao prescrever o dever de editar enunciados de súmulas em conformidade com as circunstancias fáticas dos precedentes (§ 2º do art. 926).

A escassez da utilização do termo "precedente" denota a preocupação do legislador, na realidade, com a observância jurisprudencial. Neste sentido, são utilizadas expressões como: enunciados de súmulas, jurisprudência dominante e jurisprudência. Macêdo (2019, p. 263) denota que:

> Os artigos 926 e 927 pouco, ou nada, falam acerca dos precedentes. Na verdade, uma análise que se limite à observância de seus respectivos textos revela que há uma maior preocupação com a regulação da jurisprudência – citando a uniformização da jurisprudência e a edição de súmula conforme a jurisprudência.

Entende-se que o novo CPC faz uso do termo "jurisprudência" de maneira genérica, albergando as súmulas e os precedentes. Referida situação findou por ocasionar uma série de embates jurídico-acadêmicos a respeito do assunto.

Afirmar que o legislador incorporou o sistema de precedentes, característico do *common law*, seria leviano, uma vez que a lei apenas aperfeiçoou o tratamento dado ao direito jurisprudencial já existente, reaproveitando e criando novos mecanismos capazes de garantir a desejada isonomia, celeridade e segurança jurídica. Sobre o exposto, Bueno (2017) se manifestou no seguinte sentido:

> Não consigo ver, portanto, nada no CPC de 2015 que autorize afirmativas genéricas, que vêm se mostrando comuns, no sentido de que o direito brasileiro migra em direção ao common law ou algo do gênero. Sinceramente, prezado leitor, não consigo concordar com esse entendimento. O que há, muito menos que isso, é uma aposta que o legislador infraconstitucional vem fazendo desde as primeiras reformas estruturais pelas quais passou o CPC de 1973 no sentido de que, se as decisões proferidas pelos Tribunais Superiores e aquelas proferidas pelos

Tribunais de Justiça e pelos Regionais Federais forem observadas (acatadas) pelos demais órgãos jurisdicionais, haverá redução sensível do número e de litígios e maior previsibilidade, maior segurança e tratamento isonômico a todos. É o que os incisos do art. 927 bem demonstram e o que querem. Nada mais do que isso.

O sistema de precedentes adotado pelo novo CPC é definido, por uma boa parte da doutrina especializada, como "precedentes à brasileira". Referida conceituação encontra guarida no fato de que os instrumentos utilizados pelo legislador possuem um caráter mais amplo e geral, diferente da tradição anglo-saxã, marcada por uma forte cultura de precedentes propriamente ditos.

Nesta perspectiva, Nery Junior e Nery (2018, p. 1832) concluíram que:

> Precedente no CPC. Em vista do exposto, o que ocorreu, por meio das últimas alterações de peso impostas ao CPC/1973, reforçadas pelo atual CPC, foi a criação de um 'precedente à brasileira' – para usar a expressão de Julio Cesar Rossi (O precedente à brasileira: súmula vinculante e o incidente de resolução de demandas repetitivas [RP208/2036]) –, consubstanciado na súmula, em primeiro lugar, e em segundo lugar nas decisões em ações/recursos repetitivos e de repercussão geral. Se se levar este ponto em consideração, aí sim seria possível falar em súmula como precedente, nos termos em que o faz o CPC (o mesmo podendo ser dito em relação ao julgamento de recursos repetitivos e à repercussão geral). Talvez seja melhor do que justificar a adoção do instituto com base na interpretação errônea do instituto do common law, apelando-se para a necessidade de julgamento célere que acabou por ser consagrada como regra constitucional (CF 5º LXXVIII), como se outros meios (administrativos, p. ex.) de solução do grande acúmulo de feitos a julgar não fossem possíveis.

Desta forma, necessário pontuar ser inegável a importância do estudo dos precedentes no atual cenário jurídico nacional, tendo em mente que a aplicação dos precedentes decorre não apenas da legislação, mas também da função desempenhada pelos órgãos jurisdicionais.

5.1.3 DISTINÇÃO ENTRE SÚMULA, JURISPRUDÊNCIA E PRECEDENTES JUDICIAIS

A despeito do que muito se propaga, o sistema de uniformização de decisões judicias no Brasil diverge do praticado nos países inseridos no *common law*. Em tais nações, os precedentes se caracterizam por formarem jurisprudência essencialmente com base na *ratio decidendi*. Já na ordem jurídica pátria, até mesmo por influência das micro reformas ocorridas ao longo do tempo, os precedentes são materializados, de maneira equivocada, por instrumentos como enunciados, verbetes, teses e súmulas.

Em razão disso, antes de se abordar a problemática da aplicação dos precedentes no Brasil, é imperioso trazer as diferenças existentes entre súmula, jurisprudência e precedentes judiciais. Normalmente, faz-se uso de maneira equivocada do vocábulo precedente. É comum sua utilização em sentido amplo, englobando qualquer tipo de pronunciamento judicial anterior que sirva de base para um ato decisório futuro. No entanto, manter-se preso a este entendimento raso acaba por contribuir para desconfigurar semanticamente o instituto ora estudado.

Precedente não equivale à sumula ou à jurisprudência. Com o perdão da redundância, precedente é precedente. A maneira de defini-lo é tarefa essencial para sua correta aplicação e compreensão dos motivos que levam à existência de uma crise, na forma de sua aplicação, na atividade jurisdicional e um fracasso na tentativa de redução dos litígios.

A súmula corresponde ao enunciado retirado de jurisprudência reiterada a respeito de uma determinada matéria objeto de discussão. Ao se firmar um entendimento sobre certo assunto, o tribunal deve sinalizar que aquele corresponde à sua jurisprudência. É a partir desta que se retira o enunciado de súmula.

A jurisprudência seria formada pela atividade dos tribunais (pluralidade de julgamentos) ao longo do tempo, enquanto a súmula teria origem no ato administrativo do respectivo tribunal (LOPES FILHO, 2020). Assim, as súmulas se expressam por enunciados que são produtos de uma atividade estatal, sendo caracterizadas por um grau de generalidade e abstração.

Por sua vez, o precedente judicial diz respeito à decisão pretérita sobre determinada matéria capaz de servir como norte fundante de uma decisão posterior. Didier Junior, Braga e Oliveira (2018, p. 385) conceituam precedente como sendo a "[...] decisão judicial tomada à luz de um caso concreto, cujo núcleo essencial pode servir como diretriz para o julgamento posterior de casos análogos". Porém, nem todas as decisões judicias são aptas a criar um precedente. Para que seja constituído um precedente, impõe-se o atendimento de alguns aspectos determinantes, como o conteúdo jurídico, a relevância e a antecedência (MARIOZ, 2020).

Nesta linha, apenas decisões pretéritas a respeito de matéria de direito são capazes de projetar efeitos para o futuro, transcendendo os limites do caso concreto e servindo de guia para casos futuros. De maneira bastante informal e coloquial, pode-se afirmar que um precedente não nasce precedente, ele se torna precedente. Apenas decisões dotadas de potencialidade de se firmarem como paradigmas para a orientação da atividade jurisdicional conseguem essa aptidão (MACÊDO, 2019).

Na esteira do que foi aqui exposto, Lopes Filho (2020, p. 144), de maneira elucidativa, pontuou as principais distinções entre súmula, jurisprudência e precedentes judiciais:

> Precedente é um julgamento que ocasiona um ganho hermenêutico e que é tomado como referência individual em casos posteriores. Já a jurisprudência é um conjunto de julgamentos em um mesmo sentido, representando a reiteração de uma mesma resposta hermenêutica em várias situações distintas. Já a súmula é um ato administrativo de um tribunal que sinte-

tiza, mediante abstrativização, uma linha jurisprudencial. Dada essa distinção, o uso de cada um é diferente. Precedente, como uma resposta isolada, só pode ser utilizado como padrão para casos futuros diante de uma similitude hermenêutica entre os casos. A jurisprudência, justamente por significar a reiteração de uma resposta hermenêutica em várias situações, pode ser utilizada sem necessidade de uma similaridade mais estreita. Já a súmula é apenas ilustrativa da jurisprudência que representa, razão pela qual sua aplicação se restringe aos precisos lindes hermenêuticos dessa mesma jurisprudência.

Assim, para uma melhor compreensão do tema debatido no presente artigo, forçoso se faz ter em mente as distinções mencionadas acima. Não se pode confundir os institutos analisados, ou mesmo colocá-los sob o manto de uma mesma definição.

5.1.4 CONSIDERAÇÕES SOBRE A CRISE NA APLICAÇÃO DOS PRECEDENTES NA ATIVIDADE JURISDICIONAL

As principais razões para a existência de um sistema de precedentes, conforme já visto, são encontrar uma solução para a ausência de isonomia nas decisões, buscar uma maior segurança jurídica e conferir maior celeridade à atividade jurisdicional, com a consequente redução da litigiosidade.

Fundado na ideia do *stare decisis* (respeito ao que já se decidiu anteriormente e preservação dos entendimentos firmados), o instituto dos precedentes judiciais ganhou destaque com o CPC de 2015. Neste sentido, Streck (2019, p. 162) afirma que:

> Não é de hoje que, no Brasil, a doutrina tem defendido a existência de um 'sistema de precedentes obrigatórios'. Esse discurso ganhou ainda mais força com o advento do Código de Processo Civil de 2015, o qual, embora utilize o termo 'precedente' apenas em três oportunidades – fazendo-o, em todas elas, sem muito apuro técnico – trouxe em seu artigo 927 uma série de 'mecanismos vinculantes', os quais têm sido, erroneamente, designados de 'precedentes obrigatórios'.

Em assim sendo, percebe-se a preocupação do legislador em estabelecer mecanismos capazes de tornar obrigatória a preservação do que restou decidido em casos anteriores semelhantes, vinculando a decisão posterior.

A respeito do exposto, Machado Segundo (2021, p. 109) leciona que:

> Precedentes devem ser respeitados, e seguidos, a menos que haja no caso examinado particularidades que justifiquem o estabelecimento de exceções (*distinguish*), ou que a Corte expressamente enfrente seu entendimento anterior e apresente razões suficientes para alterá-lo (*overrulling*), não porque o CPC o determina, mas por uma imposição do dever do Estado (no qual se inclui o Judiciário) de tratar a todos com igualdade.

Ocorre que, apesar de todo esse esforço legislativo para a formação de um sistema de precedentes obrigatórios à brasileira, vem se tornando corriqueira a reclamação dos Tribunais Superiores acerca do desrespeito a seus precedentes, por parte de juízes e outros tribunais.

Neste sentido, merece destaque matéria jornalística publicada no site Consultor Jurídico, em 28 de maio de 2019, em que ministros da 6ª Turma do Superior Tribunal de Justiça (STJ) apontam a resistência dos tribunais em seguir seus precedentes. Os ministros alegam que referida desobediência é uma das principais causas para o acúmulo de processos, demora na prestação jurisdicional e aumento do número de demandas.

Constata-se que, com base no que foi exposto neste artigo, a resistência encontrada na aplicação dos precedentes judiciais se deve, em especial, ao fato de que aquilo que os tribunais superiores estão produzindo, em verdade, não são precedentes propriamente ditos (STRECK, 2019). O precedente, conforme já tratado, tem origem em uma decisão pretérita reconhecidamente vinculante. No entanto, o que vem sendo produzido pelos tribunais superiores não são precedentes, e sim teses, ementas e enunciados de súmulas, que se caracterizam por serem disposições gerais e abstratas criadas já com o desiderato de uma posterior aplicação.

A respeito do abordado, Ramires (2010, p. 47) dispõe que:

> Outra grande consequência da má compreensão da teoria dos precedentes no Brasil é a da repristinação involuntária e inconsciente da jurisprudência dos conceitos (Begriffsjurisprudenz), escola de positivismo normativista fundada por Georg Friedrich Puchta nos anos 1830, que preconizava que a atividade judicial criasse conceitos gerais através do obscurecimento dos dados singulares de cada problema concreto até chegar, por abstração, a um conceito universal e apto a compreender todas as situações individuais que lhes deram origem.

Tal situação finda por contribuir para uma crise na aplicação dos precedentes judicias e na ordem jurídica pátria. Afinal, o que se entende por precedentes, na prática, são teses. Trocando em miúdos: precedentes com força de lei ou precedentes *pro futuro*. Talvez resida justamente nesta incongruência a justificativa para a não aplicação de muitos "precedentes judiciais", conforme queixa dos tribunais superiores.

Referido descompasso acaba indo de encontro ao que seria um dos principais intentos para a adoção de um sistema de precedentes, qual seja: a redução da litigiosidade por meio de uma coerência nas decisões. A não realização do *distinguish*, bem como a obediência irrestrita às teses e enunciados, finda por gerar um processo de supervalorização dos enunciados gerais instituídos pelos Tribunais. Referida situação propicia, ao contrário do previsto, um aumento na quantidade de demandas, contribuindo, cada vez mais, para a consolidação da malsinada "cultura do litígio".

O que se pretende evitar é que juízes e tribunais passem a respeitar os precedentes de Tribunais Superiores pelo simples fato de serem, tais Tribunais, os "legitimados" para a formulação de precedentes vinculantes. O que importaria, em tais casos, não seria o conteúdo e a relevância do precedente, e sim a figura hierárquica de quem o emanou.

A respeito do abordado acima, Streck (2018, p. 146) faz o seguinte cotejo filosófico:

> Sem se darem conta, os adeptos dos enunciados e 'cortes de precedentes' querem uma volta às cartografias pré-explicativas do mundo. A partir de Heidegger, Gadamer e Stein, pode-se dizer que a verdade é necessariamente transcendental – e, veja, para além de um sentido kantiano. O destranscendentalizar do fenômeno enuncialista-precedentalista é dar um passo atrás, para que se possa dar mais um passo atrás: é um retorno ao sujeito moderno que valida uma busca por segurança nas cartografias do pré-moderno. Os precedentes e os enunciados representam um retorno ao sujeito que objetifica a realidade que, por sua vez, deseja retornar ao assujeitamento das cartografias que pretendem conter a completude do mundo em si. A mixagem de paradigmas superados das metafísicas em seu sentido ontoteológico moderna e clássica opera mais uma vez.

Os magistrados, ao exercerem seu mister, não devem ser escravos dos precedentes. Devem, ao contrário, exercer sua prerrogativa interpretativa isentamente, a fim de se atingir o maior ganho hermenêutico possível. Seguindo esta linha de raciocínio, Streck (2018, p. 82) ainda argumenta que:

> De qualquer forma – e isso é extremamente relevante – em momento algum o Código associa precedente à decisão de Tribunal Superior, de modo que seria forçar demais dizer que somente as 'Cortes Supremas' criariam precedentes. Nem o CPC, com todos seus problemas de redação, confunde isso. Mas os defensores da introdução do 'sistema de precedentes' fazem essa confusão.

Desta forma, fica evidente que o sistema de precedentes previsto pelo novo CPC acaba por privilegiar, em grande parte dos casos, a instituição de teses e enunciados gerais e abstratos, como forma de solucionar eventuais contradições do sistema jurídico, ocasionando, assim, uma crise na maneira de se aplicar os precedentes judicias no momento da prestação jurisdicional, propiciando um aumento da litigiosidade.

5.1.5 CONSIDERAÇÕES FINAIS

Com o término deste trabalho, é importante destacar que o objetivo central desta pesquisa foi atingido, qual seja: propiciar uma discussão, de cunho científico, sobre a importância da correta utilização dos precedentes judicias no processo de estabilização e segurança de um sistema jurídico.

Para se atingir tal desiderato, necessário se fez compreender que, antes mesmo da edição do novo CPC, já existiam instrumentos designados para a unificação jurisprudencial. No entanto, foi com a entrada em vigor da lei processual civil citada que se implementou o atual sistema de precedentes judicias no ordenamento jurídico pátrio.

Em seguida, fez-se uma análise conceitual dos significados de súmula, jurisprudência e precedente judicial. Neste ponto, constatou-se que, muitas vezes, referidos termos são objeto de confusão por parte do aplicador do Direito, situação essa que gera incongruência no processo de estabilização jurisprudencial, propiciando um aumento no número de demandas judiciais.

Por fim, observou-se que o sistema de precedentes, da maneira como está posto no atual CPC, diverge da tradição inglesa, por mais que exista posicionamento doutrinário contrário. Referida divergência acaba por privilegiar, no cenário brasileiro, a aplicação de institutos, como os enunciados e teses, em detrimento dos precedentes judiciais. Referida postura é responsável por gerar uma crise na aplicação dos precedentes no momento da prestação jurisdicional, ocasionando um aumento da litigiosidade.

REFERÊNCIAS

BRASIL. Lei 13.105, de 16 de março de 2015. Código de Processo Civil. Diário Oficial da República Federativa. Brasília, 2015. Disponível em: http://www.planalto.gov.br/ccivil_03/_ato2015-2018/2015/lei/l13105.htm. Acesso em: 07 fev. 2022.

BUENO, Cássio Scarpinella. *Manual de direito processual civil*. 3. ed. São Paulo: Saraiva, 2017.

DIDIER JUNIOR, Fredie; BRAGA, Paulo Sarno; OLIVEIRA, Rafael. *Curso de Direito Processual Civil*. 13. ed. Salvador: JusPodivm, 2018.

LOPES FILHO, Juraci Mourão. *Os precedentes judiciais no constitucionalismo brasileiro contemporâneo*. 3. ed. Salvador: JusPodivm, 2020.

MACÊDO, Lucas Buril de. *Precedentes judiciais e o direito processual civil*. 3. ed. Salvador: JusPodivm, 2019.

MACHADO SEGUNDO, Hugo de Brito. *Poder Público e Litigiosidade*. Indaiatuba: Editora Foco, 2021.

MARIOZ, Bruno Mathias. *Precedente judicial*: perspectivas teóricas e atuais. 2010. Trabalho de Conclusão de Curso (Graduação em Direito) – Universidade Federal do Paraná, Curitiba, 2010. Disponível em: https://acervodigital.ufpr.br/bitstream/handle/1884/31454/M1335JU.pdf?sequence=1. Acesso em: 07 fev. 2022.

NERY JUNIOR, Nelson; NERY, Rosa Maria de Andrade. *Comentários ao Código de Processo Civil*. São Paulo: Ed. RT, 2018.

RAMIRES, Maurício. *Crítica à aplicação de precedentes do Direito brasileiro*. Porto Alegre: Livraria do Advogado, 2010.

STRECK, Lenio Luiz. *Precedentes judiciais e hermenêutica*: o sentido da vinculação do CPC/2015. Salvador: JusPodivm, 2018.

STRECK, Lenio Luiz. Precedentes? Uma proposta aos ministros Schietti, Mussi e Sebastião. *Consultor Jurídico*, 2019. Disponível em: https://www.conjur.com.br/2019-jun-06/senso-incomum-precedentes-proposta-aos-ministros-schietti-mussi-sebastiao. Acesso em: 07 fev. 2022.

5.2
A EFETIVIDADE NO CUMPRIMENTO DA TUTELA JURISDICIONAL CONTRA A FAZENDA PÚBLICA EM FACE DA GARANTIA CONSTITUCIONAL AO DIREITO DE ACESSO À SAÚDE

Welithon Alves de Mesquita

Juiz de Direito, professor universitário, docente da Escola Superior de Magistratura do Estado do Ceará, ex Procurador Federal, mestrando em Direito, especialista em Direito e Processo Civil pela Faculdade Getúlio Vargas (FGV), especialista em Direito Constitucional e Docência em Ensino Superior, pela Luís Flavio Gomes, e em Processo Civil, pela Escola Superior de Magistratura do Estado do Ceará. E-mail: welithonprof@gmail.com.

Resumo: O descumprimento de uma decisão judicial ocasiona a desmoralização do Poder Judiciário e a agonia do jurisdicionado, razão pela qual o ordenamento jurídico processual coloca à disposição, do Estado-Juiz, inúmeras medidas executivas, típicas e atípicas, aptas a assegurarem a eficácia e eficiência do processo de conhecimento, ou de execução. O Código de Processo Civil (CPC) em vigor estabelece que o juiz dirigirá o processo, tendo o poder-dever de determinar todas as medidas indutivas, coercitivas, mandamentais ou sub-rogatórias necessárias para assegurar o cumprimento de ordem judicial, inclusive, nas ações que tenham por objeto prestação pecuniária (art. 139, inciso IV). As medidas executivas típicas são aquelas previstas, aprioristicamente, pelo legislador, ou seja, previstas expressamente no CPC. Por seu turno, as medidas executivas atípicas são aquelas criadas pelo magistrado, sem que exista regulação pelo direito posto. A pesquisa, ora realizada, tem como função precípua delimitar o que pode, e o que não pode, ser objeto de medidas executivas típicas e atípicas na nova ordem jurídica processual civil, com ênfase no estudo aprofundado da construção jurisprudencial e doutrinária sobre o tema.

Palavras-chave: Medidas executivas típicas e atípicas – Código de Processo Civil – Requisitos e pressupostos para concessão – Entendimento doutrinário e jurisprudencial.

Abstract: Failure to comply with a judicial decision causes the demoralization of the Judiciary and the agony of the jurisdiction, which is why the procedural legal system makes available to the State-Judge numerous executive measures, typical and atypical, able to ensure the effectiveness and efficiency of the process of knowledge, or execution. The Civil Procedure Code (CPC) in force establishes that the judge will direct the process, having the power-duty to determine all inductive, coercive, mandatory or subrogatory measures necessary to ensure compliance with a court order, including in actions which have as their object a pecuniary benefit (art. 139, item IV). Typical executive measures are those provided, a priori, by the legislator, that is, expressly provided for in the CPC. In turn, atypical executive measures are those created by the magistrate, without any regulation by the established law. The research carried out now has the main function of delimiting what can, and what cannot, be the object of typical and atypical executive measures in the new civil procedural legal order, with emphasis on the in-depth study of the jurisprudential and doctrinal construction on the subject.

Keywords: Typical and Atypical Executive Measures – Code of Civil Procedure – Requirements and Assumptions for Concession. Doctrinal and Jurisprudential Understanding.

Sumário: 5.2.1 Poder-dever de efetivação das decisões judiciais – 5.2.2 Noções conceituais; 5.2.2.1 Medidas sub-rogatórias; 5.2.2.1.1 Emissão de declaração de vontade; 5.2.2.2 Medidas coercitivas; 5.2.2.3 Medidas mandamentais; 5.2.2.4 Medidas indutivas – 5.2.3 O entendimento dos tribunais nos casos envolvendo a aplicação das medidas executivas típicas e atípicas; 5.2.3.1 Casuística envolvendo as medidas atípicas de coerção; 5.2.3.2 Da aplicação de multa pessoal ao gestor público que descumpre ordem judicial; 5.2.3.3 A aplicação de multa em decorrência de descumprimento de decisão judicial: ato atentatório à dignidade da Justiça – 5.2.4 A devida fundamentação à luz da doutrina abalizada – 5.2.5 Considerações finais – Referências.

5.2.1 PODER-DEVER DE EFETIVAÇÃO DAS DECISÕES JUDICIAIS

Como a entrada em vigor de um novo Código de Processo Civil (CPC) no país – a Lei 13.105/2015 – como sói acontecer, busca-se, de imediato, a compreensão do real alcance dos institutos nele incorporados, a fim de encontrar soluções para os inevitáveis problemas surgidos no seio da sociedade. Dentre os institutos revisitados pelo novel diploma legal, as medidas executivas típicas e atípicas são, sem sombra de dúvidas, um tema que merece um estudo aprofundado, notadamente no que tange aos requisitos básicos à sua concessão e o entendimento dos magistrados de primeiro e segundo graus sobre cada uma delas.

Atualmente, por força do art. 139, inciso IV, do CPC, o juiz dirigirá o processo, conforme suas disposições, incumbindo-lhe determinar todas as medidas indutivas, coercitivas, mandamentais ou sub-rogatórias necessárias para assegurar o cumprimento de ordem judicial, inclusive nas ações que tenham por objeto prestação pecuniária. Trata-se da regulação do princípio da atipicidade das medidas executivas, nos termos do qual, ao magistrado, é permitido aplicar qualquer medida executiva não prevista expressamente em lei, de modo a conferir maior efetividade à tutela do direito.

Neste sentido, este trabalho aborda os tipos de medidas, típicas e atípicas, e as questões relacionadas aos seus requisitos gerais de validade, tendo como base de sustentação as regras estabelecidas no CPC, na jurisprudência dos tribunais e na doutrina. Assim, para a consecução deste objetivo, o estudo foi divido em três seções: a primeira se ocupa das noções preliminares, oportunidade em que se discorrerá sobre: poderes dos juízes; princípio da efetividade; classificação das medidas executivas; conceitos de medidas típicas e atípicas (sub-rogatória, coercitiva, mandamental e indutiva), de modo a demonstrar o real significado de cada um dos institutos e, a partir disso, contextualizar as medidas executivas adequadas, inclusive, explicitando a diferença entre medida executiva típica e atípica. Além disso, aborda a questão relacionada ao modelo constitucional de processo civil vigente no país, preocupado em oferecer uma resposta adequada e justa aos conflitos de interesses, posto à apreciação judicial, a começar pela correta interpretação do texto da lei, aprofundado pela construção diária da jurisprudência e da doutrina.

A segunda seção analisa a jurisprudência construída recentemente, envolvendo os casos de aplicação das medidas executivas típicas e atípicas, notadamente as medidas coercitivas de bloqueio de cartão de cartão de credito, suspensão de passaporte e carteira nacional de habilitação, bem como a possibilidade de aplicação de multa pessoal ao gestor, no caso de descumprimento de ordem judicial. Pretende-se, assim, demonstrar os acertos e desacertos das decisões judiciais, com ênfase na hermenêutica constitucional e correta aplicação da fundamentação, à luz da mais abalizada construção doutrinária a respeito do tema, especialmente a partir dos ensinamentos da conhecida teoria dos princípios de Humberto Ávila.

Dedicar-se ao estudo de situações concretas que proporcionem efetividade ao processo, por intermédio da criação de medidas executivas atípicas, é de suma importância para o mundo acadêmico e, em especial, para a sociedade, uma vez que permite, ao cidadão, trilhar no caminho seguro da entrega da prestação jurisdicional eficiente. Neste sentido, buscar-se-á fazer um estudo a respeito do tema, no intuito de aclarar qualquer dúvida a respeito dos acertos e desacertos da aplicação das medidas executivas, demonstrando suas aplicações em casos concretos e abstratos e, também, a implicação do tema no mundo jurídico, demonstrando os principais entendimentos jurisprudenciais e doutrinários.

Em suma, busca-se elucidar qual o fundamento jurídico das medidas executivas, típicas e atípicas, no regime jurídico processual anterior, e no atual, e quais são as consequências fáticas e jurídicas de sua correta, ou incorreta, aplicação para os sujeitos do processo e para o mundo jurídico.

Assim, o trabalho aqui proposto se orienta pela linha metodológica de sentido jurisprudencial, buscando compreender, na dialética estabelecida entre os problemas jurídicos e a realidade social, quais as soluções cientificamente mais adequadas. A vertente metodológica utilizada se caracterizar como um estudo descritivo-analítico, desenvolvido através de pesquisa bibliográfica, por meio de livros, jurisprudências, revistas, publicações especializadas, artigos e dados oficiais publicados na *internet*, que abordem, direta ou indiretamente, o tema em análise.

5.2.2 NOÇÕES CONCEITUAIS

Basta uma simples consulta na *internet* para constatar que as decisões judiciais, na área de saúde, estão sendo reiteradamente descumpridas, até mesmo pela Fazenda Pública, sendo que, na maioria dos casos, o jurisdicionado vem à óbito, ou tem seu quadro de saúde agravado. Vejamos alguns casos: "Família enterra bebê que não teve cirurgia mesmo com decisão judicial". A matéria jornalística acima referida se encontra assim redigida:

> Foi enterrado na cidade de Cândido Sales, na quarta-feira (1º), o *bebê de um mês que morreu* à espera de uma vaga para tratamento especializado em hospital público da Bahia. O drama do pequeno Gustavo começou logo que ele nasceu, há um mês e meio. A família mora em Cândido Sales, mas o parto foi feito no Hospital Municipal de Vitória da Conquista, região sudoeste da Bahia. Os médicos diagnosticaram um problema congênito no coração, que só seria resolvido com uma cirurgia O estado do menino era grave e o procedimento só poderia ser feito em Salvador. Como a transferência demorava, a família procurou a Justiça, que determinou que a criança fosse levada a um hospital especializado em Salvador, onde a cirurgia seria realizada. Como não houve a transferência, a Justiça decidiu pelo bloqueio de recursos do Fundo Estadual de Saúde para que o procedimento fosse realizado em um hospital particular, mas nada foi feito. O estado de saúde do bebê se agravou e ele morreu sem que a transferência fosse feita. No velório do menino, tristeza e revolta. 'O que eles falavam era só isso, que não tinha vaga, mais nada. Eles não me ligavam, a central de regulação não me ligava para dizer nada', lamenta a mãe da criança, Nariane Landes. 'A gente sofre demais. O primeiro filho da gente, acontecer um negócio desse aí, é revoltante', diz o pai Ricardo Ribeiro. 'Eu acho uma injustiça isso, porque esse governo o tanto de dinheiro que eles pagam, por causa de uma cirurgia uma criança morrer', emociona-se a avó Naldi Ribeiro (G1 BA, 2015).

Noutro caso, envolvendo a morte de criança, em razão de descumprimento de decisão judicial, a manchete foi a seguinte "Criança com paralisia cerebral morre após Prefeitura não fornecer sonda. Menina de Viradouro precisava de equipamento para se alimentar. Prefeitura descumpre determinação judicial desde março, diz advogada". A redação da matéria é a seguinte:

> Uma criança de 7 anos com paralisia cerebral morreu nesta sexta-feira (5), segundo a família, pela falta de uma sonda que deveria ter sido trocada há seis meses pela Prefeitura de *Viradouro* (SP) conforme uma determinação judicial. Lysa Ayumi, que nasceu com a deficiência e precisava do equipamento para se alimentar, morreu depois de ter uma parada cardiorrespiratória durante a manhã. A sonda importada que ela usava no estômago, que precisa ser trocada uma vez ao ano, venceu em março. Desde então, a mãe da criança, Márcia Fernanda Silva, tentava obter uma nova com a administração municipal. Obsoleto, o equipamento com que Lysa sobrevivia nos últimos meses já estava perfurado. '[A sonda] era a fonte de vida dela. Era tudo pra ela', afirmou Márcia. De acordo com a advogada da família de Lysa, Paula Porcionato Maróstica, a Prefeitura descumpriu uma determinação judicial ao deixar de fornecer a sonda para a criança. O argumento apresentado pela administração municipal diante dos pedidos, segundo ela, era de que o produto estava sendo licitado. 'O juiz determinou o cumprimento imediato, mas até agora desconheço o cumprimento. É crime de desobediência', disse. No

dia anterior à morte da menina, após persistência da advogada, o juiz Hélio Serra Navarro chegou a emitir um despacho exigindo que a Prefeitura comprasse a sonda com 'máxima urgência' de 24 horas, tendo em vista o risco que Lysa corria de morrer. Para a mãe de Lysa, as autoridades precisam ser penalizadas pela morte de sua filha. 'Os responsáveis têm que pagar de alguma forma. Não vão trazer a vida dela de volta, mas que não façam isso com mais ninguém. Pra gente é muito triste', lamentou. *Outro lado* A Prefeitura informou que vai abrir uma sindicância para investigar o não fornecimento da sonda. O diretor da divisão de Saúde de Viradouro, Robson André Seleim, disse que os medicamentos necessários à menina sempre foram fornecidos. Segundo ele, o óbito da criança não tem ligação com a falta de uma nova sonda (G1 RIBEIRÃO E FRANCA, 2012).

As duas situações acima retratadas se repetem, diuturnamente, no sistema judicial brasileiro, e o grande desafio que o Poder Judiciário enfrenta é utilizar, adequadamente, os poderes concedidos aos seus juízes, para evitar que isso ocorra. Assim, nesta realidade, o que pode o magistrado fazer, diante de uma petição inicial informando que sua decisão determinando a imediata realização de cirurgia cardíaca, internação em leito de Unidade de *Terapia Intensiva* (*UTI*), ou mesmo o fornecimento de uma sonda, restou solenemente e injustificadamente descumprida pela Fazenda Pública? E mais, em caso de agravamento do quadro de saúde do autor da ação, agora com laudo médico subscrito por médico especialista, declarando que o descumprimento da decisão importará em risco iminente de morte?

Situações como as relatadas acima são corriqueiras na justiça brasileira, e demandam uma atuação célere e eficaz do magistrado encarregado da presidência do processo, sob pena de grave violação de direitos fundamentais (vida, saúde, intimidade etc.). Assim, as respostas às indagações acima formuladas constituem o objeto da presente pesquisa e requerem, antes de serem ofertadas, um exame aprofundado dos poderes-deveres dos juízes de fazerem cumprir suas decisões, especialmente as normas-regras e normas-princípios inseridas na Carta Política de 88 e no CPC.

Faz-se, a partir de agora, uma breve, mas necessária, incursão nos dispositivos constitucionais e infraconstitucionais, acerca da efetividade da tutela jurisdicional. O CPC estabelece, em seu art. 1º, que o processo civil será ordenado, disciplinado e interpretado conforme os valores e normas fundamentais, estabelecidos na Constituição da República Federativa do Brasil, observando-se as suas disposições. Segundo ensina Bueno (2015, p. 41):

> O dispositivo alberga expressamente a necessidade de o CPC ser 'ordenado, disciplinado e interpretado' com observância do 'modelo constitucional' ou, como nele está escrito, "conforme os valores as normas fundamentais estabelecidas na Constituição da República Federativa do Brasil. É certo que, em rigor, a norma é desnecessária em função, justamente da 'força normativa da Constituição'. Trata-se, de qualquer sorte, de iniciativa importante para fins didáticos, quiçá educacionais e que, por isso mesmo, deve ser muito bem recebida

pela comunidade do direito processual civil como um todo. Até porque, não fosse por ele, diversos outros dispositivos distribuídos no capítulo I do novo CPC preveem expressamente a incidência do 'modelo constitucional', notadamente dos princípios constitucionais ao longo do processo, o que deve ser compreendido como ênfase da importância da perspectiva constitucional influenciar na compreensão da interpretação e da aplicação das normas processuais civis. O 'modelo constitucional do direito processual civil brasileiro' compreende, para fins didático, quatro grupos bem destacados: os 'princípios constitucionais do direito processual civil', a "organização judiciária", as 'funções essenciais à Justiça' e os "procedimentos jurisdicionais constitucionalmente identificados".

Encontra-se disposto no art. 5, inciso LXXVIII, da Constituição Federal, o princípio constitucional da efetividade do processo, segundo a qual, nas precisas lições de Dinamarco (1998, p. 271):

> Entendida como se propõe, significa a sua almejada aptidão a eliminar insatisfações, com justiça e fazendo cumprir o direito, além de valer como meio de educação geral para o exercício e respeito aos direitos e canal de participação dos indivíduos nos destinos da sociedade e assegura-lhes a liberdade.

Neste trabalho, interessa-nos, mais de perto, a efetividade do processo, sob o ângulo da adequada utilização, pelos juízes, da correta aplicação de seus poderes, de modo a "eliminar insatisfações, com justiça e fazendo cumprir o direito". Neste sentido, o Poder Judiciário precisa urgentemente eliminar, de forma eficiente, os obstáculos à efetividade da tutela jurisdicional e, para tanto, necessita utilizar de seu poder de criação na implementação das medidas executivas, seja ela típica ou atípica, de modo a resgatar sua credibilidade e legitimidade.

Esta assertiva se faz necessária porque, atualmente, tais valores se encontram seriamente abalados, diante dos crescentes descumprimentos das decisões judiciais, pelos particulares, e pelo próprio Estado. O processo, para ser justo necessita, assegurar, ao jurisdicionado, a fruição de seu direito legitimamente reconhecido pela decisão judicial, eliminando todos os grilhões das resistências injustificadas.

A insegurança jurídica, proveniente da falta de efetividade do processo, não passou despercebida pelo legislador ordinário, tanto é verdade que foram criados inúmeros dispositivos legais regulamentando a matéria, conforme se passa a explicitar. O CPC de 2015 estabelece, em seu art. 139, inciso IV, o seguinte:

> Art. 139. O juiz dirigirá o processo conforme as disposições deste Código, incumbindo-lhe:
>
> IV – determinar todas as medidas indutivas, coercitivas, mandamentais ou sub-rogatórias necessárias para assegurar o cumprimento de ordem judicial, inclusive nas ações que tenham por objeto prestação pecuniária.

O magistrado, para a devida utilização dos poderes que lhe foram atribuídos pelo referido dispositivo legal, deve, antes de tudo, saber o conceito, a real extensão e o alcance das medidas indutivas, coercitivas, mandamentais ou sub-rogatórias, típicas e atípicas.

A experiência do foro tem demonstrado que, nesta seara, a diferença entre o veneno e o remédio é a dose, pois de nada adianta impor uma medida indutiva quando o correto seria a aplicação de uma medida de coerção, e vice-versa. Nestas circunstâncias, a má aplicação do direito pode levar o jurisdicionado a suportar um mal grave de difícil, ou incerta, reparação, ou mesmo um mal irreversível.

Cumpre consignar que o novel dispositivo legal inovou ao possibilitar, de forma expressa, a utilização de meios atípicos para assegurar o cumprimento de decisões que impõem obrigações pecuniárias. Assim, cumpre estudar analiticamente o que se entende por medidas indutivas, coercitivas, mandamentais ou sub-rogatórias e, a partir deste entendimento, proceder à perfeita aplicação nos casos postos à apreciação do Poder Judiciário.

Como se vê, o art. 139, inciso IV, permite, ao juiz, a concessão de medidas executivas atípicas. Pode-se extrair do dispositivo legal que o magistrado pode, diante de situações de riscos, determinar as medidas indutivas, coercitivas, mandamentais ou sub-rogatórias que entender adequadas e suficientes para solucionar o caso concreto, posto à sua apreciação, de modo a assegurar a eficácia da fase de conhecimento, cumprimento de sentença ou execução.

Nesta toada, o Fórum Permanente de Processualistas Civis (FPPC), por intermédio do Enunciado 12, fixou o seguinte entendimento:

> A aplicação das medidas atípicas sub-rogatórias e coercitivas é cabível em qualquer obrigação no cumprimento de sentença ou execução de título executivo extrajudicial. Essas medidas. Contudo, serão aplicadas de forma subsidiárias às medidas tipificadas, com observância do contraditório, ainda que diferido, e por meio de decisão à luz do art. 489, § 1º, I e II [do CPC/2015].

Nesta linha de pensamento, a Escola Nacional de Formação de Magistrado (ENFAM), por intermédio do enunciado 48,[1] fixou entendimento no sentido da possibilidade de imposição de medidas atípicas de efetividade de decisões judiciais, inclusive, na execução pecuniária.

A possibilidade de o magistrado conceder tutela cautelar de ofício já vinha sendo sufragado pela jurisprudência do *Código Buzaid* (CPC de 1973), mesmo diante de situações em que o magistrado fosse absolutamente incompetente, conforme se pode constatar pelo seguinte julgado prolatado pelo Superior Tribunal de Justiça (STJ):

---

1. O art. 139, inciso IV, traduz um poder geral de efetivação, permitindo a aplicação de medidas atípicas para garantir o cumprimento de qualquer ordem judicial, inclusive no âmbito do cumprimento de sentença e no processo de execução baseada em título.

> Processual civil. Recurso especial. Mandado de segurança originário. Incompetência absoluta reconhecida pelo tribunal de justiça. Determinação de remessa dos autos para o juiz de primeira instância. Art. 113, § 2º, DO CPC. Liminar mantida até nova manifestação do juízo competente. Possibilidade. Poder geral de cautela. Arts. 798 e 799 do CPC.
>
> 1. Recurso especial no qual se discute a validade da decisão proferida pelo Tribunal de origem que, não obstante tenha reconhecido sua incompetência absoluta para apreciar o mandado de segurança originário, manteve o provimento liminar concedido até nova ulterior deliberação do juízo competente, a quem determinou a remessa dos autos.
>
> 2. A teor do art. 113, § 2º, do CPC, via de regra, o reconhecimento da incompetência absoluta do juízo implica na nulidade dos atos decisórios por ele praticados. Entretanto, tal dispositivo de lei não inibe o magistrado, ainda que reconheça a sua incompetência absoluta para julgar determinada causa, de, em face do poder de cautela previsto nos arts. 798 e 799 do CPC, conceder ou manter, em caráter precário, medida de urgência, para prevenir perecimento de direito ou lesão grave e de difícil reparação, até ulterior manifestação do juízo competente, o qual deliberará acerca da subsistência, ou não, desse provimento cautelar. Nessa mesma linha: REsp 1.273.068/ES, Rel. Ministro Castro Meira, Segunda Turma, DJe 13.09.2011. 3. Recurso especial não provido (BRASIL, 2012).

Portanto, com a vinda da norma do artigo 139, inciso IV, do CPC, sepultou-se a velha discussão acerca da possibilidade, ou não, de concessão de medidas executivas atípicas.

Traçadas estas balizas, passa-se, neste momento, à análise pormenorizada das diferentes medidas executivas à disposição do juiz. Cumpre, entretanto ponderar que, nos processos judiciais, a atividade do Estado-Juiz sempre substitui a atividade das partes. Com efeito, quando o juiz determina as medidas indutivas, coercitivas, mandamentais ou sub-rogatórias, em caso de não cumprimento voluntário pelas partes, na verdade, está substituído a atividades destas.

Assim, quando o Juiz determina a busca e apreensão de um documento, ou bem em poder do demandado, que se nega a fazê-lo voluntariamente, e o entrega ao demandante (satisfação da obrigação), faz em substituição daquele (demandado). Não é por outro motivo que o professor Dinamarco (2016, p. 455) ensina que a atividade jurisdicional é sempre substitutiva das atividades dos sujeitos envolvidos no conflito:

> Pelo aspecto técnico a atividade jurisdicional é sempre substitutiva das atividades dos sujeitos envolvidos no conflito, a quem a ordem jurídica proíbe atos generalizados de autodefesa (supra, n. 55). Seja quando o sujeito aspira a um bem negado pela pessoa que lho podia dar (p.ex., pretensão a uma soma de dinheiro etc.), seja nos casos em que o processo é o único caminho para obtê-lo (anulação de casamento – supra n. 54), a atividade jurisdicional é sempre substitutiva de alguma atividade das pessoas. Os atos proibidos de autotutela são substituídos pela atividade do juiz, que, serenamente e com imparcialidade, verifica se o sujeito tem ou não razão e, por ato seu, propicia-lhe a obtenção do bem na primeira hipótese. A jurisdição é diferente da atividade vedada ao autor, justamente por seu caráter imparcial e pela final imperatividade de que se reveste.

Tendo ele razão, o exercício da jurisdição pelo juiz propicia-lhe o bem em substituição à atividade omitida pelo réu ou proibida a ele. Se a razão estiver com o réu, à resistência deste o Estado acrescenta a sua própria, vedando ao autor novos atos de tentativa de obter o bem (coisa julgada). De todo modo, dá-se sempre a substituição de atividades de todas as partes pela atividade jurisdicional do Estado.

Dinamarco (2016, p. 455) assegura também que o caráter substitutivo está presente ainda quando um dos sujeitos demandantes é o próprio Estado:

> O fato de o juiz ser agente estatal poderia levar à falsa ideia de que nesses casos não existisse substituição alguma, mas isso fica desmentido diante da observação de que a jurisdição é em si mesma diferente das demais funções e atividades estatais. Mesmo quando exercida em face do próprio Estado ela se pauta pela imparcialidade e pelos escopos de pacificação, de atuação do direito etc., o que não é inerente às atividades dos demais agentes estatais. Não se trata necessariamente de substituir pessoas, mas atividades. E a atividade jurisdicional é sempre diferente da administrativa ou legislativa, especialmente pelos escopos que a norteiam e pela condição de isenção de ânimo dos que a exercem (imparcialidade).

Neste âmbito, Didier Junior (2016, p. 153) conceitua a jurisdição como:

> [...] a função atribuída a terceiro imparcial (a) de realizar o Direito de modo imperativo (b) e criativo (c), reconhecendo/efetivando/protegendo situações jurídicas (d) concretamente deduzidas (e), em decisão insuscetível de controle externo (f) e com aptidão para tornar-se indiscutível (g).

Destaca-se, no referido conceito, a função do Estado-Juiz em substituir as partes na solução imperativa de conflitos, que será objeto de apreciação neste trabalho. Em síntese, o magistrado, no exercício da jurisdição – *na atividade de substituição das partes* – pode (e deve) determinar todas as medidas indutivas, coercitivas, mandamentais ou sub-rogatórias, típicas e atípicas, necessárias para assegurar o cumprimento de ordem judicial, inclusive nas ações que tenham por objeto prestação pecuniária.

Passa-se, então, a estudar de forma detalhada (analítica), cada uma das medidas típicas e atípicas à disposição dos juízes, para fazerem cumprir suas decisões.

5.2.2.1 Medidas sub-rogatórias

A partir da ideia de que o Estado-Juiz sempre atua em substituição à atividade daquelas pessoas envolvidas no processo, fica compreendido o conceito de medidas sub-rogatórias, porquanto, nestas, a atividade realizada pelo Juiz sempre substitui a atividade das partes (substitutividade). Em outras palavras, nas medidas sub-rogatórias, não há necessidade de atividade alguma daqueles que estão envolvidos no processo, pois tudo pode ser realizado pelo juiz em ato de sub-rogação (substituição).

A medida sub-rogatória permite, ao Estado-Juiz, afirmar sua credibilidade junto à sociedade, afastando, por completo, o obstáculo criado pelo obrigado, providenciando, ele próprio, a entrega do bem da vida perseguido em juízo pelo jurisdicionado, restabelecendo a ordem jurídica violada.

Como exemplos de medidas sub-rogatórias, cita-se a busca e apreensão e imissão de posse, a que se referem o art. 538 do CPC. Nos exatos termos do referido dispositivo legal, não cumprida a obrigação de entregar coisa no prazo estabelecido na sentença (atividade da parte), será expedido mandado de busca e apreensão, ou de imissão de posse (atividade do Estado-Juiz), em favor do credor, conforme se tratar de coisa móvel ou imóvel. Trata-se da tutela específica das obrigações de entregar coisa.

A busca e apreensão e a imissão na posse, como medidas sub-rogatórias típicas, podem ainda ser utilizadas quando o inventariante removido não entregar imediatamente os bens do espólio, conforme permite o art. 625 do CPC. Ainda, tem-se a possibilidade da busca e apreensão na execução para a entrega de coisa certa, previstas no art. 806, § 2º, do CPC. Neste caso, o devedor de obrigação de entrega de coisa certa, constante de título executivo extrajudicial, será citado para, em 15 (quinze) dias, satisfazer a obrigação (atividade da parte). Não o fazendo, será realizada a busca e apreensão e imissão de posse em favor do executado (medidas sub-rogatórias). Menciona-se, em acréscimo, as seguintes medidas sub-rogatórias:

a) expropriação dos bens do executado para a satisfação do direito do exequente, consistente nos atos de adjudicação, alienação, apropriação de frutos e rendimentos de empresas ou de estabelecimentos e de outros bens (arts. 824 e 825, do CPC). O magistrado, ante a inércia do obrigado em pagar voluntariamente o que deve, procede a constrição de seus bens (penhora), atribuindo-lhes um preço (avaliação), entrega ao credor (adjudicação), ou leva a leilão (vende) e procede ao pagamento do credor (satisfação do crédito), tudo em ato de substituição;

b) execução direta, ou por sub-rogação, no cumprimento das obrigações de fazer, ou não fazer (art. 536 do CPC), para a efetivação da tutela específica, ou a obtenção do resultado prático equivalente. Pode-se lançar mão, dentre outras medidas, da busca e apreensão, da remoção de pessoas e coisas, do desfazimento de obras e do impedimento de atividades nocivas (art. 536, 1º), ou outras medidas (sub-rogatórias) necessárias à satisfação do exequente, como a intervenção judicial em empresa (art. 102 da Lei 12.529/2011, cuja redação é a seguinte: o juiz decretará a intervenção na empresa, quando necessária, para permitir a execução especifica, nomeando o interventor).

Como dito acima, sempre remanesce a possibilidade de o juiz aplicar as medidas sub-rogatórias atípicas, conforme permissivo do art. 139, IV, do CPC. De uma maneira geral, as medidas sub-rogatórias dizem respeito às obrigações fungíveis, entendidas como aquelas em que o resultado da prestação é o que importa, sendo de somenos importância o responsável pela realização da ação, desde que seja feita de acordo com o que foi pactuado.

No entanto, Medina (2017), utilizando-se do conhecimento de vários doutrinadores de escol, faz minuciosa análise da execução por sub-rogação, envolvendo obrigação de fazer infungível, argumentando que, se a infungibilidade é jurídica, nada impede que os mesmos efeitos, que seriam produzidos por ato realizado pelo devedor, sejam produzidos por ato realizado por ente distinto.

> *Execução direta (ou por sub-rogação). Resultado prático equivalente. Fungibilidade jurídica e realização da prestação pelo juiz ou por seus auxiliares.* Não sendo o caso de se tentar a obtenção de tutela específica, deve o órgão jurisdicional atuar no sentido de obter o resultado prático equivalente. A realização de medidas tendentes a propiciar ao demandante uma situação equiparável àquela que decorreria do cumprimento da obrigação pelo réu não encontra maiores obstáculos, quando se está diante de obrigação de fazer fungível. Mesmo nos casos de obrigação de fazer infungível, no entanto, há de se distinguir se a infungibilidade decorre de características naturais – não jurídicas – do obrigado, ou se tal infungibilidade está na atribuição de eficácia jurídica estatuída pela norma ao ato realizado pelo obrigado. Segundo Karl Engisch, 'tanto a hipótese legal como a estatuição (consequência jurídica), são, enquanto elementos da regra jurídica, representados por conceitos abstratos' (op. Cit., Capitulo II, p. 557). Diz-se, nesse caso, que a infungibilidade é jurídica quando a norma estipula que somente determinado devedor pode fazer aquela atividade; no entanto, quando o sistema permite que o mesmo efeito jurídico decorra de outro ato (realizado por pessoa diversa), não se pode dizer que há infungibilidade intransponível. Nesse caso, como explica Luiz Eulálio de Bueno Vidigal, "na esfera jurídica que o Estado criou e pode livremente alterar, a infungibilidade permanece, mas os seus efeitos se atenuam" (Direito Processual Civil cit., p. 165). Nesse sentido é que alude também, à 'fungibilidade prática'. Kazuo Watanabe, a respeito, assim escreve: "não estamos cuidando de atos que possam ser praticados por terceiros, portanto, de obrigação de fazer cujo caráter fungível é evidente. Estamos, isto sim em face de atos que devem, em princípio, ser praticado pelo próprio devedor, não podendo ser praticados por terceiro (v.g., outorga da escritura definitiva de compra e venda de um imóvel, emissão de declaração de vontade ou conclusão de um contrato). A infungibilidade, porém, é apenas aparente (Tutela antecipatória e tutela específica..., Reforma..., p. 42). Se a infungibilidade é jurídica, nada impede que os mesmos efeitos que seriam produzidos por ato realizado pelo devedor sejam produzidos por ato realizado por ente distinto (MEDINA, 2017, p. 915-916).

Como se percebe, a distinção entre obrigação fungível e infungível não é importante apenas dogmaticamente, mas, especialmente, por questões de ordem prática. Nas obrigações infungíveis, em caso de recusa do devedor, em regra, não há a possibilidade de o juiz, em atividade de substituição, proceder a contratação de um terceiro. Nestas circunstâncias, conforme entendimento sufragado pelo STJ, o correto seria a aplicação de medida coercitiva. A decisão se encontra assim ementada:

> Direito civil. Execução de obrigação de fazer e não fazer. Contrato de prestação de serviços artísticos celebrado entre emissora de tv e comediante. Quebra da cláusula de exclusividade.

Embargos do devedor. Inadimplemento de obrigação personalíssima. Cobrança de multa cominatória. Cabimento.

I – É admissível a aplicação de multa no caso de inadimplemento de obrigação personalíssima, como a de prestação de serviços artísticos, não sendo suficiente a indenização pelo descumprimento do contrato, a qual visa a reparar as despesas que o contratante teve que efetuar com a contratação de um outro profissional.

II – Caso contrário, o que se teria seria a transformação de obrigações personalíssimas em obrigações sem coerção à execução, mediante a pura e simples transformação em perdas e danos que transformaria em fungível a prestação específica contratada. Isso viria a inserir caráter opcional para o devedor, entre cumprir ou não cumprir, ao baixo ônus de apenas prestar indenização. Recurso Especial provido (BRASIL, 2009).

5.2.2.1.1 Emissão de declaração de vontade

Os ensinamentos de Medina (2017), entretanto, podem ser plenamente aplicáveis para os casos envolvendo a obrigação de emissão de declaração de vontade, que nada mais é do que uma obrigação de fazer infungível jurídica. A obrigação de emissão de declaração de vontade é a mais simples de ser resolvida, porque, nos exatos termos do art. 501 do CPC, "[...] a sentença que julgar procedente o pedido, uma vez transitada em julgado, produzirá todos os efeitos da declaração não emitida.

Com efeito, tratando-se de obrigação de emitir declaração de vontade, a sentença produzirá os mesmos efeitos, substituindo a vontade não declarada, sem constrangimento físico ou ofensa à liberdade corporal do devedor. Assim, tendo em conta que "[...] a sentença, uma vez transitada em julgado, produzirá todos os efeitos da declaração não emitida [...]". Cumpre ressaltar que a sentença substitutiva da declaração dispensa etapa de cumprimento.

Como exemplo, tem-se o caso clássico da celebração de um contrato preliminar, em que uma das partes se recusa, depois, a celebrar o contrato definitivo, surgindo, daí, a necessidade de que o Estado-Juiz, por decisão, substitua a declaração, sem ter que compelir fisicamente o devedor. É comum ocorrer, nos contratos de promessa de compra e venda de bem imóvel, que uma das partes se arrependa do negócio e se recuse a celebrar o contrato definitivo, sendo necessária que a declaração de vontade do vendedor seja substituída pela decisão judicial (sentença ou decisão interlocutória). Neste caso, a sentença tem a função de transferir a propriedade do imóvel – obrigação de fazer: emitir declaração de vontade – devendo ser transcrita na Serventia de Registro de Imóveis competente.

Com efeito, o contrato preliminar de promessa de compra e venda carrega em si uma obrigação de fazer condicionada, como qualquer outro negócio jurídico, ao preenchimento dos requisitos de existência, validade e eficácia, podendo, em caso de inadimplemento, ser substituída a declaração de vontade do promitente-vendedor pela sentença.

5.2.2.2 Medidas coercitivas

Como se pode extrair do julgado acima, tratando-se de obrigação de fazer, ou não fazer, infungível, somente o próprio obrigado pode satisfazer a obrigação, não sendo possível, ao magistrado, alcançar a tutela específica ou o resultado equivalente, utilizando-se de medidas sub-rogatórias, mas sim de medida coercitiva, como é o caso da multa cominatória ou *astreintes*.

Obviamente que as medidas de coerção podem (e devem) ser utilizadas para pressionar os obrigados, que se recusam, a dar cumprimento a todo tipo de determinações judiciais, sejam elas de dar, fazer, não fazer, ou mesmo pagar quantia em dinheiro, sempre que a obrigação, por razões de ordem prática ou jurídica, deva ser satisfeita pessoalmente pelo obrigado. As medidas coercitivas são eficientes, como forma de forçar o obrigado a cumprir suas obrigações, naquelas hipóteses em que o cumprimento da decisão dependa da colaboração do obrigado.

A aplicação de multa por descumprimento de decisão judicial dá existência material ao poder de coercibilidade do juiz, responsável pela efetividade do processo. A providência tem por objetivo principal, sem sombra de dúvida, esmorecer comportamentos refratários à prestação jurisdicional. A multa cominatória está prevista nos arts. 523,[2] § 1º (obrigação de pagar de quantia certa), e 537[3] (obrigação de fazer, não fazer ou de entrega de coisa), ambos do CPC.

Da interpretação conjunta destes dispositivos, conclui-se que o legislador tarifou em 10% (dez por cento) a multa moratória para satisfação da obrigação de pagar quantia certa, retirando, por completo, do juiz a possibilidade de sua modificação. Por força de lei, art. 513, § 2º, do CPC, e do enunciado da súmula do STJ 410, deve-se proceder a prévia intimação do devedor para a cobrança da multa. Esta, entretanto, é apenas uma das medidas de força, à disposição do juiz, para fazer cumprir suas decisões, pois se tem inúmeras medidas típicas espalhadas no CPC, e legislação extravagante, bem como o poder de criação do magistrado que pode, com base no art. 139, IV, do CPC, idealizar outras medidas coercitivas, mandamentais, sub-rogatórias ou indutivas.

Ainda no âmbito do CPC, existem inúmeras medidas coercitivas, das quais se podem citar:

---

2. Art. 523 No caso de condenação em quantia certa, ou já fixada em liquidação, e no caso de decisão sobre parcela incontroversa, o cumprimento definitivo da sentença, far-se-á a requerimento do exequente, sendo o executado intimado para pagar o débito, no prazo de 15 (quinze) dias, acrescidos de custas, se houver.
§ 1º Não ocorrendo pagamento voluntário no prazo do caput, o débito será acrescido de multa de dez por cento e, também de honorários de dez por cento.
3. Art. 537. A multa independe de requerimento da parte e poderá ser aplicada na fase de conhecimento, em tutela provisória ou na sentença, ou na fase de execução, desde que seja suficiente e compatível com a obrigação e que se determine prazo razoável para cumprimento do preceito.

a) protesto da decisão judicial transitada em julgada, depois do transcurso do prazo de 15 (quinze) dias para pagamento voluntário (art. 517);

b) protesto da sentença que condene ao pagamento de prestação alimentícia e da decisão interlocutória que fixe alimentos, caso o executado, devidamente intimado, no prazo de 3 (três) dias, não efetue o pagamento, não prove que o efetuou, ou não apresente justificativa da impossibilidade de efetuá-lo (art. 528);

c) a prisão do devedor de alimentos pelo prazo de 1 (um) a 3 (três) meses, se não paga a dívida no prazo de 3 (três) dias, ou não justificada a impossibilidade de fazê-lo (art. 528);

d) prisão e protesto na execução de alimentos, fundada em título extrajudicial (CPC, art. 911);

e) inclusão do nome do executado em cadastro de inadimplentes, até que a obrigação seja cumprida, se for garantida a execução, ou se for ela extinta (art. 782, §§ 3º e 4º), inclusive na execução definitiva de título judicial (art. 782, § 5º);

f) averbação premonitória – o exequente poderá obter certidão de que a execução foi admitida pelo juiz, com identificação das partes e do valor da causa, para fins de averbação no registro de imóveis, de veículos ou de outros bens sujeitos a penhora, arresto ou indisponibilidade (art. 828).

Verifica-se, portanto, que o CPC municiou suficientemente o juiz de medidas de força para compelir o devedor recalcitrante à satisfação de sua obrigação, com possibilidade de protesto, multa cominatória, prisão, inclusão de seu nome no castro de inadimplentes, averbação premonitória etc. Como se isso não fosse suficiente, ainda no campo das medidas coercitivas, com base no art. 139, IV, do CPC, pode o magistrado, utilizando-se do Poder Geral de Efetivação a ele atribuído, aplicar, por exemplo, as seguintes medidas atípicas:

a) bloqueio de Cartão de Crédito;

b) apreensão ou suspensão da Carteira Nacional de Habilitação (CNH);

c) apreensão ou Suspensão do Passaporte;

d) suspensão de Contratos de *Internet*, telefonia etc.;

e) bloqueio de Conta Corrente.

As medidas atípicas, todavia, não poderão ser aplicadas indiscriminadamente, sendo necessário que a situação se enquadre em alguns critérios de excepcionalidade, para que não haja abusos, em prejuízo aos direitos de personalidade do demandado. Assim, as medidas atípicas terão lugar, desde que tenha havido o esgotamento dos meios tradicionais (típicos) de satisfação do débito/obrigação, havendo indícios que o devedor/obrigado abusa do revestimento patrimonial para inviabilizar o direito de crédito ao exequente/credor. Com isso, evita-se que um devedor/obrigado contumaz consiga ser beneficiário de sua própria torpeza, valendo-se de expedientes ilícitos e antiéticos para não cumprir com seus de deveres e obrigações.

No caso especifico da execução, deve-se observar ainda a norma presente no art. 805 do CPC, que estabelece que, quando por vários meios o exequente puder promover a execução, o juiz mandará que se faça pelo modo menos gravoso para o executado. Em resumo, a medida escolhida deverá ser proporcional, devendo ser observada a regra da menor onerosidade ao devedor. Por derradeiro, cumpre ponderar que a medida escolhida não poderá ofender os direitos e garantias fundamentais explicitas e implícitas.

Obviamente, o magistrado não poderá se utilizar das medidas atípicas de forma generalizada, ou arbitrárias, mas sempre dentro dos limites das normas-regras e normas-princípios aplicáveis ao caso, utilizando-se da técnica da ponderação de valores, materializada na máxima da razoabilidade.

Nas questões envolvendo a aplicação de medidas coercitivas, sempre restará estabelecido o conflito aparente dos valores da dignidade da pessoa humana do devedor, menor onerosidade do devedor, mínimo existência, direito de ir, vir e ficar, de um lado e, do outro, valores, como dignidade da pessoa humana do credor, que a execução se realiza no interesse do credor, efetividade das decisões judiciais etc. Nestas circunstâncias em que os princípios e regras estão em rota de colisão, cumpre, ao magistrado, para bem resolver o conflito, "[...] levar em conta a força normativa de cada um" (DWORKIN, 2002, p. 42), por intermédio da técnica de ponderação.

A utilização da ponderação, como forma de resolver demandas judiciais envolvendo conflito de princípios, será abordada mais adiante, notadamente na apreciação dos julgados de nossos Tribunais. Por enquanto, contenta-nos em afirmar que, cumpre ao juiz, num eventual conflito de princípios (menor onerosidade do devedor/dignidade da pessoa humana x efetividade da decisão judicial/segurança jurídica), ponderar em cada caso, conforme as circunstâncias, qual deles deve prevalecer.

5.2.2.3 Medidas mandamentais

Medidas mandamentais, como o próprio nome indica, são ordens dadas, pelo juiz, para serem cumpridas diretamente pelo obrigado, ou quem lhe faça, às vezes, sob pena de cometimento do crime de desobediência. Aplica-se, para as medidas mandamentais, praticamente tudo que se disse em relação às medidas coercitivas, com a diferença da sanção imposta. Aqui também a prestação é infungível e, em regra, só o devedor pode realizá-la, não sendo lícito obrigá-lo ao cumprimento forçado (*manu militari*).

Com efeito, novamente o tema nos remete à questão da infungibilidade das obrigações, em que cumpre, ao devedor, satisfazer, pessoalmente, o comando judicial, neste caso, como sanção mais drástica – prática do crime de desobediência.

5.2.2.4 Medidas indutivas

As medidas indutivas se caracterizam pela vantagem obtida, pelo devedor/obrigado, em virtude do cumprimento de uma decisão judicial. O Magistrado oferece, ao devedor/obrigado, um prêmio, em troca do cumprimento de sua decisão. A palavra sanção está ligada a uma consequência que alguém pode se sujeitar pelo cumprimento, ou descumprimento, a um determinado comando. Neste aspecto, pode consistir em um castigo, ou em uma vantagem. Na primeira hipótese, estamos diante de uma sanção punitiva, já na segunda, de uma sanção premial.

Assim, é fácil constatar que, na medida coercitiva, o que se verifica é uma sanção punitiva e, na indutiva, uma sanção premial. No âmbito do CPC, tem-se várias medidas indutivas, por exemplo:

a) as partes ficam dispensadas do pagamento das custas remanescentes, se houver, quando elas transacionarem antes da sentença (art. 90, § 3º);

b) o réu será isento do pagamento de custas processuais, se cumprir o mandado monitório no prazo de 15 (quinze) dias após sua citação (art. 701, § 1º);

c) na execução de títulos extrajudiciais, há redução, pela metade, dos honorários advocatícios (de 10% para 5%), no caso do executado pagar integralmente a dívida no prazo de 3 dias, após sua citação (art. 827, § 1º);

d) possibilidade de o executado, no prazo dos embargos, reconhecer o crédito do exequente, depositar trinta por cento do valor em execução e pagar o restante em até 6 (seis) parcelas mensais, acrescidas de custas, honorários advocatícios, correção monetária e juros de 1% ao mês (art. 916 *caput*).

5.2.3 O ENTENDIMENTO DOS TRIBUNAIS NOS CASOS ENVOLVENDO A APLICAÇÃO DAS MEDIDAS EXECUTIVAS TÍPICAS E ATÍPICAS

Cumpre, neste momento, proceder com um estudo aprofundado de alguns casos de aplicação de medidas executivas atípicas de maior complexidade e importância submetidos à apreciação dos Tribunais Superiores, notadamente no âmbito do Supremo Tribunal Federal (STF) e do STJ. Os julgados foram selecionados porque tiveram como fundamentos o cabedal teórico utilizado neste trabalho, com destaque para as questões relacionadas à fundamentação.

5.2.3.1 Casuística envolvendo as medidas atípicas de coerção

A pesquisa, neste momento, direciona-se para a análise aprofundada da jurisprudência construída pela Justiça paulista sobre a aplicação das medidas de coerção atípicas de bloqueio do saldo do fundo de garantia por tempo de serviço (FGTS), cancelamento dos cartões de crédito, apreensão do passaporte e da carteira de motorista, tendo como marco temporal a entrada em vigor do CPC de 2015.

O primeiro caso posto à análise trata de pedido formulado por credor que, diante de infrutíferas tentativas de obtenção de seu crédito, requereu ao Juízo o bloqueio do saldo do FGTS da executada, além do cancelamento dos cartões de crédito e a apreensão do passaporte e da carteira de motorista da executada.

Tanto no primeiro grau, quanto no segundo, os pedidos foram indeferidos, sob os argumentos de ausência de fundamento legal para a penhora de eventual saldo de FGTS em nome da executada, e que não restou demonstrado, pelo exequente, o esgotamento dos demais meios para a satisfação do crédito em questão. Segue o voto do relator:

> Agravo de Instrumento. Ação de Despejo por Falta de Pagamento. Fase de execução. Indeferimento do pedido de penhora do FGTS, de cancelamento dos cartões de crédito e de apreensão da CNH e do passaporte da executada. Inconformismo da exequente deduzido no recurso. Rejeição. FGTS que constitui reserva trabalhista que somente pode ser movimentada nas hipóteses previstas no artigo 20 da Lei 8.036/90 ou em caso de débito de pensão alimentícia. Precedentes do C. STJ. Pedido de cancelamento dos cartões de crédito e de apreensão da CNH e do passaporte da executada que, além de não guardar qualquer relação com a origem do débito exequendo, não comporta deferimento nesse momento ante a ausência de comprovação do esgotamento das demais medidas voltadas à satisfação do crédito. Decisão mantida. Recurso não provido (BRASIL, 2017).

O relator, de forma bastante objetiva, ressaltou que "[...] o C. Superior Tribunal de Justiça já firmou entendimento no sentido que o saldo do FGTS somente pode ser objeto de penhora nas execuções de pensão alimentícia", citando como exemplos o que decidido nos autos do REsp 1.083.061/RS, AgRg no RMS 34.708/SP e REsp 805.454/SP.

Com relação ao FGTS, há muito se encontra sedimentado o entendimento que somente pode ser objeto de penhora nas execuções de pensão alimentícia, porque se trata de verba de caráter alimentar, não comportando, neste trabalho, pesquisa mais elaborada. Além disso, em regra, por força de lei, trata-se de verba impenhorável (art. 2º, § 2º, da Lei 8.036/90) e com destinação específica em programas governamentais (art. 9º, § 2º, da Lei 8.036/90).

O STJ, como dito acima, entende que "[...] o caráter absoluto da impenhorabilidade dos vencimentos, soldos e salários (dentre outras verbas destinadas à remuneração do trabalho) é excepcionado pelo § 2º do art. 649 do CPC, quando se tratar de penhora para pagamento de prestações alimentícias" (BRASIL, 2013). Com isso, percebe-se que apenas na hipótese do art. 833, § 2º, do CPC/2015 (correspondente ao art. 649, § 2º, do CPC/73), portanto, admite-se exceção a esta impenhorabilidade.

Na verdade, o art. 833, § 2º, do CPC, inovou, em muito, as hipóteses de exceção à impenhorabilidade, possibilitando a penhora de vencimentos, salários e afins (inciso IV) e dos depósitos feitos em caderneta poupança, até quarenta salários mínimos, para pagamento de prestações alimentícias, independentemente de sua origem. O julgado acima fixou entendimento que vem ganhando corpo na jurisprudência pátria: necessidade de ponderação dos princípios envolvidos e comprovação do esgotamento das demais medidas voltadas à satisfação do crédito, conforme podemos evidenciar na leitura das seguintes ementas:

> Agravo de Instrumento. Cumprimento de sentença. Locação. Cobrança Decisão agravada determinou a "suspensão" da Carteira Nacional de Habilitação, a "restrição" do passaporte e o cancelamento dos cartões de crédito do Executado Marcelo, até o pagamento da dívida – Possível a imposição de medidas coercitivas pelo magistrado, desde que observados os princípios da proporcionalidade e razoabilidade, sem violação a direitos e garantias fundamentais do Executado – "Suspensão" da Carteira Nacional de Habilitação e "restrição" do passaporte violam o direito à liberdade de locomoção (artigo 5º, inciso XV, da Constituição Federal) e tornam mais dificultoso o exercício da atividade empresarial pelo Executado Marcelo, resultando na falta de renda para o pagamento da condenação, com evidente prejuízo à Exequente – Exequente não indicou bens à penhora e não pleiteou a realização de pesquisas (via Infojud e Renajud) para verificar se o Executado Marcelo é proprietário de bens Violado o princípio da menor onerosidade para o Executado – Recurso do executado Marcelo provido, para afastar a decisão agravada, quanto à "suspensão" da carteira nacional de habilitação, à "restrição" do passaporte e ao cancelamento dos cartões de crédito do executado Marcelo (BRASIL, 2016).
> Agravo de Instrumento. Ação de Despejo por Falta de Pagamento. Fase de execução. Indeferimento do pedido de penhora do FGTS, de cancelamento dos cartões de crédito e de apreensão da CNH e do passaporte da executada. Inconformismo da exequente deduzido no recurso. Rejeição. FGTS que constitui reserva trabalhista que somente pode ser movimentada nas hipóteses previstas no artigo 20 da Lei 8.036/90 ou em caso de débito de pensão alimentícia. Precedentes do C. STJ. Pedido de cancelamento dos cartões de crédito e de apreensão da CNH e do passaporte da executada que, além de não guardar qualquer relação com a origem do débito exequendo, não comporta deferimento nesse momento ante a ausência de comprovação do esgotamento das demais medidas voltadas à satisfação do crédito. Decisão mantida. Recurso não provido (BRASIL, 2017).

Até mesmo um *Habeas Corpus* serviu para desconstituir decisão judicial que determinou a apreensão e suspensão de passaporte e da CNH. Neste sentido:

Habeas corpus. Suspensão e apreensão de passaporte e CNH. Medidas assecuratórias do cumprimento de comando judicial. Art. 139, IV, NCPC. Prejuízo ao direito de ir e vir DA Paciente. 1. Atento à efetividade que se espera do processo judicial, o legislador do Novo Código de Processo Civil, no art. 139, IV, do referido diploma, dilatou os poderes do juiz, na medida em que, na condução do processo, deverá "determinar todas as medidas indutivas, coercitivas, mandamentais ou sub-rogatórias necessárias para assegurar o cumprimento de ordem judicial, inclusive nas ações que tenham por objeto prestação pecuniária. 2. Muito embora as cláusulas gerais como aquela trazida pelo art. 139, IV, do Código de Processo Civil de 2015 sejam abstratas e genéricas, porque se utilizam propositalmente de conceitos indeterminados para lhes permitir maior alcance, sua concretude deve ser extraída do próprio litígio enfrentando pelo Juiz, que, dessa forma, não está autorizado a implementar toda e qualquer providência porventura requerida pela parte interessada no cumprimento da obrigação. 3. Não há como afastar a conclusão de que a suspensão e apreensão do passaporte e da CNH da devedora afigura-se demasiadamente gravosa, pois à sua intensidade não correspondente a relevância do bem jurídico que se pretende tutelar com a satisfação da execução. 4. A medida, ademais, importa em violação ao direito de ir e vir da paciente, retirando-lhe o direito de livremente se locomover. Igual consequência decorre da apreensão do passaporte. Não se afigura razoável sacrificar o direito constitucional de liberdade de locomoção em favor da satisfação de crédito que sequer tem natureza alimentar. Diante do constrangimento ilegal imposto à devedora, justifica-se a concessão da ordem pleiteada. 5. Na verdade, medidas dessa natureza não têm adequação ao fim a que se destina, ou seja, não são capazes de satisfazer o crédito. Representam exclusivamente coação à pessoa do devedor, incompatível com a moderna concepção da obrigação, consubstanciada na responsabilidade exclusivamente patrimonial do devedor, e divorciada da garantia constitucional da liberdade e a proibição da prisão do devedor e, consequentemente, de todo e qualquer meio de obter a satisfação da obrigação mediante a violação de direitos fundamentais da pessoa, que não podem ser sacrificados sem observância ao princípio da proporcionalidade. 6. Ordem concedida (BRASIL, 2017).

Transcreve-se a ementa da decisão prolatada, nos autos do Agravo de Instrumento 20570003120178260000, bem como o voto do relator, para fim de análise crítica do referido julgado:

Cumprimento de sentença – Determinada a suspensão da CNH e apreensão do passaporte do agravante – Art. 139, IV CPC/15 – Medidas coercitivas que só devem ser adotadas em casos excepcionais – Abusividade configurada – Violação à dignidade da pessoa humana – Afronta ao direito de ir e vir e aos princípios da proporcionalidade e razoabilidade – Decisão reformada – Recurso provido (BRASIL, 2017).

Neste julgado, o relator fundamentou seu voto com os seguintes argumentos:

Em que pese o artigo 139, inciso IV, do CPC/2015 autorize ao magistrado a determinação de medidas indutivas, coercitivas, mandamentais ou sub-rogatórias em desfavor do executado para a satisfação da ordem judicial, tais medidas devem observar os direitos fundamentais garantidos na Carta Magna. Por conseguinte, suspender o direito de dirigir, bem como apreender passaporte do executado, são medidas que se mostram demasiadas e que ferem a dignidade da pessoa humana. É evidente que as medidas coercitivas determinadas pelo magistrado devem atender aos princípios da proporcionalidade e razoabilidade, sem implicar violação dos direitos e garantias fundamentais, uma vez que, consoante exegese do art. 8º do

CPC/2015, "ao aplicar o ordenamento jurídico, o juiz atenderá aos fins sociais e às exigências do bem comum, resguardando e promovendo a dignidade da pessoa humana." No caso dos autos, o agravado não logrou êxito na penhora online pretendida, mas isso não autoriza a ofensa ao direito de ir e vir, impedindo o agravante de dirigir veículo e viajar, ainda mais no caso em que seu país de origem não é o Brasil. Nesse contexto, as medidas pretendidas são abusivas e não ensejariam qualquer benefício concreto, sendo certo que seriam inúteis à satisfação da dívida, tampouco se ajustam ao princípio da menor onerosidade da execução, a teor do artigo 805, do CPC/2015.

Como se vê, no que concerne a aplicação de medidas coercitivas atípicas, no geral, o tribunal paulista vem reiteradamente, criando obstáculos à sua efetivação, sob os seguintes argumentos:

a) as medidas atípicas ultrapassam os limites da proporcionalidade e razoabilidade, em que devem estar pautadas as decisões judiciais, bem como consideram que elas não têm correlação de utilidade direta com a satisfação do débito do executado;

b) as medidas violam direitos e garantias fundamentais, porquanto deixam de observar o princípio da menor onerosidade para o executado/obrigado, além de violar a dignidade da pessoa humana, afrontando o direito de ir e vir e os princípios da proporcionalidade e razoabilidade;

c) devem ser aplicadas de forma excepcional (subsidiária), com necessidade de esgotamento das demais medidas voltadas à satisfação do crédito.

As decisões acima referidas, e transcritas de uma maneira geral, padecem do vício da deficiência de fundamentação, porque a simples menção à suposta violação de determinado princípio, com emprego de conceitos jurídicos indeterminados (dignidade da pessoa humana, direito de ir e vir, menor onerosidade para o exequente etc.), sem explicar o motivo concreto de sua incidência, não é considerada decisão fundamentada nos termos do art. 489, § 1º, inciso II, do CPC.[4]

A deficiência de fundamentação não reside só neste ponto – mera citação de princípios tidos por violados – mas também na falta de indicação dos critérios de ponderação que foram empregados pelos julgadores (desembargadores) para solucionarem os conflitos entre normas jurídicas, conforme exigência expressa no art. 489, § 2º, do CPC:

---

4. Art. 489. São elementos essenciais da sentença:
   §1º Não se considera fundamentada qualquer decisão judicial, seja ela interlocutória, sentença ou acórdão, que:
   II – empregar conceitos jurídicos indeterminados, sem explicar o motivo concreto de sua incidência no caso;

Art. 489. São elementos essenciais da sentença:

§ 2º No caso de colisão entre normas, o juiz deve justificar o objeto e os critérios gerais da ponderação efetuada, enunciando as razões que autorizam a interferência na norma afastada e as premissas fáticas que fundamentam a conclusão.

Com efeito, apenas a mera menção que "[...] suspender o direito de dirigir, bem como apreender passaporte do executado, são medidas que se mostram demasiadas e que ferem a dignidade da pessoa humana", por força de lei (art. 489, § 1º, II, do CPC), considera-se decisão não fundamentada. De igual modo, considera-se não fundamentada porque os julgadores não justificaram o objeto e os critérios gerais de ponderação efetuada, cingindo-se tão somente a mencionar, de forma vazia, que havia violação deste ou daquele princípio. De outro giro, a dignidade da pessoa humana do devedor, na grande maioria dos casos, entre em rota de colisão com a dignidade da pessoa humana do credor, e isso deve ser objeto de cotejo analítico no momento da resolução do conflito de normas.

Os demais julgados acima referidos padecem dos mesmos vícios e, no geral, o que se observa são meras menções de que a suspensão de CNH e passaporte, além do bloqueio de cartões de créditos, são medidas que violam a dignidade da pessoa humana, o direito de ir e vir, onerosidade excessiva etc., sem que se proceda a um cotejo com as normas jurídicas que veiculam direitos e garantias do credor, tais como o da dignidade da pessoa humana, devido processo legal substancial etc.

As regras de experiências evidenciam que, no geral, o devedor promove todo tipo de práticas ilícitas para esconder seu patrimônio antes, durante e depois dos processos manejados pelos credores, pois confiam plenamente que a Justiça legitimará essa situação, como geralmente acontece. Mesmo nestas circunstâncias, o juiz deve lançar mão de uma adequada fundamentação, porquanto "[...] a decisão judicial que empregar regras de experiência comum, sem indicar os motivos pelos quais a conclusão adequada decorre daquilo que ordinariamente acontece, considera-se não fundamentada" (Fórum Permanente de Processualistas Civis, Enunciado 517).

Na prática, o credor ajuíza um processo de conhecimento que demora anos para ser solucionado (petição inicial, contestação, replica, audiência de organização e saneamento do processo, julgamento antecipado da lide ou Audiência de Instrução e Julgamento) e, finalmente, quando consegue o almejado título judicial, ainda vai amargurar a, não menos demorada, fase do cumprimento de sentença (requerimento, penhora e avaliação, impugnação ao cumprimento, pesquisas no Infojus e Bacenjus etc., impugnação à penhora, publicação de editais, suspensão do processo por ausência de localização de bens e do devedor, hasta pública, arrematação etc.), para, ao fim, não tendo a satisfação do crédito pelo maneira tradicional, conseguir uma decisão atípica de coerção (suspensão de passaporte e CNH, bloqueio de cartão de credito).

Nos casos acima citados, depois de extensa via *crusis*, eis que o credor sofre uma dura derrota, a decisão de primeiro grau é reformada ou anulada, ou mesmo tida como ato abusivo e ilegal (caso do *Habeas Corpus*), sob o argumento de que houve violação da dignidade da pessoa humana, onerosidade excessiva e/ou restrição ao direito de ir e vir do devedor, sem que o Estado-Juiz justifique ao menos o motivo concreto de sua incidência, e sem realizar um cotejo com as normas e princípios aplicáveis ao caso.

Tais situações revelam processos a modo Kafkaniano, em que as decisões não avaliaram se a dignidade do credor, igualmente, não foi afetada, se houve oneração excessiva de seu crédito, ou mesmo se sua liberdade de ir e vir não restou, também, prejudicada pela postura do credor em reduzi-lo à condição de vulnerabilidade financeira e econômica. No sentido da crítica, ora explicitada, traz-se ao conhecimento importantes julgados proferidos, no âmbito do Tribunal de Justiça do Distrito Federal, que considerou legítima a aplicação de medidas executivas atípicas de suspensão da CNH, em caso em que as medidas típicas foram esgotadas, e que se comprovou o alto padrão de vida do executado, *litteris*:

> Processual civil – *Habeas corpus* – Execução – Esgotamento das medidas executivas típicas – Alto padrão de vida do executado – Adoção de medidas executivas atípicas – Art. 139, IV, CPC – Suspensão da CNH – Possibilidade – Apreensão do passaporte – violação ao direito constitucional de locomoção – Ordem parcialmente concedida. 1 – O art. 139, IV, do CPC autoriza a adoção, pelo Magistrado, das denominadas medidas executivas atípicas, a fim de que este possa determinar todas as medidas indutivas, coercitivas, mandamentais ou sub-rogatórias necessárias ao cumprimento da ordem judicial, inclusive nas ações que tenham por objeto prestação pecuniária. Contudo, a alternativa processual deve ser precedida do esgotamento de todas as demais medidas típicas tomadas em execução. 2 – Nos autos de origem, todas as medidas executivas típicas foram adotadas, ao tempo em que o juízo a quo constatou que o executado/paciente possui alto padrão de vida, incompatível com a alegada ausência de patrimônio para arcar com o pagamento da dívida, motivo pelo qual cabível a suspensão de sua Carteira Nacional de Habilitação como forma de incentivá-lo ao cumprimento da obrigação. 3 – A suspensão da CNH não ofende o direito constitucional de ir e vir previsto no art. 5º, XV, da CF, porquanto a locomoção do paciente poderá se dar livremente por outros meios. 4 – De outro lado, a apreensão do passaporte constitui ofensa ao referido direito de ir e vir, tendo em vista a absoluta necessidade do documento para ausentar-se do território nacional. 5 – Ordem parcialmente concedida (BRASIL, 2017).

Percebe-se que, neste julgado, diferentemente dos julgados do Tribunal de Justiça de São Paulo aqui referidos, os julgadores aplicaram a suspensão da CNH, levando em conta o grau de proporcionalidade e efetividade que a medida guarda com a superação do obstáculo existente ao adimplemento da obrigação, conforme a peculiaridade do caso concreto.

5.2.3.2 Da aplicação de multa pessoal ao gestor público que descumpre ordem judicial

Uma das medidas mais efetivas para se fazer cumprir uma decisão judicial é, sem dúvida, a aplicação de multa pessoal a quem tem a responsabilidade, ou dever de fazê-lo, porquanto, nada é mais drástico do que um desfalque patrimonial. Neste ponto, nada mais adequado que o magistrado utilize das regras de experiência comum subministradas pela observação do que ordinariamente acontece, ou seja, deve julgar de acordo com a realidade.

Quando o problema da efetividade do processo envolve a Fazenda Pública – quando quem descumpre a ordem judicial é o Estado – as máximas de experiência evidenciam uma dura realidade: a multa cominatória (*astreinte*) simplesmente não tem eficácia alguma, porque quem vai pagar a conta, ao final, é próprio jurisdicionado lesado (contribuinte), por intermédios dos tributos.

Agora, quando o pagamento da multa tem que ser feito pelo agente público descumpridor da ordem, a coisa muda de figura e a decisão é cumprida numa velocidade incrível. O problema é que existe forte resistência doutrinária e jurisprudencial em aceitar a aplicação da multa pessoal ao gestor, o que contribui para aumentar a crise de efetividade que existe em nossos processos judiciais. Aragão (2016, p. 244), em sua obra intitulada "Execução Jurisdicional em Tópicos", sintetiza bem a controvérsia, explicitando que:

> Impossibilidade de imposição de *astreintes* ao agente público: há uma predominância do entendimento jurisprudencial pela impossibilidade de a multa coercitiva ser estendida ao agente público, visto que a pessoa do gestor não é parte da relação obrigacional e, por não participar do processo, não tem assegurado o contraditório e a ampla defesa. Contra esse agente público caberia a responsabilidade civil, penal e/ou administrativa. Porém, a matéria é controvertida, existindo entendimento em sentido contrário. Muitas vezes o agente público é o efetivo responsável pelo descumprimento das determinações judiciais, partindo dele a ordem que exterioriza a vontade do Ente Público, de modo que a medida coercitiva deve a ele ser dirigida. Para tanto, deve ser-lhe garantido o direito de intervir no processo para exercer seu contraditório. Nesta condição, deve ele sujeitar-se pessoal e diretamente aos mecanismos coercitivos das execuções. Considerando que a intervenção do agente público no processo afasta as incompatibilidades e que a medida é mais eficaz, sua atualização se apresenta mais acertada.

Com efeito, não se desconhece que o STJ entende que "[...] o agente público não pode ser pessoalmente condenado ao pagamento de *astreintes* se não figurou como parte na relação processual em que imposta a cominação, sob pena de afronta ao direito constitucional de ampla defesa" (BRASIL, 2014; BRASIL, 2013). No âmbito do STJ, admite-se a imposição de *astreintes* ao agente púbico que tenha integrado a relação jurídica no polo passivo (BRASIL, 2014). O *decisum* acima referido está assim ementado:

Processual civil e administrativo. Astreintes. Agente político que foi parte no polo passivo da ação, bem como teve sua responsabilidade pessoal atestada na origem. Cabimento da multa diária. Ausência de prequestionamento de dispositivo tido como violado. Súmulas 282 e 356 do STF, aplicáveis por analogia. Coisa julgada. Pretensão de reexame de fatos e provas. Súmula 7/STJ. Divergência não demonstrada.

1. O ora agravante, à época Secretário de Estado da Administração e dos Recursos Humanos do Governo do Rio Grande do Norte, foi condenado, ante sua responsabilidade pessoal, pela Corte de origem ao pagamento de astreintes devido ao não cumprimento imediato de determinação judicial no bojo de mandado de segurança do qual ele foi, efetivamente, parte impetrada.

2. A matéria não analisada no julgado a quo cujo debate não foi suscitado pela oposição de embargos declaratórios naquela instância encontra óbice nas Súmulas 282 e 356 do STF, aplicáveis por analogia.

3. As astreintes podem ser direcionadas pessoalmente às autoridades ou aos agentes responsáveis pelo cumprimento das determinações judiciais, em particular quando eles foram parte na ação. Precedentes: AgRg no AREsp 472.750/RJ, Rel. Ministro Mauro Campbell Marques, Segunda Turma, DJe 09.06.2014; e REsp 1.111.562/RN, Rel. Min. Castro Meira, Segunda Turma, DJe 18.09.2009.

4. O reexame de violação da coisa julgada implica nova análise do acervo fático-probatório, sendo obstado pela Súmula 7/STJ.

5. A divergência jurisprudencial é incognoscível quando o caso não apresenta similitude com as situações fáticas descritas nos paradigmas colacionados. Agravo regimental improvido (BRASIL, 2014).

Como se vê, o STJ somente tem afastado a extensão da multa por descumprimento de decisões judiciais à pessoa do agente público, apenas quando este não é parte no processo. No caso acima, como se tratava de mandado de segurança em que, por sua própria natureza, o agente público integra a relação jurídica processual, na condição de autoridade coatora, não há espaço para discussão acerca da não aplicação de multa cominatória ao agente que descumpre a determinação judicial. No julgamento, restou ainda ponderado que o recorrente foi intimado pessoalmente da decisão que lhe impôs a aplicação de multa diária por descumprimento.

5.2.3.3 A aplicação de multa em decorrência de descumprimento de decisão judicial: ato atentatório à dignidade da Justiça

Neste momento, cumpre ainda deixar registrado que, por força de lei, art. 77, IV, do CPC, é dever das partes, de seus procuradores e de todos aqueles que, de qualquer forma, participem do processo, cumprir com exatidão as decisões jurisdicionais, de natureza provisória ou final, e não criar embaraço à sua efetivação.

O descumprimento de ordem judicial constitui ato atentatório à dignidade da justiça, devendo o juiz, sem prejuízo das sanções criminais, civis e processuais cabíveis, aplicar, ao responsável, multa de até 20% do valor da causa, de acordo com a gravidade da conduta (art. 77, § 2º, do CPC). Bueno (2015, p. 93) ensina o seguinte:

> O magistrado deverá advertir às pessoas referidas pelo caput do art. 77 que a conduta prevista no inciso IV (não cumprir adequadamente as decisões jurisdicionais) e no inciso VI (inovação ilegal no estado de fato de bem ou direito litigioso) é punível como ato atentatório à dignidade da justiça. Trata-se de uma explicitação do princípio da boa-fé expressado pelo art. 5º.

A referida multa pode ser cumulada com a multa cominatória, conforme permissivo constante no art. 77, § 4º, do CPC, devendo, em caso de inadimplemento no prazo fixado pelo juiz, ser inscrita como dívida ativa da União, ou do Estado, após o trânsito em julgado da decisão que a fixou, e sua execução observará o procedimento da execução fiscal, revertendo-se aos fundos de modernização do Poder Judiciário (art. 77, § 3º, do CPC).

Contudo, ainda há verdadeiras decisões teratológicas que não sabem sequer a distinção entre a multa prevista no art. 77 e a multa cominatória a que aludem os arts. 536, § 1º e 537, § 1º, todos do CPC. A primeira, tem natureza jurídica de punição, sendo definida após a prática de ato considerado atentatório à dignidade da justiça e é devida ao Estado, e, a segunda, tem caráter coercitivo e é devida à outra parte. Apesar de simples a distinção, porque basta uma interpretação meramente literal, ainda existem julgados que não conseguem enxergá-la, como o caso a seguir.

> Decisão monocrática. Ação de obrigação de fazer visando à submissão de procedimento cirúrgico de urgência. Aplicação de multa pessoal na forma do art. 14 e § único do CPC. Preliminar de ilegitimidade passiva. Afastada. Impossibilidade de aplicação de multa pessoal. Decisão que se reforma. Preliminar de ilegitimidade que se rejeita. Apesar de a decisão atingir o patrimônio pessoal do agente administrativo, a hipótese revela legitimidade, porque a ação é movida em face da Fundação agravante, sendo a obrigação de fazer exigida em face desta. A vontade manifestada pelo agente administrativo, traduz-se como sendo a vontade do ente federativo ao qual pertencente e não suporta os efeitos patrimoniais decorrentes dessa vinculação. Precedentes do STJ e deste Tribunal. No mérito, a decisão recorrida deferiu o pedido de antecipação dos efeitos da tutela, para determinar que o réu providencie a internação e a realização de procedimento médico, necessário ao tratamento da doença do agravado, sob pena de pagamento de multa a incidir sobre o patrimônio pessoal da Diretora Presidente da Fundação Municipal de Saúde de Petrópolis, na forma do artigo 14, inciso V, e parágrafo único do Código de Processo Civil. a extensão da multa aos representantes da pessoa jurídica de direito público, que deveria cumprir a obrigação, não possui amparo legal. Tal medida importa em ofensa aos princípios do contraditório e da ampla defesa. Reforma do decisum recorrido, para o fim de excluir a imposição de multa. Recurso a que se dá provimento, nos termos do artigo 557, § 1º, A, do Código de Processo Civil (BRASIL, 2013).

A ementa transcrita se refere ao agravo de instrumento interposto pela Fundação Municipal de Saúde (FMS) de Petrópolis, em face da decisão do Juízo da 4ª Vara Cível da Comarca de Petrópolis que, nos autos da ação de obrigação de fazer, visando a submissão de procedimento cirúrgico de urgência – Retossigmoidectomia Abdominal – deferiu o pedido de antecipação dos efeitos da tutela, para que a ré providenciasse, em cinco dias, a internação do autor em nosocômio com capacidade para a realização do ato prescrito, oferecendo-lhe todo o tratamento a ele essencial, sob pena de custeio por particular às suas expensas, além de fixação de multa pessoal de 20%, sobre o valor atribuído à causa, na forma do artigo 14, V e parágrafo único do CPC, a incidir sobre o patrimônio pessoal do Sr. Presidente da FMS.

Assim, o objeto de discussão é a aplicação de multa processual por ato atentatório à dignidade da justiça direcionado ao agente público encarregado do cumprimento da ordem judicial. O art. 14 do CPC/73 corresponde, hoje, ao art. 77 do CPC/2015. Não obstante a decisão tenha reconhecido como razão de decidir que "A multa foi aplicada com base na norma inserta no inciso V do artigo 14 do Código de Processo Civil, bem como no parágrafo único do referido dispositivo, cuja sanção se estende às partes e aqueles que de qualquer forma participam do processo", logo adiante, de forma atabalhoada, assevera que:

> [...] conforme jurisprudência firmada no âmbito do Superior Tribunal de Justiça, *a previsão de multa cominatória ao devedor na execução imediata*, aplicada em face da Fazenda Pública, ainda que revestida do motivado escopo de dar efetivo cumprimento à ordem mandamental, está despida de juridicidade (BRASIL, 2013, destaque do autor).

E continua no erro, afirmando que "[...] a extensão da referida *sanção coercitiva* (destaquei) aos representantes da pessoa jurídica de direito público não encontra respaldo legal, eis que inexiste norma expressa nesse sentido". O erro se torna grosseiro quando cita jurisprudência do STJ, referente à multa cominatória a que aludia o art. 461, § 2º, do CPC.

Como se verifica, o julgado trata a multa por ato atentatório à dignidade da justiça, que tem caráter punitivo, com a multa coercitiva (*astreintes*) e, talvez, por isso, não atentou para o fato de que, na primeira (ato atentatório à dignidade da justiça), o legislador disse que os deveres descritos no artigo 77 do CPC dizem respeito "[...] a todos aqueles que de qualquer forma participam do processo" (peritos, autor, réu, assistente técnico, autoridade coatora, agentes públicos, gerentes de instituições financeiras etc.).

Com efeito, a lei somente eximiu da aplicação da multa os membros da Defensoria Pública, do Ministério Público e Advogados Públicos e Particulares, devendo eventual responsabilidade disciplinar ser apurada pelo respectivo órgão de classe ou corregedoria (art. 77, § 6º). Em resumo, e para sepultar de vez a discussão sobre a possibilidade de aplicação de multa à pessoa do agente público responsável pelo cumprimento de decisão judicial que deixa de cumpri-la, bem como sobre a distinção entre a multa punitiva do art. 77 e a multa coercitiva (*astreintes*), traz-se ao conhecimento o seguinte julgado do Tribunal de Justiça de Minas Gerais:

Agravo de instrumento. Ação cominatória. Fornecimento de tratamento médico. Antecipação de tutela. Astreinte. Possibilidade. Multa pessoal contra o funcionário público responsável pelo ato. Cabimento. Apresentação periódica de receita para realização de cirurgia. Desnecessidade. Recurso não provido.

1. São inconfundíveis a multa prevista no parágrafo único do art. 14 do CPC, que tem natureza de sanção, e a do art. 461, § 5º, do mesmo Código, e que objetiva a coerção do devedor ao cumprimento da obrigação de fazer ou não fazer.

2. A primeira multa é limitada na lei, por ser sancionatória, e deve ser paga ao Estado. A segunda, astreintes, é arbitrada segundo as peculiaridades de cada caso, não tem limitação legal e é destinada à parte vítima da mora.

3. Descumprido o mandamento judicial, revela-se correta a decisão que aplica a astreintes à pessoa jurídica de direito público morosa.

4. O funcionário público responsável pelo cumprimento da ordem pode sofrer a sanção prevista no parágrafo único do art. 14 do CPC.

5. A apresentação periódica de receita médica revela-se desnecessária para realização de intervenção cirúrgica única.

6. Agravo de instrumento conhecido e não provido, mantidas as multas impostas (BRASIL, 2014).

Como visto, no nosso sistema de justiça, "[...] predomina a orientação de que o não-cumprimento do determinado em decisão judicial caracteriza *contempt of court*". (MEDINA, 2017, p. 77). Entende-se por *contempt of court* "[...] a prática de qualquer ato que tenda a ofender um juiz ou tribunal na administração da justiça, ou a diminuir sua autoridade ou dignidade, incluindo a desobediência a uma ordem" (GRINOVER, 2002, p. 68).

Para Medina (2017, p. 77), "[...] o fundamento de tal orientação está em que a Jurisdição, se não tivesse poder de fazer respeitar suas decisões, seria atividade jurisdicional na forma, mas careceria de substancia". Em síntese, todos esses poderes, conferidos aos juízes, permitem-lhes atuar com mais segurança e resultam em maior efetividade nas decisões judiciais, sejam elas de natureza provisória ou final, numa atividade que conduz à repressão ao *contempt ou court* (desprezo à corte/tribunal).

5.2.4 A DEVIDA FUNDAMENTAÇÃO À LUZ DA DOUTRINA ABALIZADA

O acerto, ou desacerto, de qualquer decisão judicial passa, necessariamente, por uma adequada fundamentação. Contudo, como nos ensina Diddier Junior (2016, p. 313) "[...] é comum o entendimento de que o convencimento judicial está fundado, sempre ou quase sempre, num juízo de verossimilhança. Esse entendimento se baseia na ideia de 'a verdade' é um ideal inatingível – e, por isso, não deve ser buscada como objetivo do processo".

Com base nesta premissa – da intangibilidade da verdade – é que surge a necessidade premente do juiz justificar adequadamente sua decisão, demonstrando por "a" mais "b", as razões que o levaram a formar determinada convicção. A sacrossanta garantia da motivação das decisões judiciais está exigida no art. 93, inciso X, de nossa Constituição Federal, que culmina de nulidade a decisão desmotivada.

Este direito fundamental do cidadão à fundamentação da decisão judicial, agora, fora devidamente regulamentado, de forma, quase que exauriente, pelo art. 489 e seguintes do CPC, inclusive dispondo pioneiramente sobre as decisões tidas como não fundamentadas (art. 489, § 1º, do CPC). Com efeito, cumpre ao juiz analisar as questões fáticas e jurídicas do caso submetido à sua apreciação, sendo que a segunda parte (fundamentação de direito) é a que exige maior rigor técnico do magistrado.

O correto enquadramento normativo ocorre no ato de fundamentação e envolve o conhecimento de técnicas apuradas de julgamento, que será objeto de explicitação neste momento do trabalho. Sobre a difícil tarefa de fundamentar, de forma adequada, ensina Diddier Junior (2015, p. 322-324) o seguinte:

> a) cabe ao magistrado identificar a norma jurídica aplicável ao caso concreto. Texto e norma não se confundem. A norma é o sentido que se extrai do texto, mediante interpretação. As "normas não são texto nem o conjunto deles, mas os sentidos construídos a partir da interpretação sistemática de texto normativos". Portanto, o texto (dispositivo) legal é o objeto da interpretação; a norma, o resultado.
>
> b) cumpre ao julgador também, ao apreciar as questões jurídicas, verificar se dos fatos demonstrados nos autos se extraem consequências jurídicas pretendidas pela parte. Nem sempre a demonstração, pela parte, das suas alegações de fato é suficiente para que se lhe possa reconhecer o direito ao acolhimento de sua pretensão.
>
> c) é também na fundamentação que o órgão jurisdicional deve deliberar sobre a constitucionalidade ou inconstitucionalidade de ato normativo, caso a questão seja suscitada pelas partes ou mesma analisada de ofício – o que possível, por se tratar, como dito de questão de direito.
>
> d) o § 2º do art. 489 determina que, "no caso de colisão entre normas, o juiz deve justificar o objeto e os critérios gerais de ponderação efetuada, enunciando as razões que autorizam a interferência na norma afastada e as premissas fáticas que fundamentam a conclusão.

Como se vê, trata-se de um trabalho hercúleo que envolve bastante conhecimento técnico. Tudo que foi traçado pelo doutrinador deve ser percorrido, mas, de todos, a atividade do juiz quando se depara com um conflito de normas (alínea "d"), sem dúvida, é o que exige maior cuidado e habilidade técnica.

Abre-se, então, um parêntese para discorrer sobre o conflito de normas. O professor Ávila (2015, p. 186-187) ensina que a atividade de sopesamento exige a passagem por três fases fundamentais, a saber:

> A primeira delas é a da preparação da ponderação (Abwagunggsvorbereitung), nessa fase devem ser analisados todos os elementos e argumentos, o mais exaustivamente possível. É comum proceder-se a uma ponderação sem indicar, de antemão, o que, precisamente, está sendo objeto de sopesamento. Isso, evidentemente, viola o postulado científico da explicitude

das premissas, bem como o princípio jurídico da fundamentação das decisões, ínsito ao conceito de Estado de Direito. A segunda etapa é a da realização da ponderação (Abwagung), em que se vai fundamentar a relação estabelecida entre os elementos objeto de sopesamento. No caso da ponderação de princípios, essa deve indicar a relação de primazia entre um e outro. A terceira etapa é a da reconstrução da ponderação (Rekontruktion der Abwagung), mediante a foram formulação de regras de relação, inclusive de primazia entre os elementos objeto de sopesamento, com a pretensão de validade para além do caso.

Já sobre a concordância prática:

Neste contesto, também aparece a concordância prática com a finalidade que deve direcionar a ponderação: o dever de realização máxima de valores que se imbricam. Este postulado surge da coexistência de valores que apontam total ou parcialmente para sentidos contrários. Daí se falar em dever de harmonizar os valores de modo que eles sejam protegidos ao máximo. Como existe uma relação de tensão entre os princípios e as regras constitucionais, especialmente entre aqueles que protegem os cidadãos e aqueles que atribuem poderes ao Estado, deve ser buscado um equilíbrio entre eles. A esse respeito, Dürig fala do dever de buscar uma síntese dialética entre as normas jurídicas imbricadas, com a finalidade de encontrar uma otimização entre os valores em conflito. Nem a ponderação nem a concordância prática indicam, porém, os critérios formais ou materiais por meio dos quais deve ser feita a promoção das finalidades entrelaçadas. Consubstanciam estruturas exclusivamente formais e despidas de critérios. Como será oportunamente investigado, são os postulados da razoabilidade e da proporcionalidade que permitem estruturar a realização das normas constitucionais [...] (ÁVILA, 2015, p. 187-188).

Por último, discorrendo sobre a proibição de excesso, assevera que:

[...] a promoção das finalidades constitucionalmente postas possui, porém, um limite. Esse limite é fornecido pelo postulado da proibição de excesso. Muitas vezes denominado pelo Supremo Tribunal federal como uma das facetas do princípio da proporcionalidade, o postulado da proibição de excesso proíbe a restrição excessiva de qualquer direito fundamental. A proibição de excesso está presente em qualquer contexto em que um direito fundamental esteja sendo restringido. Por isso, deve ser investigada separadamente do postulado da proporcionalidade: sua aplicação não pressupõe a existência de uma relação de causalidade entre um meio e um fim. O postulado da proibição de excesso depende, unicamente, de estar um direito fundamental sendo excessivamente restringido [...] (ÁVILA, 2015, p. 188).

Contextualizando os ensinamentos acima mencionados, pode-se perceber que a maioria das decisões comentadas e transcritas neste trabalho padecem de vício na fundamentação, seja porque se limitam à mera indicação de ato normativo, sem explicar sua relação com a causa; por empregar conceitos jurídicos indeterminados (dignidade da pessoa humana, direito de ir e vir etc.), sem explicar o motivo concreto de sua incidência no caso; por invocar motivos que se prestariam a justificar qualquer outra decisão; por deixar de justificar o objeto e os critérios gerais de ponderação efetuados, enunciando as razões que autorizam a interferência na norma afastada e as premissas fáticas que fundamentam a conclusão.

5.2.5 CONSIDERAÇÕES FINAIS

O sistema de justiça brasileiro municiou adequadamente seus juízes de poderes suficientes para coibir qualquer tipo de resistência injustificada ao cumprimento de suas decisões, sejam elas provisórias ou definitivas, conferindo-lhes, inclusive, poderes para criação de medidas executivas atípicas.

Contudo, o que se percebe é um perfeito desconhecimento do real alcance desses poderes, quando se confunde uma multa punitiva de uma coercitiva, ou também a desconstrução, pelos tribunais superiores e intermediário, das medidas executivas atípicas idealizadas pelos juízes de primeiro grau de jurisdição, como é o caso das medidas coercitivas de Suspensão de Passaporte e CNH, Bloqueio de Cartão de Credito, dentre outras.

Para que se possa atingir a finalidade primordial do processo, de tornar efetiva a prestação jurisdicional e garantir a segurança das relações jurídicas, é imperioso que se evolua no entendimento, ainda tímido, da possibilidade de aplicação da multa cominatória e da multa processual por ato atentatório à dignidade da justiça à pessoa física do agente público, responsável pelo cumprimento da decisão judicial em caso de injustificado descumprimento.

A fazenda pública é a maior descumpridora de ordens judiciais, e isso acarreta uma crise de efetividade que prejudica tanto o usuário do serviço judiciário, como a sociedade de uma maneira geral, eis que a insegurança jurídica ocasionada atinge, direta e indiretamente, a todos. Como admite Marcato (1998, p. 22):

> Para o destinatário final da atividade jurisdicional se mostra pequena ou nenhuma valia um processo que se notabiliza enquanto instrumento para o exercício do poder-dever de distribuição da justiça, apenas pela celeridade e baixo custo, mas não pela eficiência do resultado através dele obtido, ou seja, que não tenha, apesar dos atributos já indicados, aptidão propiciar à parte vencedora o próprio resultado prático (ou equivalente) previsto no ordenamento material.

É preciso, então, que os poderes executivos, conferidos legitimamente, pelo legislador, ao juiz, nos diversos dispositivos legais do CPC, não sejam obstruídos por força de interpretações equivocadas de seus próprios operadores, como vêm ocorrendo sistematicamente.

O presente trabalho constatou que a falta de eficácia da tutela jurisdicional não diz respeito à falta de dispositivos legais regulando a matéria, mas sim a ausência de conhecimento desses poderes, pelos operadores do direito, especialmente alguns juízes e, na maioria dos casos, a desconstrução jurisprudencial do real alcance das medidas executivas.

REFERÊNCIAS

ARAGÃO, Nilsiton. *Execução jurisdicional em tópicos*. Fortaleza: Premius, 2016.

ÁVILA, Humberto. *Teoria dos princípios*: da definição à aplicação dos princípios jurídicos. 16. ed. São Paulo: Malheiros, 2015.

BRASIL. Constituição da República Federativa do Brasil. Diário Oficial da República Federativa. Brasília, 1988. Disponível em: http://www.planalto.gov.br/ccivil_03/constituicao/constituicao.htm. Acesso em: 15 fev. 2022.

BRASIL. Lei 5.869, de 11 de janeiro de 1973. Institui o Código de Processo Civil. Diário Oficial da República Federativa. Brasília, 1973. Disponível em: http://www.planalto.gov.br/ccivil_03/leis/l5869.htm. Acesso em: 15 fev. 2022.

BRASIL. Lei 8.036, de 11 de maio de 1990. Dispõe sobre o Fundo de Garantia do Tempo de Serviço, e dá outras providências. Diário Oficial da República Federativa. Brasília, 2015. Disponível em: http://www.planalto.gov.br/ccivil_03/leis/l8036consol.htm. Acesso em: 15 fev. 2022.

BRASIL. Lei 12.529, de 30 de novembro de 2011. Estrutura o Sistema Brasileiro de Defesa da Concorrência; dispõe sobre a prevenção e repressão às infrações contra a ordem econômica; altera a Lei 8.137, de 27 de dezembro de 1990, o Decreto-Lei 3.689, de 3 de outubro de 1941 – Código de Processo Penal, e a Lei 7.347, de 24 de julho de 1985; revoga dispositivos da Lei 8.884, de 11 de junho de 1994, e a Lei 9.781, de 19 de janeiro de 1999; e dá outras providências. Diário Oficial da República Federativa. Brasília, 2011. Disponível em: http://www.planalto.gov.br/ccivil_03/_ato2011-2014/2011/lei/l12529.htm. Acesso em: 15 fev. 2022.

BRASIL. Lei 13.105, de 16 de março de 2015. Código de Processo Civil. Diário Oficial da República Federativa. Brasília, 2015. Disponível em: http://www.planalto.gov.br/ccivil_03/_ato2015-2018/2015/lei/l13105.htm. Acesso em: 15 fev. 2022.

BRASIL. Superior Tribunal de Justiça. REsp 1288267/ES. Relator: Ministro Benedito Gonçalves. Brasília, 21.08.2012. Disponível em: https://stj.jusbrasil.com.br/jurisprudencia/22351311/recurso-especial-resp-1288267-es-2011-0256448-6-stj/inteiro-teor-22351312. Acesso em: 15 fev. 2022.

BRASIL. Superior Tribunal de Justiça. AgRg no REsp 1388716/RN. Relator: Ministro Humberto Martins. Brasília, 30.10.2014. Disponível em: https://stj.jusbrasil.com.br/jurisprudencia/153368284/agravo-regimental-no-recurso-especial-agrg-no-resp-1388716-rn-2013-0174087-5. Acesso em: 20 jan. 2022.

BRASIL. Superior Tribunal de Justiça. AgRg no RMS 34.708/SP. Relator: Ministro Paulo de Tarso Sanseverino. Brasília, 19.10.2011. Disponível em: https://stj.jusbrasil.com.br/jurisprudencia/21060883/agravo-regimental-no-recurso-em-mandado-de-seguranca-agrg-no-rms--34708-sp-2011-0119940-3-stj/inteiro-teor-21060884. Acesso em: 15 fev. 2022.

BRASIL. Superior Tribunal de Justiça. REsp 482094/RJ. Relatora: Ministra Nancy Andrighi. Brasília, 24.04.2009. Disponível em: https://stj.jusbrasil.com.br/jurisprudencia/4092380/recurso-especial-resp-482094/inteiro-teor-12214677. Acesso em: 15 fev. 2022.

BRASIL. Superior Tribunal de Justiça. REsp 805.454/SP. Relatora: Ministra Laurita Vaz. Brasília, 08.02.2010. Disponível em: https://stj.jusbrasil.com.br/jurisprudencia/8595678/recurso-especial-resp-805454-sp-2005-0211528-2/inteiro-teor-13675570. Acesso em: 15 fev. 2022.

BRASIL. Superior Tribunal de Justiça. REsp 1.083.061/RS. Relator: Ministro Massami Uyeda. Brasília, 07.04.2010. Disponível em: https://stj.jusbrasil.com.br/jurisprudencia/19152329/recurso-especial-resp-1083061-rs-2008-0187911-5-stj. Acesso em: 15 fev. 2022.

BRASIL. Superior Tribunal de Justiça. REsp 1315719/SE. Relator: Ministro Herman Benjamin. Brasília, 18.09.2013. Disponível em: https://stj.jusbrasil.com.br/jurisprudencia/24200309/recurso-especial-resp-1315719-se-2012-0058150-5-stj/relatorio-e-voto-24200311. Acesso em: 15 fev. 2022.

BRASIL. Superior Tribunal de Justiça. REsp 1.365.469/MG. Relatora: Ministra Nancy Andrighi. Brasília, 26/06/2013. Disponível em: https://stj.jusbrasil.com.br/jurisprudencia/23541208/recurso-especial-resp-1365469-mg-2013-0024547-5-stj/relatorio-e-voto-23541210. Acesso em: 15 fev. 2022.

BRASIL. Superior Tribunal de Justiça. REsp 1.433.805/SE. Relator: Ministro Sérgio Kukina. Brasília, 24.06.2014. Disponível em: https://stj.jusbrasil.com.br/jurisprudencia/25155921/recurso-especial-resp-1433805-se-2013-0221482-0-stj/relatorio-e-voto-25155923. Acesso em: 15 fev. 2022.

BRASIL. Supremo Tribunal de Justiça. Súmula 410. A prévia intimação pessoal do devedor constitui condição necessária para a cobrança de multa pelo descumprimento de obrigação de fazer ou não fazer. Brasília: Supremo Tribunal de Justiça, 2009. Disponível em: https://www.stj.jus.br/docs_internet/revista/eletronica/stj-revista-sumulas-2014_38_capSumula410.pdf. Acesso em: 15 fev. 2022.

BRASIL. Tribunal de Justiça de Minhas Gerais. AI 10105130255463001/MG. Relator: Desembargador Caetano Levi Lopes. Minhas Gerais, 22/01/2014.

BRASIL. Tribunal de Justiça de São Paulo. AI 20570003120178260000. Relator: Desembargador Maia da Rocha. São Paulo, 14.06.2017.

BRASIL. Tribunal de Justiça de São Paulo. AI 2183513-78.2016.8.26.0000. Relator: Desembargador Flavio Abramovici. São Paulo, 10.11.2016. Disponível em: https://tj-sp.jusbrasil.com.br/jurisprudencia/404777262/agravo-de-instrumento-ai--21835137820168260000-sp-2183513-7820168260000. Acesso em: 15 fev. 2022.

BRASIL. Tribunal de Justiça de São Paulo. AI 2240496-97.2016.8.26.0000. Relatora: Desembargadora Daise Fajardo Nogueira Jacot. São Paulo, 1º.06.2017. Disponível em: https://tj-sp.jusbrasil.com.br/jurisprudencia/436566192/agravo-de-instrumento-ai--22288569720168260000-sp-2228856-9720168260000/inteiro-teor-436566210. Acesso em: 15 fev. 2022.

BRASIL. Tribunal de Justiça de São Paulo. HC 2018359-71.2017.8.26.0000. Relator: Desembargador Carlos Alberto Garbi. São Paulo, 15/03/2017. Disponível em: https://tj-sp.jusbrasil.com.br/jurisprudencia/438549887/habeas-corpus-hc-20183597120178260000-sp-2018359-7120178260000. Acesso em: 15 fev. 2022.

BRASIL. Tribunal de Justiça do Distrito Federal e Territórios. Enunciado 12. Relatora: Desembargadora Josapha Francisco dos Santos. Brasília, 17.05.2017. Disponível em: https://tj-df.jusbrasil.com.br/jurisprudencia/459415554/20160020486102-0051397-7320168070000. Acesso em: 15 fev. 2022.

BRASIL. Tribunal de Justiça do Distrito Federal e Territórios. HC 20160020486102 0051397-73.2016.8.07.0000. Relatora: Desembargadora Josapha Francisco dos Santos. Brasília, 17.05.2017. Disponível em: https://tj-df.jusbrasil.com.br/jurisprudencia/459415554/20160020486102-0051397-7320168070000. Acesso em: 15 fev. 2022.

BRASIL. Tribunal de Justiça do Rio de Janeiro. AI 00005279320138190000/RJ. Relatora: Desembargadora Maria Augusta Vaz. Rio de Janeiro, 30/09/2013. Disponível em: https://tj-rj.jusbrasil.com.br/jurisprudencia/117407361/agravo-de-instrumento-ai--5279320138190000-rj-0000527-9320138190000. Acesso em: 15 fev. 2022.

BUENO, Cassio Scarpinella. *Novo código de processo civil anotado*. São Paulo: Saraiva, 2015.

DIDIER JUNIOR, Fredie. *Curso de direito processual civil*: parte geral e processo de conhecimento. 17. ed. Salvador: JusPodivm, 2016.

DINAMARCO, Cândido Rangel. *A instrumentalidade do processo*. 6. ed. São Paulo: Malheiros, 1998.

DINAMARCO, Cândido Rangel. *Instituições de direito processual civil*. 8. ed. São Paulo: Malheiros, 2016.

DWORKIN, Ronald. *Levando os direitos a sério*. São Paulo: Martins Fontes, 2002.

G1 BA. *Família enterra bebê que não teve cirurgia mesmo com decisão judicial*. Salvador, 2015. Disponível em: http://g1.globo.com/bahia/noticia/2015/04/familia-enterra-bebe-que-nao-teve-cirurgia-mesmo-com-decisao-judicial.html. Acesso em: 15 fev. 2022.

G1 RIBEIRÃO E FRANCA. *Criança com paralisia cerebral morre após Prefeitura não fornecer sonda*. Ribeirão Preto, 2015. Disponível em: https://g1.globo.com/sp/ribeirao-preto-franca/noticia/2012/10/crianca-com-paralisia-cerebral-morre-apos-prefeitura-nao-fornecer-sonda.html. Acesso em: 15 fev. 2022.

GRINOVER, Ada Pelegrini. Ética, abuso do processo e resistência às ordens judiciárias: o contempt of court. *Revisão de Processo*, v. 102, abr. 2001. Disponível em: https://www.academia.edu/7792643/%C3%89TICA_ABUSO_DO_PROCESSO_E_RESIST%C3%8ANCIA_%C3%80S_ORDENS_JUDICI%C3%81RIAS_O_CONTEMPT_OF_COURT. Acesso em: 15 fev. 2022.

MARCATO, Antônio Carlos. *O processo monitório brasileiro*. São Paulo: Malheiro, 1998.

MEDINA, José Miguel Garcia. *Novo Código de Processo Civil comentado*: com remições e notas comparativas ao CPC/1973. 5. ed. São Paulo: Ed. RT, 2017.

6
PROPOSTAS PARA UMA JURISDIÇÃO MAIS EFETIVA EM FACE DO PODER PÚBLICO

6.1
DOS IMPACTOS FINANCEIROS PARA O PODER PÚBLICO PELO EXCESSO DE LITÍGIOS JUDICIAIS

Fridtjof Chrysostomus Dantas Alves

Mestrando em Processo e Direito ao Desenvolvimento pelo Centro Universitário Christus (UNICHRISTUS). Especialização em Direito Constitucional pela Faculdade Integrada da Grande Fortaleza (FGF). Graduado em Direito pela Universidade de Fortaleza (UNIFOR). Advogado. E-mail: fridtjofalves@hotmail.com.

Resumo: O Poder Público não está imune à cultura de judicialização, pois é responsável pela excessiva proliferação de litígios judiciais, prejudicando seu orçamento ao acumular despesas processuais decorrentes de multas, sucumbências, além das dívidas vultosas oriundas de violações à lei, descumprimentos contratuais, entre outros, que dão origem a inúmeros precatórios e requisições de pequeno valor (RPV's). Neste sentido, percebe-se que tal realidade se mantém quando o Poder Público, na figura da União, Estados e municípios, incentiva a procura pelo Judiciário ao deixarem de resolver, diretamente, seus conflitos. Desta forma, investiga-se como seus recursos são afetados, demonstrando que a redução de litígios judiciais implicaria em mais investimentos na saúde, educação etc. Para isso, foram analisados livros, legislações, estudos, relatórios, jurisprudências e artigos para averiguar porquê há tantas demandas contra os entes públicos referidos; de que forma as receitas destes são prejudicadas; quais os reflexos negativos nas finanças públicas pelo excesso de processos judiciais; quais iniciativas podem ser adotadas para sua redução. Como resultado, verificou-se a necessidade de uma maior organização institucional que incentive a utilização do processo administrativo, mediação extrajudicial, precedentes, dentre outros, para se evitar uma judicialização desnecessária, além da intervenção do Ministério Público e da aplicação efetiva de sanções contra os gestores que insistirem nessa realidade, assegurando maior equilíbrio nas finanças públicas. Portanto, conclui-se que o excesso de litígios judiciais causa inúmeros impactos negativos nas receitas públicas, sendo necessária uma reflexão e mudança desse paradigma, adotando medidas que combatam as causas do endividamento público decorrente da grande quantidade de processos judiciais, e não apenas suas consequências.

Palavras-chave: Endividamento – Poder Público – Impactos financeiros – Judicialização excessiva.

Abstract: The Public Power is not immune to the culture of judicialization, as it is responsible for the excessive proliferation of judicial disputes, harming its budget by accumulating procedural expenses resulting from fines, loss of suit, in addition to the large debts arising from violations of the law, contractual breaches, among others, that give rise to numerous precatories and small-value requisitions (RPV's). In this sense, it is clear that this reality remains when the Public Power, in the figure of the Union, States and Municipalities, encourages the search for the judiciary when they fail to directly resolve their conflicts. In this way, it investigates how its resources are affected, demonstrating that the reduction of judicial litigation would imply in more investments in health, education etc. For this, books, legislation, studies, reports, jurisprudence and articles were analyzed to find out why there are so many demands against the mentioned public entities; in what way their income is harmed; what are the negative effects on public finances due to the excess of lawsuits; which initiatives can be adopted to reduce it. As a result, there was a need for a greater institutional organization that encourages the use of the administrative process, extrajudicial mediation, precedents, among others, to avoid unnecessary judicialization, in addition to the intervention of the Public Ministry and the effective application of sanctions against the managers who insist on this reality, ensuring greater balance in public finances. Therefore, it is concluded that the excess of judicial disputes causes numerous negative impacts on public revenues, requiring a reflection and change of this paradigm, adopting measures that combat the causes of public indebtedness resulting from the large number of lawsuits, and not only their consequences.

Keywords: Indebtedness Public Power – Financial impacts – Excessive judicialization.

Sumário: 6.1.1 Introdução – 6.1.2 Dos reflexos das despesas e dívidas processuais nas finanças públicas – 6.1.3 Do papel do processo administrativo, mediação extrajudicial e dos precedentes na prevenção de litígios judiciais – 6.1.4 Da intervenção do ministério público no combate à judicialização excessiva envolvendo os entes públicos – 6.1.5 Considerações finais – Referências.

6.1.1 INTRODUÇÃO

O Poder Público, na figura da União, Estados e municípios, é um dos maiores litigantes na esfera judicial, seja na posição ativa, quando promove uma execução fiscal, seja na passiva, quando ofende algum bem jurídico de terceiro, provocando uma taxa de congestionamento processual[1] superior à média nacional, conforme se verifica no relatório "Justiça em números 2021", do Conselho Nacional de Justiça (CNJ), indicando que há uma cultura de judicialização, somada à falta de utilização de meios capazes de evitá-la, redundando, assim, em uma quantidade desproporcional de demandas no Judiciário (BRASIL, 2021). Nesta linha, Machado Segundo (2021, p. 132) compreende que:

> Entende-se por 'cultura da judicialização' a decorrente do hábito de tudo pretender ser resolvido pelo Poder Judiciário, o que paradoxalmente é por vezes provocado por autoridades que chegam a reconhecer que o cidadão tem razão, nos pleitos que apresenta perante o Poder Público, mas consideram 'mais prudente' negar esses pleitos a fim de que o interessado reclame ao Poder Judiciário e este então determine o correspondente atendimento.

Tal comportamento, nas palavras de Machado Segundo (2021, p. 132), é que justifica o "[...] fato de ser o Poder Público o maior litigante do Poder Judiciário

---

1. Considerando que a taxa de congestionamento média do primeiro grau da justiça brasileira é de 74,9% em 2020, verifica-se, no relatório do CNJ de 2021, que a taxa de congestionamento bruta nas varas de Execução fiscal/Fazenda Pública é de 86%, equiparando-se à do Tribunal do Júri, ficando atrás apenas em relação às Varas de Execução Penal que se encontram no patamar de 93%.

Brasileiro", incluindo União, Estados e municípios que poderiam mudar esse paradigma com a adoção de iniciativas, como a observância adequada do processo administrativo, da mediação extrajudicial e dos precedentes, sendo demonstrado que tais meios, além de reduzir a quantidade de litígios judiciais, minimizariam substancialmente os gastos com estes.

Nesta senda, não se pode ignorar os impactos financeiros gerados nestes entes públicos pela judicialização excessiva, já que, além das despesas relacionadas com honorários sucumbenciais, periciais, astreintes, multas punitivas, juros e correção da dívida principal, existe uma grande quantidade de requisições de pequenos valores e precatórios judiciais, oriundos de violações legais, descumprimentos contratuais, entre outros, que comprometem o orçamento público, prejudicando o investimento e a aplicação de receitas nas áreas da saúde, educação, infraestrutura etc., como apontam Gutiérrez e Alves (2021, p. 167) em relação aos municípios:

> De modo que, observa-se, dentre outras consequências as seguintes: i) aumento gradativo da dívida principal, quando de natureza pecuniária, a partir da incidência de juros, correção, honorários sucumbenciais, multas de recursos protelatórios, litigância de má-fé, que são aplicados no processo judicial, conferindo valor final em patamar bem superior ao inicial; ii) bloqueios de valores realizados pelo Judiciário ao ser ultrapassado o prazo de pagamento, reduzindo às receitas municipais, prejudicando na aquisição de medicamentos, fornecimento de mais vagas em creche e escolas, disponibilização de mais leitos hospitalares, atraso no pagamento de fornecedores e salários do funcionalismo público [...].

Nesta perspectiva, a redução das demandas judiciais envolvendo o Poder Público, consequentemente, provocaria a diminuição do montante da dívida e os gastos de recursos com processos dessa natureza, que aumentam anualmente, conforme dispõe o CNJ em seu "Mapa Anual dos Precatórios – 2019", ao apontar, considerando as demandas das Justiças Estadual, Federal, Superior e do Trabalho até 31/12/2019, envolvendo os municípios, uma dívida total de R$ 52,17 bilhões de reais, cuja quantia, um ano depois, apurada pelo "Mapa Anual dos Precatórios – 2020", aumentou para R$ 60,18 bilhões de reais, correspondendo a um acréscimo de 15,35%.

Com igual relevância, o "Relatório Precatórios – Reestruturação da Gestão nos Tribunais", elaborado em 2012 pelo CNJ, destacou que, na época, 44% do total de processos de precatórios estavam vinculados aos municípios, considerando um montante total de R$ 32,5 bilhões de reais. Deste modo, evidenciou-se que 53,85% dos municípios brasileiros, num total de 2.995, possuíam dívidas com precatórios (BRASIL, 2012).

Logo, percebe-se, com base nos dados coletados de 2012 e 2020, sem incluir RPV's, que houve um aumento de R$ 27,68 bilhões de reais com dívidas de precatórios municipais, demonstrando que, enquanto não forem adotadas iniciativas que evitem a cultura da judicialização, atacando a causa com a redução de demandas, de nada adiantará minimizar as consequências com parcelamentos, fixação de teto de gasto, entre outros, já que, além de manter o problema, outros mais serão criados.

Dentro desta problemática, a presente pesquisa apontará, no primeiro tópico, por qual motivo há incentivos para litigiosidade envolvendo o Poder Público e quais são as principais despesas processuais, dispondo como a dívida pública se forma, indicando de que maneira União, Estados e municípios são onerados em suas finanças públicas por causa do excesso de processos judiciais, demonstrando, ainda, como seu acúmulo afeta o interesse público e a administração pública.

No segundo tópico, serão abordados alguns meios que devem ser adotados para se evitar a judicialização, ponderando, especificamente, sobre a observância adequada do processo administrativo, da mediação extrajudicial e dos precedentes, ressaltando de que maneira podem ser utilizados, além dos benefícios e a importância destes na solução de seus casos concretos.

Por fim, no terceiro tópico, serão apresentadas algumas soluções práticas que podem ser utilizadas, caso o Poder Público colabore com a cultura da judicialização, indicando como o Ministério Público pode intervir nessa realidade, aplicando, efetivamente, o Decreto 201/67 (Crime de responsabilidade dos prefeitos municipais) e a Lei 8.429/92 (Improbidade Administrativa), com a imposição de sanções que repercutam diretamente na pessoa dos gestores públicos que incentivem desnecessariamente litígios judiciais.

Assim, baseado em um estudo descritivo analítico desenvolvido através de pesquisa, buscou-se revelar, com os conhecimentos obtidos, como é importante que a cultura da judicialização seja combatida nas demandas que envolvem o Poder Público, já que seu excesso ocasiona impactos significativos nas finanças, prejudicando o interesse público em diversas esferas, sendo essencial a adoção de condutas que incentivem a resolução extrajudicial de conflitos.

Quanto ao tipo, a pesquisa foi bibliográfica, realizada através de livros, legislação, artigos, relatórios, jurisprudência e publicações especializadas dos assuntos relacionados ao tema, tratando os dados por meio de uma abordagem qualitativa e de análise de conteúdo, aprofundando-se na compreensão do assunto e desenvolvendo-o, descritivamente, ao classificar, interpretar e explicar o fenômeno observado, tratando-o, inclusive, no âmbito exploratório, objetivando aprimorar as ideias através das informações obtidas.

Por fim, foi realizada revisão da literatura, com o intuito de resumir qualquer informação relacionada ao assunto, verificando se existem pesquisas avançadas neste sentido e que tratem, direta ou indiretamente, do tema, averiguando quantos estudos foram publicados se utilizando do método de elaboração narrativo a partir da análise do material referido.

Nesta toada, espera-se que esta investigação demonstre como o excesso de dívidas e despesas processuais oneram as receitas públicas, trazendo sérios prejuízos para toda sociedade, sendo fundamental a adoção de iniciativas, pelos entes da administração direta (União, Estados e municípios), que evitem a cultura da judicialização, podendo, para tanto, no caso de omissão, serem aplicadas medidas que afastem essa realidade, uma vez que o controle e o equilíbrio do orçamento público são afetados pelos reflexos negativos deste fenômeno.

6.1.2 DOS REFLEXOS DAS DESPESAS E DÍVIDAS PROCESSUAIS NAS FINANÇAS PÚBLICAS

Para ter uma noção mais adequada acerca dos impactos financeiros causados pelo processo judicial, é necessário expor, primeiramente, quais são as despesas e dívidas geradas por este, pois esta compreensão demonstrará, num segundo momento, por qual motivo as finanças públicas são significativamente afetadas, redundando, com isso, em menos receitas para União, Estados e municípios a serem aplicadas em áreas, como saúde, educação, entre outras.

Nesta senda, ao analisar o atual Código de Processo Civil (CPC), considerando as despesas processuais aplicáveis para o Poder Público, serão ponderadas, neste tópico, as seguintes: i) condenação de multas por litigância de má-fé (artigo 81), como meio coercitivo (artigo 537) e por abuso recursal (artigos 1.021, § 4º e 1.026, §§ 2º e 3º); ii) honorários periciais (artigo 82, § 2º e 95); iii) sucumbência (artigo 85, § 3º); iv) incidência de juros legais e correção monetária no valor principal (artigo 322, § 1º), já que todos estes compõem os custos da demanda judicial, como indica Machado Segundo (2021, p. 31):

> Demandas judiciais envolvem custos. Honorários de advogados, custas judiciais, honorários de peritos, e o próprio tempo decorrido, no qual os valores permanecem indisponíveis no âmbito de depósitos judiciais, ou bens não podem ser alienados por estarem gravados pela penhora, são exemplos de tais ônus.

Com isso, observando a primeira despesa indicada, verifica-se que a multa por litigância de má-fé poderá ser aplicada, pelo juiz de ofício ou a requerimento da parte, quando o Poder Público incorrer em qualquer das condutas previstas no artigo 80, incisos[2] do CPC, cujo valor, nos termos do artigo 81 do referido diploma legal, "[...] deverá ser superior a um por cento e inferior a dez por cento do

---

2. Art. 80. Considera-se litigante de má-fé aquele que: I – deduzir pretensão ou defesa contra texto expresso de lei ou fato incontroverso; II – alterar a verdade dos fatos; III – usar do processo para conseguir objetivo ilegal; IV – opuser resistência injustificada ao andamento do processo; V – proceder de

valor corrigido da causa". Nesta perspectiva, o Supremo Tribunal Federal (STF) compreende, no AI 567.171/SE, julgado em 03.12.2008, que "[...] trate-se de parte pública ou de parte privada – deve ter a sua conduta sumariamente repelida pela atuação jurisdicional dos juízes e dos tribunais, que não podem tolerar o abuso processual como prática descaracterizadora da essência ética do processo".

Além desta, é possível o Poder Público ser condenado a pagar multa, como meio coercitivo (astreintes), nos termos do artigo 537, *caput*, do CPC, quando não cumprir, dentro do prazo atribuído pelo juiz,[3] obrigação de fazer ou não fazer, oriundas de tutela provisória, sentença ou execução e, também, de forma punitiva, quando abusar do direito de recurso, como se observa nas hipóteses de agravo interno manifestamente inadmissível, ou improcedente em votação unânime pelo órgão colegiado, cabendo-lhe o pagamento, a depender do caso, nos termos do artigo 1.021, §4º do CPC, "[...] entre um e cinco por cento do valor atualizado da causa". Ocorre, do mesmo modo, no recurso de embargos de declaração, quando manifestamente protelatório, com quantia "[...] não excedente a dois por cento sobre o valor atualizado da causa", como dispõe o artigo 1.026, § 2º do CPC, de maneira que é possível acumular os três tipos de multas acima apresentadas.

Quanto à segunda despesa relacionada aos atos processuais, gênero em que se enquadram os honorários periciais, frisa-se que seu custo, independente da previsão disposta no artigo 82, § 2º do CPC, competirá antecipadamente ao Poder Público, conforme já definiu a jurisprudência majoritária do Superior Tribunal de Justiça (STJ) no REsp 244.713/MG, julgado em 21.09.2000, entendendo que "[...] cabe à Fazenda Pública e suas autarquias o adiantamento dos honorários periciais, a que derem causa", sendo devidos, assim, nas ações em que seja realizado laudo para fins de prova,[4] considerando os precedentes do STJ, como no REsp 135.927/SP, julgado em 23/03/1999, que "[...] o pagamento dos honorários periciais não está sujeito ao regime de precatório", podendo, a depender das condições financeiras do ente público e da quantidade de processos, ser mais um fator de redução de suas receitas.

Com maior reflexo, e como a terceira das expensas assinaladas, a sucumbência, aplicada na maior parte das demandas,[5] é um dos custos que mais aumenta o valor

---

modo temerário em qualquer incidente ou ato do processo; VI – provocar incidente manifestamente infundado; VII – interpuser recurso com intuito manifestamente protelatório.

3. Tal hipótese ocorre com frequência, principalmente, quando envolve demandas estruturais relacionadas à saúde (aquisição de medicamentos, fornecimento de próteses, leitos em UTI etc.), em que Poder Público não consegue, por qualquer motivo, cumprir uma ordem judicial no prazo assinalado.
4. Nas ações de desapropriação indireta, por exemplo, existem precedentes do STJ, como no REsp 788.817/GO, julgado em 19.06.2007, onde consta que "o adiantamento dos honorários periciais, em se tratando de ação de indenização por desapropriação indireta, incumbe ao Poder Público".
5. Conforme artigo 25, da Lei 12.016, de 7 de agosto de 2009, "não cabem, no processo de mandado de segurança, a interposição de embargos infringentes e a condenação ao pagamento dos honorários advocatícios, sem prejuízo da aplicação de sanções no caso de litigância de má-fé".

da dívida principal, sendo, em regra, fixada nas ações em que o Poder Público não é vencedor na lide. Theodoro Júnior (2019, p. 433) justifica sua origem, afirmando que:

> A concepção clássica da inclusão dos honorários de advogado dentro das despesas processuais que o vencido deve repor ao vencedor se fundamentou, sempre, na injustiça que representaria fazer recair sobre o titular do direito reconhecido em juízo os gastos despendidos na obtenção da respectiva tutela.

Nesta toada, em relação à fazenda pública, devem ser observadas, dentre outras, as regras constantes no artigo 85, § 3º do CPC, podendo, ainda, ocorrer sua majoração pelo tribunal, em sede de julgamento de recurso, como dispõe o §11 do referido artigo, dando origem a precatórios e RPV's, atreladas ao valor principal e, também, à sucumbência, representando um montante final de débito, consideravelmente superior, quando comparado com o valor inicial anterior à judicialização.

Hipoteticamente, para ilustrar tal situação, imagine que o ente público "A" deva para um servidor público "B" o montante de R$ 5.000,00 (cinco mil reais) referente a diferenças salariais de um direito líquido e certo previsto em lei e, por omissão desmotivada, é provocado judicialmente para efetuar este pagamento. Percebe-se que, na hipótese de decisão favorável, ignorando todos os demais custos que podem incidir sobre ele, haverá, no mínimo, uma condenação sucumbencial de 10% que equivalerá a um acréscimo de R$ 500,00 (quinhentos reais) sob a dívida principal. Agora, imagine que, se além desse processo, existam outros 200 (duzentos) que sejam semelhantes e na mesma quantia. Desta maneira, por este exemplo, é possível concluir que só de dívida de sucumbência seria comprometido, das receitas públicas, o valor de R$ 100.000,00 (cem mil reais).

Por fim, não se pode ignorar que todas as despesas apontadas têm seus valores atualizados, sendo pedido implícito, como dispõe Didier Jr. (2019), os juros legais (art. 322, § 1º, CPC; arts. 405 e 406 do Código Civil) e a correção monetária (art. 322, § 1º, CPC; art. 404 do Código Civil), que terão um peso maior quanto mais demorar a resolução do litígio, já que o acúmulo anual e crescente de dívidas e despesas processuais redundará numa realidade financeira futura em que as receitas públicas, na data do pagamento, serão proporcionalmente inferiores de quando começaram.

Assim, haverá um aumento do montante da dívida com a atualização, enquanto as receitas, ainda que aumentem, acumularão, com a excessiva judicialização, cada vez mais dívidas e despesas processuais, importando, no decorrer dos anos, na diminuição gradativa do seu saldo positivo. Gutiérrez e Alves (2021, p. 167), em relação aos municípios, observam que:

> [...] a quantidade exorbitante de precatórios devidos pelos municípios, oriundos de litígios judiciais, colabora para essa realidade, que poderia ser minimizada através de soluções administrativas capazes de reduzir os impactos financeiros para a fazenda pública, que na esfera municipal, segundo a Confederação Nacional dos Municípios (CNM), considerando dados de

2017, alcançaram o patamar de R$ 40,51 bilhões, sendo 3.023 municípios com precatórios gerados pela justiça comum, 1.530 na do trabalho e 409 na Justiça Federal, sem incluir aqui as requisições de pequeno valor (RPV's), aumentando a dívida pública exponencialmente [...].

Não é à toa que, analisando a Nota Técnica 01/2020 da Confederação Nacional de Municípios (CNM), verifica-se que o valor bruto total de recursos repassados em 2019 foi de R$ 110,8 bilhões de reais, sendo que o referido, em 2020, considerando os Estudos Técnicos/Finanças/CNM (2020), identificou repasse inferior, na quantia de 106,1 bilhões de reais, ou seja, enquanto as dívidas de precatórios do mesmo período aumentaram em 15,35%, conforme estudo do CNJ, já apontado nesta pesquisa, as receitas, por outro lado, tiveram queda de 4,42%.

Neste aspecto, é onde as dívidas processuais, compostas pelas RPV's e precatórios judiciais, assumem um papel decisivo no endividamento público. O primeiro, conforme o artigo 87, inciso III, dos Atos das Disposições Constitucionais Transitórias (ADCT), trata-se de débitos ou obrigações dos municípios que tenham valor igual ou inferior a trinta salários mínimos, salvo se houver regulamentação local em quantia não inferior ao teto do regime geral de previdência social.[6] O segundo, nas palavras de Cunha Jr. e Novelino (2014, p. 483), "[...] é uma ordem de pagamento emanada do Poder Judiciário e dirigida às fazendas públicas, Federal, Estaduais, Distrital e Municipais, em virtude de sentença condenatória transitada em julgado que impôs a estas entidades uma obrigação de pagar".

Desta forma, a grande quantidade de demandas acaba gerando um excesso de precatórios e RPV's que, ao se acumularem, por falta de um equilíbrio entre as receitas x dívidas processuais, dão origem a Emendas Constitucionais (EC) que tentam amenizar o endividamento com medidas de parcelamento forçado (moratórias), como se observa na EC 30 de 13 de setembro de 2000, que estipulou prazo máximo de 10 (dez) anos para pagamento; EC 62 de 09 de dezembro de 2009, que estabeleceu prazo de até 15 (quinze) anos; na EC 94 de 15 de dezembro de 2016, que trouxe a previsão de depósitos mensais em conta especial do Tribunal de Justiça local de 1/12 (um doze avos) do valor calculado percentualmente sobre as respectivas receitas correntes líquidas, tratando-se apenas de medidas paliativas e inconstitucionais que não atacam a verdadeira causa do problema.

Saliente-se ainda que, transcorrido o prazo legal sem pagamento das dívidas processuais, é concreta a possibilidade de bloqueio das receitas públicas para assegurá-las, comprometendo as finanças do exercício corrente, causando diversos transtornos, como: i) atraso de pagamento de salários do funcionalismo; ii) inadimplência com fornecedores; iii) diminuição de recursos a serem aplicados

---

6. Para o ano de 2022, este teto é de R$ 7.087,22 (sete mil e oitenta e sete reais e vinte e dois centavos).

na saúde, educação, cultura, infraestrutura, entre outros. Acerca do sequestro de valores, Machado Segundo (2021, p. 66) dispõe que:

> Caso os Estados, o Distrito Federal e os Municípios endividados com seus precatórios em 25 de março de 2015 (aos quais se aplica o referido "Regime Especial), nos termos do art. 101 do ADCT, não efetuarem o recolhimento do percentual de sua receita corrente líquida em referida conta especial aberta junto ao Tribunal, para que se possibilite o adimplemento de suas dívidas acumuladas, será possível o sequestro de valores (ADCT, art. 103), o que de algum modo afasta o dogma segundo o qual o patrimônio público não poderia sofrer qualquer tipo de constrição.

Neste sentido, quanto maior a quantidade de precatórios e RPV's, menor será a capacidade dos entes públicos de pagá-los dentro do prazo, correndo o risco de serem sequestradas grandes quantias, inviabilizando o funcionamento da máquina pública, além de violar direitos básicos dos cidadãos, seja do credor que, por anos, aguarda que a decisão transitada em julgado em seu favor seja efetivada, seja de terceiros que, por falta de uma gestão responsável, também são prejudicados. Nesta linha, Machado Segundo (2021, p. 62) assevera que:

> O problema do endividamento público, já se disse, tem raízes na economia comportamental, e na dificuldade em se fazer com que o gestor público do presente deixe de usar recursos em favor de "sua" gestão para: (i) saldar débitos contraídos durante administrações passadas, e, a *fortiori*, (ii) deixar saldos positivos para administrações futuras.

Deste modo, sem visualizar os prejuízos apontados, acaba se preferindo a judicialização, indicando Vilar (2021, p. 139), dentre os incentivos para litigância, que:

> Diante dos baixos custos financeiros das disputas judiciais no Brasil, os grandes litigantes também reagem a esse incentivo. Além dos baixos custos, não são todas as pessoas que buscam o Poder Judiciário, de modo que os grandes litigantes não necessariamente respondem de forma proporcional à sua ineficiência e aos seus erros. São incorporados em seus orçamentos, eventuais litígios ou prejuízos decorrentes de algumas condenações, e não necessariamente a conduta inadequada é ajustada. Essa postura pode ser resultado de uma decisão deliberada, mas também pode decorrer da falta de organização.

Nesta senda, o Poder Público tenta incorporar ao orçamento o gasto com o processo daqueles que acionam o Judiciário sob a perspectiva de que a economia provocada pelos que não acionaram, compensará os custos da litigância, ocorrendo, na prática, que, apesar de haver uma economia no curto prazo, é desconsiderado que, a longo prazo, o "represamento" de muitas demandas judiciais provocará graves impactos financeiros, como demonstrado.

Neste aspecto, tal iniciativa não decorre apenas de uma decisão deliberada do Gestor Público, sob a "ilusão" de uma falsa economia, mas também da falta de organização do próprio ente, apontando Vilar (2021, p. 40) que "[...] alguns órgãos públicos são ineficientes e burocráticos, ensejando que a busca da garantia de direitos, no âmbito do Poder Judiciário, seja, muitas vezes, mais fácil e menos custosa do que o requerimento administrativo", sendo fundamental a mudança desse paradigma.

Logo, não restam dúvidas de que o acúmulo "desenfreado" de despesas e dívidas processuais, decorrente do excesso de judicialização, reflete negativamente nas finanças públicas, não se justificando que todo e qualquer conflito envolvendo União, Estados e municípios seja resolvido apenas com a intervenção do Poder Judiciário. Assim, o objetivo do próximo tópico é apresentar alguns meios preventivos para evitar a proliferação imoderada de demandas judiciais, garantindo mais receitas e equilíbrio para as contas públicas.

6.1.3 DO PAPEL DO PROCESSO ADMINISTRATIVO, MEDIAÇÃO EXTRAJUDICIAL E DOS PRECEDENTES NA PREVENÇÃO DE LITÍGIOS JUDICIAIS

Compreendido os impactos negativos que podem ser causados pelo excesso de despesas e dívidas processuais, passa-se a analisar, de forma específica, alguns instrumentos que servem como meios preventivos para se evitar litígios judiciais, quais sejam: i) o processo administrativo; ii) a mediação extrajudicial; iii) o instituto dos precedentes, não sendo o objetivo deste tópico abordar todos os meios possíveis, mas indicar três deles que, se devidamente aplicados, ajudarão a combater a cultura da judicialização.

Não há como negar que o processo administrativo cumpre uma função essencial nessa tarefa, já que sua devida tramitação e seu acesso adequado permitirão que qualquer interessado, antes de provocar o Poder Judiciário, busque a solução administrativa do conflito, evitando, com isso, o acúmulo desnecessário de processos judiciais e o endividamento exagerado dos entes públicos. Gutiérrez e Alves (2021, p. 162), acerca dos municípios, dispõem que:

> [...] só é possível considerar devido e adequado, o processo administrativo que assegure essas garantias constitucionais mínimas, restando configuradas quando: i) há o livre acesso desse instrumento aos interessados; ii) se proporciona uma participação concreta em todos as fases do procedimento, inclusive na produção e juntada de provas; iii) se observa um contraditório não meramente formal, mas também material, cujos argumentos sejam capazes de influenciar nas decisões administrativas que deverão ser fundamentadas nos fatos e nas leis pertinentes ao conflito; e iv) se garanta uma tramitação razoável e eficiente, permitindo, assim, uma melhor tutela dos direitos que lhe serão postos.

Com base nisso, percebe-se que é dever dos entes públicos assegurar o devido processo administrativo, incentivando sua utilização e não a judicialização, imprimindo esforços para que, através dele, sejam resolvidos os conflitos que lhe são postos da maneira mais eficiente possível, e em tempo razoável, deixando para o Judiciário somente as questões mais complexas que demandem sua necessária intervenção. Gutiérrez e Alves (2021, p. 169) prosseguem apontando que:

> Além disso, também é essencial que seja disponibilizado um espaço físico adequado e pessoal qualificado, com atribuições bem definidas, para atender à demanda, permitindo o atendimento ao público em horário regular, assegurando protocolo formal, caso se dê de forma física, com definição de número processual, páginas e arquivamento dos pedidos, observando a ordem cronológica e preferencial destes, sendo crucial que exista um sistema informatizado para cadastro e registro das fases desses processos, que sirva também, para consulta dos usuários caso queiram acompanhar sua tramitação.

De igual importância é a mediação extrajudicial. Nesta toada, a Lei 13.140, de 26 de junho de 2015, dispõe sobre a mediação e a autocomposição de conflitos no âmbito da administração pública, definindo-as, no art. 1º, § único, como "[...] a atividade técnica exercida por terceiro imparcial sem poder decisório, que, escolhido ou aceito pelas partes, as auxilia e estimula a identificar ou desenvolver soluções consensuais para a controvérsia". Ainda nesta perspectiva, Tartuce (2016, p. 52) expõe que:

> Mediação é o meio consensual de abordagem de controvérsias em que uma pessoa isenta e devidamente capacitada atua tecnicamente para facilitar a comunicação entre as pessoas para propiciar que elas possam, a partir da restauração do diálogo, encontrar formas proveitosas de lidar com as disputas.

Neste contexto, existem conflitos administrativos que surgem justamente pela falta de comunicação entre o prejudicado e o ente público, sendo que a mediação facilita o diálogo com soluções que podem ser reveladas a partir dele. O artigo 32 da Lei 13.140/15 prevê que "[...] os Municípios poderão criar câmaras de prevenção e resolução administrativa de conflitos, no âmbito dos respectivos órgãos da Advocacia Pública, onde houver", para, assim, nos termos do inciso II da referida norma, "[...] avaliar a admissibilidade dos pedidos de resolução de conflitos, por meio de composição, no caso de controvérsia entre particular e pessoa jurídica de direito público".

Salienta-se que, mesmo onde não for criada câmara de mediação através de lei local, conforme assegura o artigo 33, nada impede que a mediação seja realizada, observando o regramento geral previsto no capítulo I, Seção III, Subseção I, da Lei 13.140/15, devendo ser lavrado termo, quando for celebrado acordo, constituindo título executivo extrajudicial, ou, quando não existir consenso, consignar a tentativa e sua impossibilidade.

Neste sentido, nada impede que, ao ser protocolado o processo administrativo, seja dada a opção de encaminhamento para a mediação, designando, no caso de aceite, data, local e hora em que será realizada, inclusive de forma remota, com a participação de um mediador extrajudicial imparcial que conduzirá um diálogo entre o ente público e o interessado, buscando o entendimento e o consenso, facilitando a resolução do conflito, podendo ser, nos termos do artigo 9 da Lei 13.140/15, "[...] qualquer pessoa capaz que tenha a confiança das partes e seja capacitada para fazer mediação", sendo desnecessário que componha conselho, entidade de classe ou associação, sendo oportuna, conforme a necessidade, a criação do cargo público de mediador com a função de conduzir, de forma independente, esse tipo de procedimento.

Portanto, é totalmente possível a utilização da mediação extrajudicial, evitando a proliferação de litígios judiciais que podem ser resolvidos administrativamente. Tartuce (2016, p. 30) pondera que "[...] deve haver, obviamente, certos cuidados na realização de transação pelo Poder Público, garantindo-se que não haja piora qualitativa na posição do ente público e que não se configure desvio de finalidade quanto ao destino de verbas públicas", permitindo, deste modo, maior celeridade e menos formalidade, possibilitando, acordar-se valores, prazos, parcelamentos, flexibilizar condições, entre outras questões, o que a sentença judiciária, muitas vezes, não é capaz de garantir, como afirma Andrews (2012, p. 352):

> Há muitas razões para que acordos, incluindo os que são resultado de mediação, estejam recebendo este forte apoio de fontes privadas e oficiais. Primeiramente, o acordo pode ser mais flexível do que a sentença final proferida pelos tribunais. Pode-se se inserir no acordo um elemento de sucesso para ambas as partes. Em contrapartida, a sentença normalmente cria somente um vencedor, e o tribunal fica restrito ao padrão de remédios oferecidos pelo direito privado ou pelo direito público.

Por fim, os precedentes, definidos por Lopes Filho (2020, p. 144), como "[...] julgamento que ocasiona um ganho hermenêutico que é tomado como referência individual em casos posteriores", desempenham relevante papel contra a cultura da judicialização, na medida em que devem ser observados e aplicados pelo Poder Público nas decisões de seus casos concretos, sendo vinculantes, tanto os de natureza administrativa, como compreendem Lopes Filho e Bedê (2016, p. 241):

> Desse modo, é possível se encontrar nos precedentes administrativos novos parâmetros para o disciplinamento jurídico da atuação da Administração Pública. O princípio da legalidade impôs de maneira severa a compreensão do agir público em torno da norma legislativa e de sua regulamentação. A constatação de que seus próprios precedentes também possuem força vinculante revela, então, uma referência que não pode ser desconsiderada no Direito Administrativo.

Como também os de natureza judicial, considerando Oliveira (2018, p. 147) que:

> [...] a inobservância dos precedentes judiciais pela Administração Pública acarretaria a propositura de demandas judiciais desnecessárias, prejudicando não apenas a prestação jurisdicional, mas, especialmente, os cidadãos (administrados) que precisariam propor ações judiciais para defender seus direitos em situações já consolidadas na esfera judicial.

Logo, se há, na esfera administrativa ou judicial, precedentes que já trataram de determinadas matérias, não se justifica que, em questões semelhantes e futuras, seja incentivada a judicialização, demonstrando, mais uma vez, ser desnecessário o litígio judicial nessas hipóteses, uma vez que o Poder Público é capaz de prever se a decisão lhe será favorável ou não, resolvendo extrajudicialmente o conflito.[7]

Contudo, para a utilização dos meios apontados acima, é necessária uma mudança cultural, já que, atualmente, adotam-se condutas que prejudicam a solução extrajudicial de conflitos, como dispõe Vilar (2021, p. 145):

> [...] o sistema de justiça atual é mais organizado em função do excesso de litigiosidade. A própria estrutura dos órgãos da Advocacia Pública é concebida a partir da consideração de índices que valorizam posturas litigiosas (apresentação de impugnações e recursos). E, apesar da mencionada política estatal concebida, ainda não se verifica uma cultura de real valorização as posturas cooperativas (acordo, reconhecimento jurídico do pedido, dispensa de recurso quando a matéria é manifestamente ilegal ou está em harmonia com precedentes reiterados e pacificados).

Assim, deve-se afastar uma postura puramente litigiosa para dar lugar a um "acesso à justiça" que se realize, também, na esfera administrativa, evitando inúmeros prejuízos para toda coletividade, como aborda Vilar (2021, p. 158):

> [...] o excesso de litigiosidade gera, além dos altos custos econômicos, graves custos sociais à toda coletividade. Porém, para alterar tão significativamente a forma de atuação do Poder Público, em relação a possíveis conflitos, é necessária uma mudança cultural dos órgãos envolvidos.

Portanto, percebe-se que é totalmente possível a solução de conflitos envolvendo o Poder Público sem a necessidade da intervenção do Poder Judiciário, seja através do processo administrativo, mediação extrajudicial ou com os precedentes, sem prejuízo de outros instrumentos[8] que assumem um papel decisivo na prevenção de litígios judiciais, quando devidamente observados. No próximo tópico, aborda-se como o Ministério Público pode agir nas hipóteses em que os entes públicos incentivarem a judicialização imoderada.

6.1.4 DA INTERVENÇÃO DO MINISTÉRIO PÚBLICO NO COMBATE À JUDICIALIZAÇÃO EXCESSIVA ENVOLVENDO OS ENTES PÚBLICOS

Indicados alguns meios que devem ser observados pelos entes públicos para se evitar a judicialização excessiva, trata-se, por derradeiro, de algumas medidas

---

7. As súmulas vinculantes, por exemplo, são construídas a partir dos precedentes, devendo ser aplicadas pela administração pública, como estabelece o artigo 103-A, *caput*, da Constituição Federal. De modo que, a inobservância destas gera a proliferação de reclamações junto ao Poder Judiciário.
8. Exemplificativamente, podem ser citados: arbitragem, protesto de CDA, entre outros.

que podem ser adotadas pelo Ministério Público para evitá-la, nas hipóteses em que não houver nenhuma iniciativa por parte do Poder Público, analisando especificamente: i) a utilização de instrumentos, como a recomendação e o Termo de Ajustamento de Conduta (TAC) para essa finalidade; ii) A aplicação efetiva do Decreto 201/67 (crime de responsabilidade dos prefeitos municipais) e da Lei 8.429/92 (Improbidade Administrativa) contra os gestores públicos que incentivem a proliferação de litígios judiciais.

Neste sentido, por se tratar de uma "instituição permanente, essencial à função jurisdicional do Estado, incumbindo-lhe a defesa da ordem jurídica, do regime democrático e dos interesses sociais e individuais indisponíveis", nos termos do artigo 127 da Constituição Federal, é função do Ministério Público intervir contra a cultura da judicialização, principalmente quando sua propagação é incentivada pelo Poder Público que, ao praticá-la deliberadamente, ocasiona graves prejuízos nas finanças e no interesse coletivo, como já demonstrado.

Deste modo, é possível a utilização da recomendação, definida, conforme artigo 1º da Resolução 164, de 28 de março de 2017, do Conselho Nacional do Ministério Público (CNMP), como um instrumento de atuação extrajudicial que objetiva:

> [...] persuadir o destinatário a praticar ou deixar de praticar determinados atos em benefício da melhoria dos serviços públicos e de relevância pública ou do respeito aos interesses, direitos e bens defendidos pela instituição, atuando, assim, como instrumento de prevenção de responsabilidades ou correção de condutas. (BRASIL, 2017).

Logo, é possível a sua expedição tanto de forma preventiva, quando seja recomendada para determinado ente público a utilização de meios extrajudiciais para solução dos seus conflitos, quanto para fins de correção de conduta, caso se verifique que há uma quantidade excessiva de processos, RPV's e precatórios judiciais por falta, dentre outros, de um processo administrativo devido ou pela não observância de precedentes.

Frisa-se que, embora as recomendações não tenham efeito vinculante, a partir dela, é possível determinar se a conduta do gestor público recomendado é dolosa ou não, como observa Gajardoni (2012, p. 38), ao dispor que:

> [...] após a recomendação, o órgão ou o agente recomendado não podem mais se escusar de eventual responsabilidade civil e administrativa sob o fundamento de que não tinham conhecimento da ocorrência, especialmente naquelas hipóteses em que a recomendação visava à adequação da conduta do representado ao disposto na legislação. A partir da recepção da recomendação, presume-se dolosa a conduta comissiva ou omissiva do recomendado.

Assim, considerando, hipoteticamente, que um ente público ignore determinada recomendação do Ministério Público, no sentido de observar um precedente ou lei relacionada a um caso concreto, dando origem a inúmeras demandas judiciais semelhantes, não poderá o gestor, diante de um dano causado ao patrimônio público oriundo desta conduta, alegar que não agiu dolosamente, caso, eventualmente, venha sofrer alguma responsabilização pessoal.

Com a mesma intenção, mas com natureza diferente, o TAC poderá ser utilizado dentro do inquérito civil instaurado pelo Ministério Público que vise, por exemplo, adequar a tramitação e disponibilização de processos administrativos em determinado ente público, como permite o artigo 14 da Resolução 23, de 17 de setembro de 2007:

> O Ministério Público poderá firmar compromisso de ajustamento de conduta, nos casos previstos em lei, com o responsável pela ameaça ou lesão aos interesses ou direitos mencionados no artigo 1º desta Resolução, visando à reparação do dano, à adequação da conduta às exigências legais ou normativas e, ainda, à compensação e/ou à indenização pelos danos que não possam ser recuperados. (BRASIL, 2007).

Assim, o TAC pode ser utilizado para que um ente público, por exemplo, seja compelido a regularizar o processo administrativo em sua esfera, comprometendo-se a incentivar a utilização deste para a resolução de seus conflitos, caso muitas demandas judiciais se originem pela falta de sua disponibilização adequada. Neste aspecto, Gavronski (2011, p. 381) compreende que o TAC:

> Desempenha, em nosso ordenamento, uma função de "equivalente jurisdicional", na medida em que, atendidos todos os requisitos legais, serve a concretizar tais direitos e interesses sem a necessidade de se recorrer, para esse fim, ao exercício da jurisdição, i.e, sem a intervenção do Poder Judiciário.

Por fim, não sendo observadas as recomendações, ou sendo infrutíferas as tentativas de realização de TAC, é salutar que, dentro de sua competência, o Ministério Público promova, por exemplo, e quando for o caso, ações penais por crimes de responsabilidade contra o gestor municipal que, nos termos do artigo 1º, inciso XIV do Decreto-lei 201, de 27 de fevereiro de 1967, "[...] negar execução a lei federal, estadual ou municipal", considerando que o descumprimento reiterado de determinada norma vem colaborando para proliferação de demandas judiciais.

Do mesmo modo, é possível também a promoção de ação por ato de improbidade administrativa, por prejuízo ao erário, contra os gestores públicos que, dolosamente, por violar previsão legal, derem origem a um excessivo número de demandas judiciais que, posteriormente, redundem em prejuízos ao patrimônio público, dispondo o artigo 10, *caput*, da Lei 8.429, de 2 de junho de 1992, que "[...] constitui ato de improbidade administrativa que causa lesão ao erário qualquer ação ou omissão dolosa, que enseje, efetiva e comprovadamente, perda patrimonial, desvio, apropriação, malbaratamento ou dilapidação dos bens".

Nesta toada, exemplificativamente, não é adequado que a autoridade pública, mesmo ciente da grande quantidade de precatórios e RPV's judiciais relacionados ao descumprimento de uma previsão legal específica, continue incentivando demandas no Poder Judiciário sobre o mesmo tema, já que, posteriormente, comprometerá ainda mais as finanças públicas, causando-lhe prejuízos que afetarão a sociedade como um todo.

Diante destas considerações, observa-se que o Ministério Público pode intervir eficazmente, adotando algumas das medidas apontadas acima, visando coibir a proliferação excessiva de demandas judiciais relacionadas aos entes públicos adeptos dessa cultura, já que o endividamento, apontado nesta pesquisa, causa inúmeros reflexos negativos que impactam diretamente no interesse coletivo, redundando em menos receitas que poderiam ser aplicadas na educação, saúde, entre outras áreas.

6.1.5 CONSIDERAÇÕES FINAIS

Portanto, percebe-se, considerando toda a análise desenvolvida, como a cultura da judicialização envolvendo União, Estados e municípios refletem negativamente nas finanças públicas, reduzindo recursos e investimentos, demonstrando que é fundamental a utilização e disponibilização de meios adequados que permitam a solução de conflitos de forma extrajudicial, evitando, com isso, a proliferação desnecessária de processos judiciais, podendo o Ministério Público intervir para garantir que os entes públicos adotem iniciativas na intenção de minimizá-la.

Neste aspecto, é preciso atacar as causas do endividamento, e não as consequências, reduzindo a quantidade de demandas judiciais que envolvam o Poder Público, reservando ao Poder Judiciário apenas as matérias de maior complexidade, sendo o processo administrativo, a mediação extrajudicial e a observância dos precedentes, meios eficazes para essa finalidade, já que a utilização adequada destes permitirá uma solução menos onerosa do conflito, sem a necessidade de custear as despesas e dívidas decorrentes do processo judicial, tendo uma visão econômica de longo prazo, e não apenas de curto prazo.

Para tanto, deve-se assegurar um processo administrativo devido, garantindo aos interessados seu pleno acesso, promovendo-o, conforme as previsões legais, com resposta em prazo razoável, sem prejuízo da utilização do instituto da mediação, com a criação de câmaras de prevenção e resolução administrativa de conflitos, observando, em suas decisões, os precedentes judiciais e administrativos, evitando a rediscussão de matérias semelhantes na esfera judicial.

Paralelo a isso, pode o Ministério Público, através de recomendações, termos de ajustamento de conduta (TAC), ações por crime de responsabilidade e improbidade administrativa, exigir que os entes públicos, adeptos da cultura da judicialização, deixem de propagá-la, na medida em que a quantidade exorbitante de demandas judicias envolvendo-os, causam sérios prejuízos ao erário, afetando o interesse público de modo amplo.

Assim, não há como ter uma finança pública equilibrada sem considerar os efeitos deletérios que a proliferação excessiva de demandas judiciais pode causar. Logo, a diminuição destas permitirá o acesso a mais recursos públicos que, ao invés de serem utilizados no pagamento de despesas ou dívidas processuais, como RPV's e precatórios, poderão ser aplicados na educação, saúde, infraestrutura, cultura, entre outras áreas.

Por fim, é intenção desta pesquisa chamar o problema à reflexão, para que se tenha uma visão geral de como o excesso de demandas judiciais prejudicam todo o interesse público, pois há cada vez menos receitas para um endividamento que cresce anualmente, sendo necessária essa mudança cultural de realidade, para que a imoderada judicialização seja combatida, cabendo ao Poder Público o papel fundamental de não a incentivar, já que condutas em sentido contrário se refletem em um barato, que há longo prazo, sai muito caro.

REFERÊNCIAS

ANDREWS, Neil. *O moderno processo civil*: formas judiciais e alternativas de resolução de conflitos na Inglaterra. 2. ed. São Paulo: Ed. RT, 2012.

BRASIL. Constituição da República Federativa do Brasil. Diário Oficial da República Federativa. Brasília, 1988. Disponível em: http://www.planalto.gov.br/ccivil_03/constituicao/constituicao.htm. Acesso em: 08 jan. 2022.

BRASIL. Decreto-lei 201, de 27 de fevereiro de 1967. Dispõe sobre a responsabilidade dos Prefeitos e Vereadores, e dá outras providências. Diário Oficial da República Federativa. Brasília, 1967. Disponível em: http://www.planalto.gov.br/ccivil_03/decreto-lei/del0201.htm. Acesso em: 08 jan. 2022.

BRASIL. Emenda Constitucional 30, de 13 de setembro de 2000. Diário Oficial da República Federativa. Altera a redação do art. 100 da Constituição Federal e acrescenta o art. 78 no Ato das Disposições Constitucionais Transitórias, referente ao pagamento de precatórios judiciários. Brasília, 2000. Disponível em: http://www.planalto.gov.br/ccivil_03/constituicao/emendas/emc/emc30.htm. Acesso em: 08 jan. 2022.

BRASIL. Emenda Constitucional 62, de 9 de dezembro de 2009. Altera o art. 100 da Constituição Federal e acrescenta o art. 97 ao Ato das Disposições Constitucionais Transitórias. Diário Oficial da República Federativa. Brasília, 2009. Disponível em: http://www.planalto.gov.br/ccivil_03/constituicao/emendas/emc/emc62.htm. Acesso em: 08 jan. 2022.

BRASIL. Emenda Constitucional 94, de 15 de dezembro de 2016. Altera o art. 100 da Constituição Federal. Diário Oficial da República Federativa. Brasília, 2016. Disponível em: http://www.planalto.gov.br/ccivil_03/constituicao/emendas/emc/emc94.htm. Acesso em: 08 jan. 2022.

BRASIL. Justiça em Números 2021. Brasília: CNJ, 2021. Disponível em: https://www.cnj.jus.br/wp-content/uploads/2021/09/relatorio-justica-em-numeros2021-12.pdf. Acesso em: 08 jan. 2022.

BRASIL. Lei 8.429, de 2 de junho de 1992. Dispõe sobre as sanções aplicáveis em virtude da prática de atos de improbidade administrativa, de que trata o § 4º do art. 37 da Constituição Federal; e dá outras providências. Diário Oficial da República Federativa. Brasília, 1992. Disponível em: http://www.planalto.gov.br/ccivil_03/leis/l8429.htm. Acesso em: 08 jan. 2022.

BRASIL. Lei 13.105, de 16 de março de 2015. Código de Processo Civil. Diário Oficial da República Federativa. Brasília, 2015a. Disponível em: http://www.planalto.gov.br/ccivil_03/_ato2015-2018/2015/lei/l13105.htm. Acesso em: 08 jan. 2022.

BRASIL. Lei 13.140, de 26 de junho de 2015. Dispõe sobre a mediação entre particulares como meio de solução de controvérsias e sobre a autocomposição de conflitos no âmbito da administração pública; altera a Lei 9.469, de 10 de julho de 1997, e o Decreto 70.235, de 6 de março de 1972; e revoga o § 2º do art. 6º da Lei 9.469, de 10 de julho de 1997. Diário Oficial da República Federativa. Brasília, 2015b. Disponível em: http://www.planalto.gov.br/ccivil_03/_ato2015-2018/2015/lei/l13140.htm. Acesso em: 08 jan. 2022.

BRASIL. Relatório Precatórios: Reestruturação da Gestão nos Tribunais. Brasília: CNJ, 2012. Disponível em: https://www.cnj.jus.br/corregedoria/reesprec/documentos/Realtorio_Precatorios_CNJ_FINAL.PDF. Acesso em: 08 jan. 2022.

BRASIL. Resolução 23, de 17 de setembro de 2007. Regulamenta os artigos 6º, inciso VII, e 7º, inciso I, da Lei Complementar 75/93 e os artigos 25, inciso IV, e 26, inciso I, da Lei 8.625/93, disciplinando, no âmbito do Ministério Público, a instauração e tramitação do inquérito civil. Diário Oficial da República Federativa. Brasília, 2007. Disponível em: https://www.cnmp.mp.br/portal/images/Normas/Resolucoes/Resoluo-0232.pdf. Acesso em: 08 jan. 2022.

BRASIL. Resolução 164, de 28 de março de 2017. Disciplina a expedição de recomendações pelo Ministério Público brasileiro. Diário Oficial da República Federativa. Brasília, 2017. Disponível em: https://www.cnmp.mp.br/portal/images/Resolucoes/Resolu%C3%A7%C3%A3o-164.pdf. Acesso em: 08 jan. 2022.

BRASIL. Superior Tribunal de Justiça. Recurso Especial 135.927/SP. Recorrente: União, Recorrido: Mário Elias Breim e Outro. Rel. min. Aldir Passarinho Junior. Brasília, 23/03/1999. Disponível em: https://processo.stj.jus.br/processo/ita/documento/mediado/?num_registro=199700406644&dt_publicacao=03-05-1999&cod_tipo_documento=1&formato=undefined. Acesso em: 08 jan. 2022.

BRASIL. Superior Tribunal de Justiça. Recurso Especial 244.713/MG. Recorrente: Instituto Nacional do Seguro Social. Recorrido: Sebastião Alves Martins. Rel. min. Gilson Dipp. Brasília, 21.09.2000. Disponível em: https://processo.stj.jus.br/processo/revista/documento/mediado/?componente=IMGD&sequencial=293345&num_registro=200000011380&data=20001009&formato=PDF. Acesso em: 08 jan. 2022.

BRASIL. Supremo Tribunal Federal. Agravo de Instrumento 567.171/SE. Agravante: José Marcos Reis do Carmo. Agravado: Ministério Público do Estado de Sergipe. Rel. min. Marco Aurélio. Brasília, 03.12.2008. Disponível em: https://redir.stf.jus.br/paginadorpub/paginador.jsp?docTP=AC&docID=574207. Acesso em: 08 jan. 2022.

CONFEDERAÇÃO NACIONAL DE MUNICÍPIOS. Estudos Técnicos/Finanças/CNM. Brasília: CNM, 2020. Disponível em: https://www.cnm.org.br/cms/biblioteca/O-Fundo-de-Participacao-dos-Municipios-FPM-em-2020-e-as-perspectivas-para-2021.pdf. Acesso em: 08 jan. 2022.

CONFEDERAÇÃO NACIONAL DE MUNICÍPIOS. Nota Técnica 01/2020. Brasília: CNM, 2020. Disponível em: https://www.cnm.org.br/cms/biblioteca/NT_01_2020_Previsao_STN_2020_FPM.pdf. Acesso em: 08 jan. 2022.

CUNHA JR., Dirley da; NOVELINO, Marcelo. *Constituição Federal para concursos*. 5. ed. Salvador: JusPodivm, 2014.

DIDIER JR, Fredie. *Curso de Direito Processual Civil*. 21. ed. Salvador: JusPodivm, 2019.

GAJARDONI, Fernando da Fonseca. *Direitos difusos e coletivos II*: ações coletivas em segurança coletivo. São Paulo: Saraiva, 2012.

GAVRONSKI, Alexandre Amaral. *Técnicas extraprocessuais de tutela coletiva*: a efetividade da tutela coletiva fora do processo judicial. São Paulo: Ed. RT, 2011.

GUTIÉRREZ, Daniel Mota; ALVES, Fridtjof Chrysostomus Dantas. Processo administrativo nos municípios brasileiros: análise crítica em busca da tutela efetiva de direitos e do acesso à ordem jurídica justa. *Revista Inclusiones*, v. 8, p. 155-173, out./dez. 2021. Disponível em: http://revistainclusiones.com/carga/wp-content/uploads/2021/09/9-Dantas-et-al-VOL-8-NUMESPECBRASIL-OCT-DIC2021INCL.pdf. Acesso em: 08 jan. 2022.

LOPES FILHO, Juraci Mourão; BEDÊ, Fayga Silveira. A força vinculante dos precedentes administrativos e o seu contributo hermenêutico para o Direito. *A&C – Revista de Direito Administrativo & Constitucional*, Belo Horizonte, v. 16, n. 66, p. 239-265, out./dez. 2016. Disponível em: http://www.revistaaec.com/index.php/revistaaec/article/view/367/653. Acesso em: 08 jan. 2022.

LOPES FILHO, Juraci Mourão. *Os precedentes judiciais no constitucionalismo brasileiro contemporâneo*. 3. ed. Salvador: JusPodivm, 2020.

MACHADO SEGUNDO, Hugo de Brito. *Poder público e litigiosidade*. Indaiatuba: Editora Foco, 2021.

OLIVEIRA, Rafael Carvalho Rezende. *Precedentes no direito administrativo*. Rio de Janeiro: Forense, 2018.

TARTUCE, Fernanda. *Mediação nos conflitos civis*. 3. ed. Rio de Janeiro: Forense, 2016.

THEODORO JÚNIOR, Humberto. *Código de Processo Civil anotado*. 22. ed. Rio de Janeiro: Forense, 2019.

VILAR, Natália Ribeiro Machado. *Comportamento litigioso como a neurociência, a psicologia e a economia explicam o excesso de processos no Brasil*. Indaiatuba: Editora Foco, 2021.

7
MÉTODOS ALTERNATIVOS DE SOLUÇÃO DE LITÍGIOS E O PODER PÚBLICO

7.1
SANÇÕES POLÍTICAS E SISTEMA REGISTRAL NOTARIAL BRASILEIRO

Janaina Mendes Barros de Lima

Mestranda em Direito pelo Centro Universitário Unichristus (UNICHRISTUS). Formada em Direito pela Universidade 7 de Setembro. Pós-graduada em Direito e Processo do Trabalho e em Direito e Processo Tributário. Tabeliã e Registradora no Estado do Ceará.

Resumo: As sanções políticas, como instrumento utilizado pelo Estado para cobrar indiretamente os contribuintes de dívidas tributárias, são uma realidade no Brasil. Admitindo-se que as sanções políticas são utilizadas em diversos setores pela fazenda pública, inclusive nos Sistemas Registrais e Notarias do Brasil, discutem-se as cobranças tributárias indiretas aplicadas por meio dos ofícios de registros e notas do Brasil, investigando se os direitos dos cidadãos estão sendo violados, buscando apontar casos práticos, além disso, a possibilidade de os cartórios serem vítimas das sanções políticas. O modelo estatal de sanção política viola os direitos fundamentais dos contribuintes, coagindo os cidadãos e impondo medidas drásticas e desproporcionais. Assim, esta discussão é de grande importância, uma vez que as sanções políticas põem em xeque o Estado Democrático de Direito. Neste sentido, busca-se os conhecimentos doutrinários, legais e jurisprudenciais, nas áreas tributária, notarial e registral, para discutir, de forma teórica, as sanções políticas e apontar as possíveis violações ocorridas no núcleo dos serviços registrais. Conclui-se que há inúmeros casos de aplicabilidade das sanções políticas por meio dos sistemas registrais e notarias brasileiro, bem como a imposição das cobranças indiretas de tributos incidentes sobre os atos dos tabeliães e registradores como meio coercitivo aos titulares delegatários.

Palavras-chave: Sanções políticas – Registros públicos. Tributário – FERMOJU – Cobranças indiretas – Direitos fundamentais.

Sumário: 7.1.1 Introdução – 7.1.2 O sistema registral e notarial brasileiro – 7.1.3 Sanções políticas e registros públicos – 7.1.4 Sanções políticas e fundo especial de reaparelhamento e modernização do poder judiciário do Estado do Ceará – FERMOJU – 7.1.5 Considerações finais – Referências.

7.1.1 INTRODUÇÃO

Os órgãos da Fazenda Pública dispõem de instrumentos formais para executar os créditos tributários, contudo, muitas vezes, utilizam meios de cobranças indiretas, com o intuito de forçar e constranger o contribuinte. Apesar da existência da Lei de Execução Fiscal 6.830/80, o Estado, paralelamente, apodera-se das cobranças indiretas como modo coercitivo, aproveitando-se de instrumentos administrativos, obrigando o pagamento de tributos sem o devido processo legal.

O complexo fazendário é movimentado na direção das cobranças tributárias por meios indiretos, principalmente por se utilizar de instrumentos administrativos aptos a forçar o cidadão ao pagamento do crédito, mesmo através de artifícios que coloquem em risco o Estado Democrático de Direito. Desta forma, acredita-se que as serventias extrajudiciais – cartórios – participem ativamente deste cenário criado pelo Estado Legislador e Executor.

Os serviços notarial e registral são prestados pelos notários e registradores no âmbito administrativo, cuja finalidade está disposta na Lei 8.935/94 e diversos são os serviços públicos de notas e registros prestados cotidianamente na vida do cidadão. A lei impõe ao cidadão a satisfação de exigências para os cartórios realizarem o ato desejado, como o pagamento de tributos. Assim sendo, analisa-se a factibilidade da execução das sanções políticas no bojo das serventias extrajudiciais.

Nesta perspectiva, este estudo apresenta vasta importância acadêmica e social, uma vez que apresenta grande utilidade prática, pois os serviços cartorários estão integrados à vida social. As pessoas, rotineiramente, precisam dos serviços públicos notariais e registrais, por exemplo, na compra e venda de um imóvel e, em consequência de diretrizes estatais, podem ter seus direitos violados, cerceando a liberdade econômica.

Assim, por meio desta pesquisa, busca-se averiguar a utilização das sanções políticas, no sistema notarial e registral brasileiro, como medida estatal para cobrar tributos de forma indireta, investigando se os direitos dos cidadãos e dos serviços públicos estão sendo violados e, por fim, apontar casos práticos aplicados nos serviços públicos. Além disso, investiga-se as sanções políticas aplicadas aos tabeliões e registradores nas cobranças de tributos de sua competência, tornando-os vítimas do Estado na cobrança coercitiva e indireta destes sem o devido processo legal.

Para tanto, esta investigação buscou os conhecimentos doutrinários e jurisprudenciais, na área tributária, notarial e registral, no sentido de discutir, de forma teórica, as sanções políticas. Ademais, realizou-se um levantamento e revisão bibliográfica das legislações específicas do Estado do Ceará, objetivando argumentar de forma mais pragmática e apontando as situações de possíveis lesões acarretadas pelas sanções políticas.

A partir desta pesquisa, espera-se ampliar o conhecimento inovador sobre a aplicação das sanções políticas pelos sistemas registrais e notarias brasileiro. Além disso, abordar casos reais que possam contribuir para novos estudos acadêmicos. Por fim, enseja-se estender a compreensão da execução das sanções políticas sobre os delegatários, uma vez que são contribuintes tributários e sofrem cobranças, de forma indireta, das suas obrigações tributárias pelo não pagamento de taxas, deixando de lado a lei de execução fiscal e o devido processo legal.

7.1.2 O SISTEMA REGISTRAL E NOTARIAL BRASILEIRO

Este tópico versa sobre as questões primordiais sobre as serventias extrajudiciais, destacando os principais diplomas legais. Já o tópico 3, discute sobre as sanções políticas aplicadas às serventias extrajudiciais, como forma de instrumento utilizado pelo Estado para compelir a sociedade ao pagamento de tributos como condição da realização dos serviços de notas e registros. Por último, o tópico 4 aborda o Fundo Especial de Reaparelhamento e Modernização do Poder Judiciário (FERMOJU) como medida de sanção política utilizada pelo Estado em face dos Cartórios do Ceará.

Cabe destacar que a disciplina referente ao sistema notarial e registral apresenta previsão constitucional. Assim, o artigo 236 da Constituição Federal (CF) de 1988 traz as premissas fundamentais para o desenvolvimento legal deste tema. Logo de início, o dispositivo constitucional afirma que "[...] os serviços notariais e de registro são exercidos em caráter privado, por delegação do Poder Público". (BRASIL, 1988). Assim sendo, extrai-se que a função pública notarial e de registro é de titularidade estatal, mas é delegada a profissionais em caráter privado.

Em linhas gerais, a delegação é um instrumento de direito administrativo pelo qual o Estado, por ato unilateral, atende à necessidade de descentralização das atividades estatais para melhor cumprir sua finalidade de consecução do interesse público, transferindo o exercício de competência aos particulares. De acordo o ordenamento pátrio, cabe apenas a delegação do exercício da competência, sem que o delegante perca, com isso, a possibilidade de retomar o exercício, retirando-o do delegado (MELLO, 2017).

Nos termos do art. 236 da CF de 1988, a função pública notarial e registral é de titularidade do Estado, mas é delegada a profissionais do direito, por concurso público de provas e títulos, a quem cabe exercê-la em caráter privado. Dito de outra forma, "[...] hoje predomina o entendimento de que a natureza da atividade é de serviço público, mas sua gestão é particular". (SERRA, 2018, p. 13).

Inclusive, a regulamentação não se limita à delegação e, em consequência desta, também se tem o controle de sua execução. Ocorre que seu controle é em decorrência da transferência da execução do serviço, pois é dever do ente, que detém a titularidade aferir a forma que a atividade está sendo prestada. Com efeito, a Constituição Federal trouxe essa previsão no artigo 236, § 1º, ou seja, a lei definirá a fiscalização de seus atos pelo Poder Judiciário.

De fato, os serviços extrajudiciais realizados nos cartórios do Brasil fazem parte da organização judiciária dos estados, logo, dos Tribunais de Justiça. Ademais, a CF/88 estabelece a competência do Poder Judiciário para exercer a fiscalização sobre os atos praticados no âmbito da atividade notarial, impondo, assim, limites e formas de controle, nos termos do art. 236, § 1º. Nesta perspectiva, o controle do Poder Judiciário nas atividades notariais e registrais é externo.

Em consonância com a Constituição Federal, e nos termos do artigo 236, § 1º da CF/88, foi editada a Lei 8.935/94, que constitui o conjunto orgânico de normas e princípios que se denomina de direito registral e notarial. Esta lei é considerada o estatuto dos registradores e notários do Brasil, uma vez que estabelece noções primordiais que compõem o instituto jurídico notarial e registral (BRASIL, 1994).

Da mesma maneira, a CF de 1988 traz, expressamente, a regulamentação dos emolumentos em seu art. 236, § 2º. Este dispositivo constitucional traduz a remuneração pela execução da atividade notarial e registral, assim, a lei federal estabelecerá normas gerais para fixação de emolumentos relativos aos atos praticados pelos serviços notariais e de registro, tendo a Lei 10.169/00 regulamentado a matéria constitucional (BRASIL, 2000).

Denomina-se emolumentos a contraprestação, fixada por lei, que os notários e registradores têm o direito de exigir das partes que demandam seu serviço. A regra constitucional é completada pela Lei Federal e Leis Estaduais de cada ente da Federação, pois é competência de cada um fixar valores para atos praticados pelos cartórios. Desta feita, cabe ressaltar que a pessoa natural delegatária recebe uma remuneração por conta do exercício dessa delegação para gerir a atividade de forma autônoma e independente, sendo denominada emolumentos extrajudiciais.

O estatuto dos notariais e registradores disciplinam deveres e concedem direitos aos delegatários, dentre estes, há a percepção de emolumentos referentes aos atos realizados pela detenção da delegação concedida pelo Estado. Diante disso, segundo Loureiro (2019, p. 100), "[...] denomina-se emolumentos a remuneração fixada por lei, que os notários e registradores têm o direito de exigir das partes que demandam seu ministério".

A CF de 1988 traz, expressamente, a regulamentação dos emolumentos no art. 236, § 2º, e disciplina que é por meio da lei federal que se estabelecerão normas gerais para fixação de emolumentos relativos aos atos praticados pelos serviços notariais e de registro. Por isso, com o objetivo de tornar a norma constitucional plenamente eficaz, as diretrizes gerais sobre os emolumentos são disciplinadas na Lei 10.169/00, mas as normas específicas têm previsão nas leis estaduais. É que, nos termos do artigo 1º da lei supracitada, cabe aos Estados e ao Distrito Federal a competência para fixação do valor dos emolumentos relativos aos atos praticados pelos respectivos serviços notariais e de registro.

No âmbito doutrinário, por conta da singularidade da atividade notarial e registral, os emolumentos se situam em uma incerteza, no que tange sua natureza jurídica. De fato, este instituto tem peculiaridades que, ora se aproxima de taxas, ora de preço público e, por vezes, diverge consideravelmente da natureza tributária. Em relação à discussão específica sobre a natureza dos emolumentos, o Supremo Tribunal Federal (STF) tem posicionamentos reiterados, no sentido de que emolumentos extrajudiciais são taxas. Isto porque, em várias decisões na corte, discutiu-se sobre a natureza jurídica dos emolumentos (BRASIL, 1997).

Os estados disciplinam por lei as tabelas dos emolumentos, bem como fundos de arrecadação que são descontados dos valores auferidos pelos cartórios. Os valores dos fundos de arrecadação criados pelos estados apresentam natureza jurídica de taxas, como o mencionado na Lei do Estado do Ceará 11.891/91, que instituiu o FERMOJU. Estas taxas são incidentes sobre os valores dos emolumentos extrajudiciais, ou seja, a arrecadação realizada pelos cartórios (BRASIL, 1991).

Portanto, as serventias extrajudiciais, em regra, são geridas pelos titulares delegatários. Estes tabeliães e registradores auferem contraprestação dos serviços prestados mediante taxas cobradas aos usuários dos serviços, e estes valores sofrem incidência de outras taxas exigidas dos órgãos estatais, como Tribunal de Justiça, Ministério Público e Defensoria Pública.

7.1.3 SANÇÕES POLÍTICAS E REGISTROS PÚBLICOS

Este tópico aborda os meios indiretos de cobranças de tributos. Neste sentido, o Estado detém meios legítimos para realizar as cobranças dos tributos, contudo, utiliza outros meios diferentes da execução fiscal. Assim, discutem-se alguns casos de sanções políticas envolvendo as serventias extrajudiciais.

Atualmente, a execução fiscal brasileira é disciplinada pela Lei 6.830/80, que estabelece regramento de cobrança da dívida ativa tributária e não tributária realizada pelas Fazendas Públicas da União, Estados e Municípios, diferenciando-a da execução dos demais títulos executivos, regulada pelo Código de Processo Civil (CPC) de 2015.

A ineficiência, por parte do Estado, para executar suas dívidas pode viabilizar outros meios rápidos e arrecadatórios, assim, a doutrina discute propostas de instituição da execução fiscal administrativa (MELO, 2012). A fazenda pública tem legislação específica para executar dívidas pelo poder público, porém este procedimento se mostra moroso e ineficiente, além de absorver significativa parcela da força de trabalho do Poder Judiciário. Assim, o Estado busca outros instrumentos de cobranças que possam ser ilegais e inconstitucionais, as quais suscitam um Estado antidemocrático e desproporcional.

Possivelmente, o problema a ser enfrentado na tributação, mesmo que formalmente na relação jurídica, tem como pano de fundo a prevalência da assimetria força factual do Estado em face do cidadão (MARINS, 2009). Esta desigualdade na relação tributária, onde o Estado tem maior força, viabiliza a criação de institutos que contribuem unicamente para alcançar maior arrecadação. Neste sentido, entende-se que artifícios utilizados pelo Estado, como cobranças de dívidas por meios indiretos, ou seja, as sanções políticas, podem trazer grandes prejuízos ao Estado democrático de direito, ocasionando lesões aos direitos dos cidadãos – contribuintes.

No âmbito do Direito Tributário, existem discussões sobre as sanções políticas, como formas indiretas de obrigar o contribuinte ao pagamento de tributos, diferentes dos meios regulares de cobrança tributária – ajuizamento de Execução Fiscal. As sanções políticas são formas indiretas de execução fiscal, contrariando flagrantemente os direitos e garantias fundamentais trazidas pela CF de 1988.

Assim, "[...] nos termos do disposto nos artigos. 5º, inciso XIII, e 170, parágrafo único da CF/88, qualquer que seja a restrição que implique cerceamento da liberdade de exercer atividade lícita é inconstitucional". (MACHADO, 2007, p. 311). Portanto, são consideradas cobranças de dívidas por meios indiretos, que exercem constrangimento por ocasionar obstáculos ao exercício regular de qualquer atividade lícita do cidadão.

Contudo, o art. 170, parágrafo único, da vigente Constituição Federal, assegura a liberdade econômica, salvo nos casos previstos em lei. Esta última ressalva pode parecer que a legislação admite a sanção política, mas, na verdade, diz respeito a certas atividades que, por questão de segurança, ficam a depender da autorização estatal. Assim, tal dispositivo não pode ter o alcance que alguns lhe pretendem atribuir, até para que a exceção não seja transformada em regra (MACHADO SEGUNDO, 2001).

A jurisprudência também conjuga com a ideia de abusividade nas sanções políticas. O STF, no Recurso Extraordinário 565.048 – Tema 031, traz a discussão no sentido de afirmar ser "meio indireto coercitivo" ou "restrições abusivas", limitadoras do livre exercício da atividade econômica", como exposto no Recurso Extraordinário 917.191. Assim, o STF veda a prática de sanções políticas, nos termos das Súmulas 70, 323 e 547. Portanto:

> A autorização estatal para o exercício da atividade, porém, não pode ser condicionada especificamente ao pagamento dos tributos, posto que assim estaria subvertido todo o sistema de garantias constitucionais contra a exigência de tributos indevidos. (MACHADO, 2007, p. 311).

Na atualidade, percebe-se grande aplicabilidade real das sanções políticas pelo Estado, nos mais diversos ramos das atividades. Para ilustrar, diante de um débito tributário por qualquer cidadão, o Estado pode proibir ou dificultar uma emissão de nota fiscal ou apreender mercadorias da empresa, admitir interdição de estabelecimentos e não apresentar certidões negativas de débitos fiscais aos cidadãos. Não raro, o Estado restringe direitos por não conceder certidões negativas de débitos fiscais. A maior parte destas restrições são inválidas, pois são desproporcionais, meios indiretos de cobrar tributos sem observar o devido processo legal (MACHADO, 2007).

O Estado apresenta o poder-dever de constituir seus créditos tributários e dispõe da ação de execução fiscal para sua cobrança, possuindo instrumentos processuais adequados para recuperar estes créditos, como a expropriação dos bens do devedor. Contudo, todos os meios utilizados pela Fazenda Pública devem ser submetidos aos limites constitucionais, legais, inclusive toda a ordem jurídica.

Neste sentido, discute-se o emprego das sanções políticas na vida dos cidadãos, já que se mostra um meio capaz de colocar em risco o próprio Estado Democrático de direito. Logo,

A utilização de sanções políticas há de ser energicamente repelida, constitui flagrante abuso de poder que não pode ser admitido, posto que a Fazenda Pública tem a seu dispor instrumentos jurídicos eficazes para a defesa de seus créditos. (MACHADO, 2007, p. 324).

As sanções políticas são restrições aplicadas e justificadas pelo Estado, suscitando o poder de polícia da administração, o qual apresenta a prerrogativa de condicionar e limitar o exercício de atividades e/ou propriedades. Apesar do poder de polícia ter grande importância coletiva, já que é responsável pela fiscalização das atividades potencialmente causadoras de riscos, não pode ser usado de forma indiscriminada pela fazenda pública, subvertendo os interesses para, unicamente, arrecadar os créditos tributários.

Os atos limitadores de direitos dos cidadãos, praticados pelo Estado, encontram restrições na lei, pelo crivo da validade, e, também, podem ser eivados de inconstitucionalidade, além do dever de observar o princípio da proporcionalidade. No que pese a lei determinar a cobrança de tributos, é necessário o ajuizamento de ação de execução fiscal.

Portanto, é necessário esclarecer que as sanções políticas combatidas nesta pesquisa não abrangem todas as exigências realizadas pelo Estado aos cidadãos, com o intuito de verificar o pagamento dos créditos tributários. Ao contrário, apoia-se a legítima e eficaz recuperação do crédito, por parte do Estado, mas com estrita observância aos limites de todo o ordenamento jurídico, inclusive aos princípios para evitar o abuso do poder.

Compreende-se que existem diversos meios indiretos de cobranças de dívidas tributárias ilegais utilizados atualmente pelo Estado. Em relação aos sistemas registrais e notarias, as sanções políticas podem ser facilmente percebidas em inúmeros atos. Assim, de forma indireta, enviesada e sorrateira, os pagamentos dos tributos são exigidos sem o devido processo judicial.

No que tange ao Sistema Notarial e Registral brasileiro, a prática de atos relacionados à transmissão de imóveis, ou de direitos a ela relativos, vem sendo instituída por leis municipais e normativos para realizar as cobranças indiretas dos tributos. Assim sendo, os atos normativos condicionam a transmissão da propriedade ao pagamento dos tributos, muitas vezes, resultando em sérias restrições ao exercício da livre iniciativa econômica.

Os serviços de Notas e de Registro de Imóveis se submetem ao arbítrio estatal na cobrança de tributos, a despeito da clara ilegalidade das leis e atos normativos que estabelecem exigências das certidões negativas para a realização do ato relacionado aos imóveis, como exemplo, a transferência de titularidade. Há evidente restrição dos direitos do cidadão, que acaba sendo forçado a efetuar o pagamento de impostos, por vezes, indevidos.

O Código Tributário de Fortaleza traz previsão de sanção política aplicada aos cartórios no art. 266. Este dispositivo define como responsáveis solidários pelo pagamento do IPTU tabeliães, notários, oficiais de registros de imóveis e demais serventuários de cartórios que lavram escrituras, transcrevem ou averbam atos em seus registros relacionados com a transferência de propriedade ou de direitos a ela relativos, sem a prova da quitação do IPTU dos imóveis (Prefeitura de Fortaleza, 2013).

Neste caso, entende-se que há evidente abuso de poder – sanção política, uma vez que o IPTU tem como fato gerador a propriedade, o domínio útil ou a posse de bem imóvel por natureza ou por acessão física, não havendo razoabilidade ao condicionamento do pagamento do IPTU à transmissão da propriedade.

Contudo, quando há exigência de apresentação do pagamento do Imposto de Transmissão de Bens Imóveis Inter-Vivos (ITBI) como condição para realizar a transferência do imóvel no registro imobiliário, não há qualquer ofensa à ordem jurídica, já que o fato gerador do ITBI é a transmissão do bem imóvel (art. 1.245 do Código Civil de 2002). *Assim, a transmissão de bens imóveis ocorre com a transferência efetiva da propriedade, ou do domínio útil, porém, a exigência do pagamento do ITBI, em outro momento do negócio jurídico, pode tornar o ato uma sanção política.*

A questão citada acima foi analisada pelo STF no Recurso Extraordinário com Agravo (ARE) 1294969, com repercussão geral (Tema 1124), sendo fixado o entendimento que o "[...] fato gerador do imposto sobre transmissão intervivos de bens imóveis (ITBI) somente ocorre com a efetiva transferência da propriedade imobiliária, que se dá mediante o registro".

Os cartórios de registros imobiliários são obrigados a fiscalizar a quitação do ITBI, art. 134, VI, do Código Tributário Nacional (CTN) e artigo art. 30, XI, da Lei 8.935/94. Assim, a exigência, nos cartórios, desta quitação não corresponde sanção política. Da mesma forma, ocorre com o Imposto sobre Transmissão Causa Mortis e Doação de Quaisquer Bens ou Direitos (ITCD) no efetivo momento da transmissão que pode ser judicial ou administrativo.

Todavia, alguns municípios, como no Estado do Ceará, condicionam a lavratura da escritura pública pelo cartório de notas ao pagamento do ITBI, nos termos do artigo 308 do Código Tributário Municipal, apesar de o *fato gerador do imposto de transmissão de bens imóveis ocorrer apenas com transferência efetiva da propriedade, ou seja, no registro. Logo, neste caso específico, considera-se uma sanção política com limitação à liberdade econômica do cidadão, pois está privando-o de realizar um negócio jurídico lícito, qual seja, a transferência de sua propriedade.*

O princípio da proporcionalidade, no que tange à necessidade, torna inconstitucional, também, grande parte das sanções políticas, impostas pelo Estado, sobre os sujeitos passivos que se encontrem em situação de impontualidade com seus deveres tributários. O Estado deve aplicar a imposição de sanções menos gravosas e realizar seu direito à percepção de receita pública tributária, nada justificando validamente a imposição de sanções indiretas (PONTES, 2000).

Outra grande discussão envolvendo cartórios de protestos e sanção política está relacionada com as Certidões de Dívidas Ativas (CDA). Houve alteração no art. 1º da Lei 9.492/97 para incluir, entre os títulos sujeitos a protesto, as certidões de dívida ativa da União, dos Estados, do Distrito Federal, dos Municípios e das respectivas Autarquias e Fundações Públicas. Após esta alteração legislativa, os cartórios dos estados se adaptaram para receber os títulos CDA para protestos.

Em relação ao Estado do Ceará, a Consolidação Normativa Notarial e Registral, no art. 266 do Provimento 08/14, autoriza o apontamento da CDA para fins de protestos (Tribunal de Justiça do Estado do Ceará, 2014). Assim, todos os cartórios de protestos do Estado devem receber, para fins de protestos, os títulos. Contudo, apesar das disposições legislativas e regulamentares, entende-se que este ato é uma sanção política, já que o Estado está utilizando o protesto como meio indireto de cobrança de tributos, dificultando, ou até impossibilitando, o livre exercício da atividade econômica.

A Lei de Execução Fiscal 6.830/80, no art. 38, disciplina a discussão judicial da dívida ativa da Fazenda Pública e afirma que só é admissível em execução na forma desta lei e, além disso, faz algumas ressalvas. Assim, a discussão da dívida ativa ocorre apenas na execução, e não na esfera extrajudicial. Este dispositivo não relaciona, em nenhuma hipótese, os protestos, pois estes não discutem a dívida ativa.

Os protestos de títulos são um procedimento célere e simples, pelo qual se prova a inadimplência e o descumprimento de obrigação originada em títulos e outros documentos de dívida, analisando apenas os aspectos formais do título. Nesta seara, os protestos de títulos não têm competência para analisar o mérito do título ou discutir a dívida, mas apenas realizar o procedimento do protesto, nos termos do requerimento do credor.

Assim, a discussão do dispositivo 38 da lei de execução, em relação ao protesto, não tem fundamento, já que não há qualquer relação entre eles. Então, não se concorda com o fundamento que o citado artigo só trata da cobrança judicial de CDA, não abarcando o processo extrajudicial, pois, como mencionado, não serve para este fim de discutir qualquer dívida tributária (BIM, 2008).

Em relação aos protestos de CDA, considera-se tratar como sanção política por ferir a proporcionalidade, já que interfere, consideravelmente, na livre iniciativa do contribuinte. O Estado, antes de impedir qualquer liberdade econômica do cidadão, deve, obrigatoriamente, exaurir qualquer impossibilidade de cobrança indevida de tributos, contudo, esta discussão da dívida ocorre apenas na esfera executiva. Assim, ofende o direito fundamental do cidadão no momento em que pratica uma penalização ao contribuinte, negativando seu nome sem dar a chance da discussão judicial.

Neste sentido, entende-se que não há comparação com os protestos entre particulares, pois, se fosse sanção política, não estaria à disposição de particulares e o protesto ser menos oneroso que a execução fiscal, já que neste há risco de penhora (BIM, 2008). Primeiro, não se pode comparar CDA com outros títulos executivos extrajudiciais, pois esta é realizada pelo próprio Estado – Fazendas Públicas. Além disso, a relação tributária não é, nem de longe, parecida com a que se estabelece entre particulares, uma vez que, nesta última, há liberdade de contratar.

Por último, compreende-se que o protesto não é menos gravoso que a execução fiscal, pois são institutos que não podem ser comparados. No protesto, como mencionado, não se discute a dívida, apenas realiza um procedimento que prova a inadimplência, nos termos que foi realizado a CDA. Então, a fazenda providencia a CDA e envia aos cartórios, estes, estando em conformidade apenas nos aspectos formais, realiza o protesto. O protesto é extremamente gravoso para a liberdade econômica do cidadão contribuinte, já que, havendo protesto de título, ocorre a negativação do devedor e, com isto, muitas restrições na liberdade de contratar. Assim, o protesto não passa no teste da adequação, uma vez que o meio adequado é a execução fiscal (FARIAS, 2006).

7.1.4 SANÇÕES POLÍTICAS E FUNDO ESPECIAL DE REAPARELHAMENTO E MODERNIZAÇÃO DO PODER JUDICIÁRIO DO ESTADO DO CEARÁ – FERMOJU

Neste tópico, pretende-se averiguar o FERMOJU sob a ótica das sanções políticas, pois os cartórios do Ceará têm diversas obrigações tributárias, dentre elas, taxas incidentes sobre os emolumentos, correlacionando com as cobranças por meios indiretos restritivos de direitos.

As serventias do Estado do Ceará têm a obrigação de pagar o tributo correspondente ao FERMOJU, instituído pela Lei 11.891/91. Já a Lei 14.605/2010, que dispõe sobre FERMOJU, no art. 3, disciplina suas receitas, destinando-as ao fundo a alíquota de 5% dos emolumentos das serventias extrajudiciais. Esta mesma lei, além de outras disposições, regra as consequências do não pagamento da referida taxa judiciária e, no art. 5, disciplina as penalidades pecuniárias e juros pelo não pagamento e, além disso, outras punições discutidas nesta pesquisa.

Neste momento, é importante esclarecer sobre a utilização dos selos de autenticidade pelos cartórios do Ceará. Há obrigatoriedade de utilização destes por todas as serventias para a realização dos atos notariais e de registros, nos termos do Provimento 06/97 (Tribunal de Justiça do Estado do Ceará, 1997). Assim sendo, atualmente, a aquisição dos selos ocorre pelo Sistema Sisguia Extrajudicial Online do FERMOJU, através do Fundo Especial para o Registro Civil (FERC) que, com exclusividade, vende-os para as serventias extrajudiciais.

É importante frisar que os serviços de notas e registros praticados pelos delegatários só serão realizados mediante a utilização dos selos. O argumento acima é importante, nesta discussão, pois a Lei 14.605/2010 condiciona a aquisição dos selos pelos cartórios ao pagamento da taxa judiciária – FERMOJU, nos termos do artigo 8º-A:

> Art. 8º-A. A liberação dos Selos de Autenticidade a que se refere o art. 8 desta Lei somente será efetuada se, além de serem observadas outras exigências previstas na legislação, o cartório encontrar-se em situação regular perante o FERMOJU, respeitado o prazo de 90 (noventa) dias, a contar da notificação, para apresentação de defesa do cartório. (Ceará, 2010).

De acordo com a lei supracitada, a liberação dos selos de autenticidade, para que os cartórios realizem seus atos, será possível apenas quando a serventia estiver regular perante o FERMOJU, ou seja, somente se quitar com suas obrigações tributárias. Neste sentido, se não houver o pagamento do tributo taxa FERMOJU, há uma suspensão dos serviços públicos cartorários como medida de sanção política.

Nesta vertente, o Tribunal de Justiça do Ceará, para autorizar o exercício da atividade de serviços públicos, condiciona, especificamente, ao pagamento do FERMOJU. Deste modo, subverte todo o sistema de garantias constitucionais e processuais em face das exigências de tributos. A obrigação de pagar a taxa FERMOJU é um meio indireto coercitivo que restringe abusivamente os serviços públicos notariais e registrais, limitando o livre exercício da atividade.

O Estado do Ceará, ao invés de utilizar os meios legais e processuais da execução fiscal disciplinada pela Lei 6.830/80, que regra a cobrança da dívida ativa tributária e não tributária, emprega sanção política como artifício para burlar o devido processo legal de cobrança de dívidas. Assim, esta cobrança indireta do FERMOJU, além de inconstitucional, é desproporcional.

Este meio utilizado pelo Estado, no tocante ao não pagamento da taxa judiciária, aplicar a penalidade de suspensão dos serviços públicos não é necessário, pois, há outro instrumento menos restritivo e com menor custo para a sociedade e os serviços registrais. "Para a máxima da necessidade, ela exige que, dentre dois meios aproximadamente adequados, seja escolhido aquele que intervenha de modo menos intenso". (ALEXY, 2015, p. 590).

O Código de Normas Notariais e Registrais do Estado do Ceará disciplina, no art. 14, os deveres dos notários e dos registradores. Este dispositivo define a pena de imposição de sanção disciplinar cabível, dentre as elencadas no art. 32 da Lei 8.935/94, sem prejuízo das demais responsabilidades previstas em lei, recolher, no prazo regulamentar, as verbas inerentes ao FERMOJU.

Após análise sistemática das leis registrais e notariais, além da sanção política da suspensão da atividade, há imposição de outras penalidades, inclusive disciplinar, para o delegatário pelo não pagamento da taxa FERMOJU. Assim, o não pagamento da referida taxa pelos cartórios deixa os notários e oficiais de registro sujeitos às penas de repreensão, multa, suspensão por noventa dias, prorrogável por mais trinta e perda da delegação.

De natureza igual, ocorre penalidade aos delegatários dos serviços pelo inadimplemento de obrigação tributária referente ao não recebimento do Ressarcimento pelos Registradores Civil de Pessoas Naturais do Estado do Ceará pelos atos gratuitos que realizam. O art. 7º, § 2º, da Portaria 1.006/09 do Tribunal do Estado do Ceará, disciplina que "[...] em nenhuma hipótese será admitido pagamento de quaisquer valores a cartórios que estejam em situação irregular perante o FERMOJU".

Portanto, o não pagamento do tributo devido ao FERMOJU gera diversas sanções políticas impostas por Lei Estadual do Ceará e os provimentos aplicados ao sistema registral. Interpreta-se uma vasta utilização de sanções políticas da parte do Estado nos cartórios e estas cobranças indiretas são meios de forçar o pagamento do tributo, restringindo direitos sem utilização do devido processo legal de cobrança tributária.

7.1.5 CONSIDERAÇÕES FINAIS

Esta pesquisa teve como escopo introduzir um debate sobre as sanções políticas e registros públicos, com o intuito de fomentar a reflexão a respeito dos abusos praticados pelo Estado, na condição de arrecadador de receitas tributárias.

As sanções políticas são uma realidade na vida dos cidadãos. Neste contexto, o Estado, na condição legiferante, traz diversos dispositivos para regrar a matéria, positivando estas sanções. Aliás, efetiva diversos instrumentos para executar as cobranças indiretas, utilizando os serviços públicos, como meio indireto e arrecadador de receitas tributárias.

Apesar do debate ser apenas inicial, viabiliza uma reflexão necessária de um problema que afeta os cidadãos (contribuintes), na medida em que viola o direito fundamental da liberdade econômica. Força-se a acreditar, inclusive, na violação da liberdade de propriedade, no sentido de dificultar, de forma desproporcional, a disposição de um bem pelo seu legítimo proprietário.

Conclui-se que há cobranças indevidas de tributos, exigidos pelo Estado, nos atos praticados pelos notários e registradores. Logo, percebe-se uma vasta utilização do sistema registral e notarial brasileiro para cobranças indiretas de tributos na área de registros imobiliários, serviços de notas e protestos.

Por fim, constata-se que o Estado utiliza as sanções políticas para cobrar, indiretamente, tributos dos serviços registrais na condição de contribuinte. Os delegatários, tabeliães e registradores, têm obrigações tributárias e, em vez de o Estado utilizar os meios processuais legais para a cobrança dos tributos, coage os profissionais ao pagamento destes. Assim, as penalizações positivadas ao não pagamento do tributo, pelos delegatários, são inúmeras, como a suspensão dos serviços públicos e essenciais, prestados à sociedade, além de penalidades administrativas de perda da delegação.

REFERÊNCIAS

ALEXY, Robert. *Teoria dos Direitos Fundamentais*. 2. ed. São Paulo: Malheiros, 2015.

BIM, Eduardo Fortunato. A juridicidade do protesto extrajudicial de certidão de dívida ativa (CDA). *Revista Dialética de Direito Tributário*, São Paulo, n. 157, out. 2008.

BRASIL. Constituição da República Federativa do Brasil. Diário Oficial da República Federativa. Brasília, 1988. Disponível em: http://www.planalto.gov.br/ccivil_03/constituicao/constituicao.htm. Acesso em: 1º jan. 2022.

BRASIL. Lei 5.172, de 25 de outubro de 1966. Dispõe sobre o Sistema Tributário Nacional e institui normas gerais de direito tributário aplicáveis à União, Estados e Municípios. Diário Oficial da República Federativa. Brasília, 1966. Disponível em: http://www.planalto.gov.br/ccivil_03/leis/l5172compilado.htm. Acesso em: 04 jan. 2022.

BRASIL. Lei 6.830, de 22 de setembro de 1980. Dispõe sobre a cobrança judicial da Dívida Ativa da Fazenda Pública, e dá outras providências. Diário Oficial da República Federativa. Brasília, 1980. Disponível em: http://www.planalto.gov.br/ccivil_03/leis/l6830.htm. Acesso em: 04 jan. 2022.

BRASIL. Lei 8.935, de 18 de novembro de 1994. Regulamenta o art. 236 da Constituição Federal, dispondo sobre serviços notariais e de registro. Diário Oficial da República Federativa. Brasília, 1994. Disponível em: http://www.planalto.gov.br/ccivil_03/leis/L8935.htm. Acesso em: 04 jan. 2022.

BRASIL. Lei 9.492, de 10 de setembro de 1997. Define competência, regulamenta os serviços concernentes ao protesto de títulos e outros documentos de dívida e dá outras providências. Diário Oficial da República Federativa. Brasília, 1997. Disponível em: http://www.planalto.gov.br/ccivil_03/leis/l9492.htm. Acesso em: 04 jan. 2022.

BRASIL. Lei 10.169, de 29 de dezembro de 2000. Regula o § 2º do art. 236 da Constituição Federal, mediante o estabelecimento de normas gerais para a fixação de emolumentos relativos aos atos praticados pelos serviços notariais e de registro. Diário Oficial da República Federativa. Brasília, 2000. Disponível em: http://www.planalto.gov.br/ccivil_03/leis/l10169.htm#:~:text=LEI%20No%2010.169%2C%20DE%2029%20DE%20DEZEMBRO%20DE%202000.&text=Regula%20o%20%C2%A7%202o,servi%C3%A7os%20notariais%20e%20de%20registro. Acesso em: 04 jan. 2022.

BRASIL. Lei 10.406, de 10 de janeiro de 2002. Institui o Código Civil. Diário Oficial da República Federativa. Brasília, 2002. Disponível em: http://www.planalto.gov.br/ccivil_03/leis/2002/L10406compilada.htm. Acesso em: 4 jan. 2022.

BRASIL. Lei 11.891, de 20 de dezembro de 1991. Institui o Fundo de Reaparelhamento e Modernização do Poder Judiciário – FERMOJU e dá outras providências. Diário Oficial da República Federativa. Brasília, 1991. Disponível em: https://belt.al.ce.gov.br/index.php/legislacao-do-ceara/organizacao-tematica/orcamento-financas-e-tributacao/item/2695-lei-n-11-891-de-20-12-91-d-o-de-23-12-91. Acesso em: 02 jan. 2022.

BRASIL. Superior Tribunal Federal. ADI 1.378/MC. Requerente: Procurador-Geral da República. Requerido: Governador do Estado do Espírito Santo. Relator: Ministro Celso de Mello. Brasília, 30.05.1997. Disponível em: http://redir.stf.jus.br/paginadorpub/paginador.jsp?docTP=AC&docID=347013&pgI=1&pgF=100000. Acesso em: 29 dez. 2021.

BRASIL. Superior Tribunal Federal. RE com Agravo 1.294.969/SP. Reclamante: Estado de São Paulo. Relator: Ministro Presidente. Brasília, 11.02.2021. Disponível em: https://stf.jusbrasil.com.br/jurisprudencia/1172281584/repercussao-geral-no-recurso-extraordinario-com-agravo-are-1294969-sp-1008285-7320188260053/inteiro-teor-1172281585. Acesso em: 29 dez. 2021.

BRASIL. Superior Tribunal Federal. RE 565.048/RS. Reclamante: MAXPOL – Industrial de Alimentos LTDA. Relator: Ministro Marco Aurélio. Brasília, 29.05.2014. Disponível em: https://stf.jusbrasil.com.br/jurisprudencia/25342411/recurso-extraordinario-re-565048-rs-stf/inteiro-teor-159437869. Acesso em: 29 dez. 2021.

BRASIL. Superior Tribunal Federal. RE 917.191/SP. Relator: Ministro Roberto Barroso. Brasília, 28.06.2016. Disponível em: https://stf.jusbrasil.com.br/jurisprudencia/772383125/agreg-no-recurso-extraordinario-com-agravo-agr-are-917191-sp-sao-paulo-0003173-5320128260053/inteiro-teor-772383135. Acesso em: 29 dez. 2021.

CEARÁ. Lei 14.605, 5 de janeiro de 2010. Dispõe sobre o Fundo de Reaparelhamento e Modernização do Poder Judiciário – FERMOJU, e dá outras providências. Diário Oficial do Município. Fortaleza, 2010. Disponível em: https://www.tjce.jus.br/wp-content/uploads/2018/04/Lei-14.605-2010-FERMOJU.pdf. Acesso em: 29 dez. 2021.

FARIAS, Rui Barros Leal. A inconstitucionalidade de Protesto da Dívida Ativa. *Revista dialética de Direito Tributário*, São Paulo, n. 126, p. 54-60, mar. 2006. Disponível em: http://biblioteca2.senado.gov.br:8991/F/?func=item-global&doc_library=SEN01&doc_number=000755734. Acesso em: 03 jan. 2022.

LOUREIRO, Luiz Guilherme. *Registros Públicos*: teoria e prática. 10. ed. Salvador: JusPodivm, 2019.

MACHADO, Hugo de Brito. *Certidões negativas e direitos fundamentais do contribuinte*. São Paulo: Dialética, 2007.

MACHADO SEGUNDO, Hugo de Brito. As liberdades econômica e profissional e os cadastros de contribuintes. *Revista Dialética de Direito Tributário*, n. 67, p. 73-80, São Paulo, abr. 2001.

MARINS, James. *Defesa e vulnerabilidade do contribuinte*. São Paulo: Dialética, 2009.

MELLO, Celso Antonio Bandeira. *Serviço público e concessão de serviço público*. São Paulo: Malheiros Editores, 2017.

MELO, Carlos Francisco Lopes. Execução fiscal administrativa à luz da Constituição Federal. *Revista da AGU*, v. 11, n. 31, p. 110-142, jan./mar. 2012. Disponível em: https://www.lexml.gov.br/urn/urn:lex:br:rede.virtual.bibliotecas:artigo.revista:2012;1000988910. Acesso em: 05 jan. 2022.

PONTES, Helenilson Cunha. *O princípio da proporcionalidade e o direito tributário*. São Paulo: Dialética, 2000.

PREFEITURA DE FORTALEZA. Lei Complementar 159, de 23 de dezembro de 2013. Institui o Código Tributário do Município de Fortaleza e dá outras providências. Diário Oficial do Município. Fortaleza, 2013. Disponível em: https://www.sefin.fortaleza.ce.gov.br/anexoCT/24/fqaexsrug.4eg81/pdf/C%C3%B3digo%20Tribut%C3%A1rio%20Municipal%20-%20Consolidado%20at%C3%A9%20a%20Lei%20Complementar%20n%C2%BA%202692019%20SITE. Acesso em: 03 jan. 2022.

SERRA, Marcio Guerra. *Registro de Imóveis I*: PARTE GERAL. 3. ed. São Paulo: Saraiva, 2018.

TRIBUNAL DE JUSTIÇA DO ESTADO DO CEARÁ. Provimento 06/1997. Institui, relativamente aos atos praticados nos Serviços Notariais de Registro do Estado do Ceará, a obrigatoriedade do selo de autenticidade e dá outras providências. Diário Oficial do Município. Fortaleza, 1997. Disponível em: https://www.tjce.jus.br/wp-content/uploads/2015/08/provimento_06_97.pdf. Acesso em: 03 jan. 2022.

TRIBUNAL DE JUSTIÇA DO ESTADO DO CEARÁ. Provimento 08/2014. Revoga o Provimento 06/2010). Diário Oficial do Município. Fortaleza, 2014. Disponível em: https://www.tjce.jus.br/wp-content/uploads/2018/04/CodigoNormasConsolidadoProv08_2014.pdf. Acesso em: 03 jan. 2022.

TRIBUNAL DE JUSTIÇA DO ESTADO DO CEARÁ. Portaria 1006, de 28 de agosto de 2009. Estabelece procedimentos administrativos para gestão das receitas obtidas com a venda de Selos de Autenticidade Extrajudicial e para concessão de subsídios aos cartórios de Registro Civil, decorrentes de atos de registro civil gratuitos que indica, e dá outras providências. Diário Oficial do Município. Fortaleza, 2009. Disponível em: https://www.tjce.jus.br/wp-content/uploads/2015/08/Portaria_1006__2009.pdf. Acesso em: 03 jan. 2022.

7.2
SOLUÇÕES EXTRAJUDICIAIS DE CONFLITOS E A FAZENDA PÚBLICA: POSSIBILIDADE, LIMITES E BENEFÍCIOS

Bárbara Teixeira de Aragão

Mestranda em Direito e Acesso à Justiça pelo Centro Universitário Unichristus (UNICHRISTUS). Pós-graduada em Direito Corporativo pela UNICHRISTUS. Bacharel em Direito pela Universidade de Fortaleza (UNIFOR). E-mail: barbara.40909@gmail.com.

Resumo: As soluções extrajudiciais de conflitos surgem no campo jurídico para trazer mais celeridade e eficiência, visando dirimir litígios de forma amigável, evitando o uso do Poder Judiciário, já tão abarrotado de lides a serem resolvidas. Devido ao sucesso dos métodos utilizados na esfera privada, a solução alternativa de conflitos foi transportada para as lides envolvendo o Poder Público. Este estudo se desenvolve em torno da análise da possibilidade de utilização dos métodos extrajudiciais de solução de conflitos nos embates envolvendo a Fazenda Pública, bem como os limites encontrados na aplicação desses meios e os benefícios que eles trazem para a Justiça Brasileira.

Palavras-chave: Soluções extrajudiciais de conflitos – Fazenda Pública Poder Público.

Abstract: The extrajudicial solutions of conflicts arise in the legal field to bring more speed and efficiency, aiming to settle disputes in a friendly way, avoiding the use of the Judiciary, already so crowded with disputes to be resolved. Due to the success of the methods used in the private sphere, the alternative solution of conflicts was transported to the disputes involving the Public Power. This study is developed around the analysis of the possibility of using extrajudicial methods of conflict resolution in conflicts involving the Public Treasury, as well as the limits found in the application of these means and the benefits they bring to the Brazilian Justice.

Keywords: Out-of-court conflict solutions – Public Treasury – Public Power.

Sumário: 7.2.1 Introdução – 7.2.2 A solução extrajudicial de conflitos – 7.2.3 Litígio contra a fazenda pública: fazenda como autora – 7.2.4 Litígio contra a fazenda pública: fazenda como ré – 7.2.5 Possibilidades, limites e benefícios – 7.2.6 Considerações finais – Referências.

7.2.1 INTRODUÇÃO

A solução dos conflitos, envolvendo cidadãos e Fazenda Pública, é um tema que gera muitas discussões no mundo jurídico. Isto porque os litígios que se encaminham para apreciação do judiciário são morosos e, por muitas vezes, apreciados por magistrados que não dominam a matéria, em especial, quando se abordam causas tributárias. Para além disso, sabe-se que, dentro de uma perspectiva processual, a Fazenda Pública possui diversas prerrogativas que tornam o processo judicial desvantajoso ao cidadão, razão pela qual vem se buscando métodos de solução de conflito fora da apreciação judiciária.

O sistema de pagamento das dívidas públicas, o precatório, também é um fator considerável para que as pessoas se esquivem de judicializar conflitos contra a Fazenda. Ademais, até mesmo nas execuções fiscais, a busca pelos negócios extrajudiciais tem sido popularizada, devido à celeridade e efetividade dos meios extrajudiciais de conflitos, principalmente devido à falência do sistema de execução fiscal brasileira.

Em pesquisa realizada pelo Instituto de Pesquisas Econômicas Aplicadas (IPEA) em 2012, a probabilidade de se obter a recuperação integral do crédito, via execução fiscal, é de 25,8%, fato que vem ocasionando a ruptura com o atual sistema de execução fiscal (CAMPELLO; FERNANDES, 2018).

Tem-se, portanto, que o assunto é relevante, na medida em que configuraria em resposta para as dificuldades que vêm sendo enfrentadas nos litígios envolvendo à Fazenda Pública, desafogando o judiciário de lides que podem ser resolvidas de forma extrajudicial, levando, assim, resposta célere e eficaz aos autores e réus.

O objetivo da presente pesquisa é demonstrar a importância da solução extrajudicial de conflitos, mais precisamente nos litígios que envolvem a Fazenda Pública – sendo como autora, ou como ré – bem como analisar os benefícios que esse tipo de negociação processual possa acarretar, além dos limites de sua incidência. Já no tocante ao método utilizado, trata-se de pesquisa descritiva, bibliográfica e documental. A pesquisa se classifica como qualitativa, utilizando-se de levantamentos bibliográficos.

Com o abarrotamento das Varas da Fazenda Pública e a difícil persecução da solução dos litígios que nela buscam guarida, o presente estudo surge como uma alternativa que pode vir a sanar alguns obstáculos para os processos que envolvem o Poder Público, ao passo em que retira da apreciação judiciária conflitos que possuem outras formas de se dirimir.

Assim, acredita-se que é necessário o exame das possibilidades de utilização das soluções extrajudiciais de conflitos, e seus limites, quando se trata de pleitos em que, uma das partes, seja a Fazenda, bem como os benefícios que a solução extrajudicial pode oferecer aos litigantes.

7.2.2 A SOLUÇÃO EXTRAJUDICIAL DE CONFLITOS

Os meios alternativos de solução de conflitos têm conquistado popularidade no Brasil e no mundo. Estes métodos têm grande participação na busca pela não judicialização de litígios, ou seja, pretende diminuir o número de processos que chegam à apreciação judicial. Neste sentido, dentre os meios extrajudiciais de solução de conflitos, os mais conhecidos, e usuais, são a arbitragem, a conciliação, a negociação e a mediação, cada um oferecendo inúmeras vantagens sobre o método judicial tradicional, funcionando como métodos alternativos, ou não convencionais, de resolução de conflitos.

São procedimentos pacíficos e voluntários que tiram da lide a aparência de combate e desentendimento, trazendo o embate para uma perspectiva de negociação e diálogo, buscando uma solução amigável e positiva para ambas as partes. Neste sentido, estas, para perseguirem seus interesses de forma pacífica, abrindo mão de certos direitos, mutuamente, procuram soluções criativas para suas desavenças, com a ajuda de um terceiro imparcial, caso seja da vontade dos litigantes.

Em realidade, a busca pela solução de conflitos de forma pacífica configura um meio ágil de resolução de conflitos que não entrega completamente a lide nas mãos de um terceiro, ou seja, as partes podem interferir de forma mais ativa na decisão final, o que torna o procedimento mais democrático. Em outras palavras, "[...] judicializar implica perda de protagonismo e também de uma solução legitimada pelas partes interessadas na solução da controvérsia, o que também seria interessante no bojo de uma democracia de cunho participativo" (FORTINI, 2021, p. 1).

Os inegáveis benefícios da solução extrajudicial de conflitos foram observados pelos estudiosos que se dedicam aos litígios contra a Administração Pública, razão pela qual logo se cogitou a possibilidade de introduzi-la nos processos que envolvem a Fazenda.

Sob esta perspectiva, será analisado se é possível inserir os métodos de solução extrajudiciais de conflitos nos litígios contra a Fazenda Pública, tanto quando esta é autora, quanto quando é ré, bem como os limites de inserção desses métodos e os reais benefícios trazidos por eles.

7.2.3 LITÍGIO CONTRA A FAZENDA PÚBLICA: FAZENDA COMO AUTORA

Dentre os litígios que possuem a Fazenda Pública como autora, o mais comum é a Execução Fiscal, que consiste no procedimento em que a Administração cobra certa quantia devida pelo cidadão. Nas palavras de Cunha (2021, p. 1), "[...] a ação de execução fiscal é o instrumento por via do qual a Fazenda Pública tenta receber judicialmente um crédito que acredita possuir". Importante mencionar que, também segundo este autor, "[...] os processos de execução fiscal representam em torno de 39% do total de casos pendentes de julgamento no país" (CUNHA, 2021, p. 1).

Existem também estimativas de que as fases administrativas de cobrança do crédito tributário duram em torno de 4 anos, já a fase judicial, em média, 12 anos (SARAIVA FILHO; GUIMARÃES, 2008.). A morosidade, quando estamos tratando de processos, principalmente os judiciais, é exorbitante e inviabiliza a eficiência das execuções fiscais. Conclui-se, então, que é de grande valia tanto para o Poder Público, quanto para a máquina judiciária, encontrar meios diversos, efetivos e legítimos de cobrança da dívida pública, sem a utilização do Poder Judiciário.

Na negociação de dívidas públicas sempre surge o argumento de impossibilidade, devido ao interesse público contido no patrimônio que pertence à máquina estatal. Entretanto, as verbas pleiteadas demoram muito para, de fato, ingressarem nos cofres púbicos quando requisitadas judicialmente, isso quando são pagas, o que não acontece na maioria das vezes, por isso:

> Para a Fazenda Nacional, a vantagem desses meios alternativos é representada pela realização imediata de créditos tributários, sem os custos do processo judicial, o que, sem dúvida, vem ao encontro do interesse público. Ademais, a adoção de meios alternativos, a médio prazo, desafogará as instâncias administrativas de julgamento e o próprio Pode Judiciário (SARAIVA FILHO; GUIMARÃES, 2008, p. 38).

Uma ótima forma extrajudicial para resolver o impasse das execuções fiscais seria a prática da transação. O artigo 26 da Lei de Introdução às Normas do Direito Brasileiro (LINDB) possibilitou que a Administração Pública transacionasse certas questões administrativas, antes mesmo da apreciação judicial. Este acordo bilateral foi normatizado da seguinte forma:

> Para eliminar irregularidade, incerteza jurídica ou situação contenciosa na aplicação do direito público, inclusive no caso de expedição de licença, a autoridade administrativa poderá, após oitiva do órgão jurídico e, quando for o caso, após realização de consulta pública, e presentes razões de relevante interesse geral, celebrar compromisso com os interessados, observada a legislação aplicável, o qual só produzirá efeitos a partir de sua publicação oficial.
>
> §1º O compromisso referido no caput deste artigo:
>
> I – buscará solução jurídica proporcional, equânime, eficiente e compatível com os interesses gerais;
>
> II – (Vetado);
>
> III – não poderá conferir desoneração permanente de dever ou condicionamento de direito reconhecidos por orientação geral;
>
> IV – deverá prever com clareza as obrigações das partes, o prazo para seu cumprimento e as sanções aplicáveis em caso de descumprimento (BRASIL, 1942).

Nos termos da Lei 13.988/2020 – que estabeleceu hipóteses específicas de transação – foram veiculadas três modalidades de transação no âmbito federal:

a) transação por proposta individual, ou por adesão, na cobrança de créditos inscritos em dívida ativa da União, de suas autarquias e fundações públicas;

b) transação por adesão no contencioso tributário de relevante e disseminada controvérsia jurídica;

c) transação por adesão no contencioso tributário de pequeno valor, aplicável a débitos que não superem 60 salários mínimos e que tenha como sujeito passivo pessoa natural, microempresa ou empresa de pequeno porte.

Assim, percebe-se que não só é possível a realização de transação, quando se trata de execução fiscal, como também é necessário, devendo os legisladores, estaduais e municipais, seguirem o exemplo acima exposto, que já ocorre a nível Federal.

Aumentar a aderência à transação é um desafio que será vivenciado por aqueles que litigam pela Fazenda, como promotores e procuradores, entretanto, trata-se de medida essencial para dar vasão aos créditos tributários devidos, de forma célere e eficiente.

Existem também outras formas de solução de conflitos já amplamente utilizadas no processo civil, como a conciliação e a mediação. Não é à toa que, no próprio processo judicial, o andamento processual se inicia com a audiência de mediação ou conciliação, a depender do caso concreto, especialmente por se tratar de método que evita maiores dispêndios de recursos para dirimir conflitos, que podem ser resolvidos de forma extrajudicial.

Importante ter em mente que este tipo de audiência não é exclusivo para aqueles que entram com ações judicias, podendo tanto a conciliação, quanto a mediação serem utilizadas sem que haja qualquer tipo de processo correndo em âmbito judicial.

Salienta-se que princípios norteadores do funcionamento da administração pública, como o da legalidade e da celeridade, indicam que esses métodos devem ser utilizados quando o direito estiver ao lado da pretensão do administrado, ou seja, a conciliação e a mediação possuem amplo respaldo principiológico.

Assim, percebe-se que existe uma amplidão de soluções para a morosidade e disfuncionalidade dos litígios, envolvendo a Fazenda Pública, que precisam ser trazidos à tona para efetivar a democratização dos conflitos. Passa-se a expor, então, o outro lado do problema: quando a Administração se encontra no polo passivo do litígio.

7.2.4 LITÍGIO CONTRA A FAZENDA PÚBLICA: FAZENDA COMO RÉ

Quando se fala de litígios em que a Administração se configura como ré, enfrenta-se um problema mais austero, pois, dentro do processo judiciário, a

Fazenda possui diversas prerrogativas que desalinham a isonomia em relação ao cidadão, razão pela qual se torna ainda mais essencial a possibilidade de resolução de conflitos ainda na fase administrativa.

Para isso, são essenciais a qualificação e o comprometimento dos órgãos administrativos para a satisfação dos interesses públicos e privados, antes mesmo da interposição de processos judiciais. Isto porque, além de prerrogativas endo processuais, o meio de pagamento, nos casos de condenação em desfavor da Fazenda, é o precatório, sistema desfasado que inviabiliza que o cidadão tenha acesso às verbas de condenação dentro de um período razoável. Existem precatórios que estão na fila para serem pagos há mais de dez anos, o que ilustra o cenário caótico no qual estão inseridos os credores da Fazenda.

Infelizmente, o que existe hoje, ao invés de órgãos administrativos proativos e dispostos a solucionar os conflitos de forma extrajudicial, são instâncias administrativas morosas, que atuam no intuito de prejudicar o cidadão e levar, para o judiciário, defeitos da Administração que o órgão não quer se responsabilizar. Assim, diversamente do que deveria ser feito em nome da ética e do bom funcionamento dos órgãos públicos, os funcionários e servidores se esquivam dos problemas que envolvem aquele órgão, direcionando-os para o judiciário.

Para o funcionamento ideal dos meios extrajudiciais de solução de conflitos é necessário, portanto, órgãos administrativos empenhados em servir aos cidadãos, mantendo seu compromisso com o interesse público e com a eficiência. Acerca da importância dos métodos administrativos de solução de conflitos, Leite (2020, p. 1) chegou nas seguintes conclusões:

> O uso de meios alternativos de solução de conflitos pelo Poder Público está inserido na ideia de consensualidade na Administração Pública, que é fenômeno recente que leva a Administração a adotar mecanismos de diálogo, composição e engajamento do administrado na consecução de finalidades públicas. Torna-se instrumento para a viabilização do agir administrativo. A consensualidade atua tanto na perspectiva de fundamento da ação administrativa, como na perspectiva do método da atividade administrativa e, ainda, nos instrumentos de atuação administrativa.

Pode-se observar que o engajamento, que acontece entre administração e administrado como consequência da adoção de medidas extrajudiciais de solução de conflitos, atua na perseguição da finalidade pública, ou seja, a solução eficaz dos problemas é, de fato, o próprio interesse público, razão pela qual aqueles que atuam em nome da Fazenda devem se empenhar em concretizá-lo.

Além da viabilidade da solução de conflitos em sede administrativa, a forma de pagamento deve ser facilitada – nos casos em que haja valores a serem saldados pela Administração – a fim de manter a celeridade da transação. Assim, o recomendado seria o procedimento do Requerimento de Pequeno Valor (RPV), mesmo que fora do âmbito judicial, uma vez que o RPV foi criado para dar celeridade nos pagamentos, e é contraditório mantê-lo apenas mediante processo judicial, que é bem mais moroso que o administrativo.

Embora os limites de pagamento de RPV sejam trinta salários mínimos a nível municipal, quarenta, a nível estadual, e sessenta, a nível federal, entende-se que, ainda assim, essa é uma válvula de escape satisfatória e eficaz para driblar o pagamento, via precatório.

Observa-se que não só é possível, mas também essencial que se popularize os métodos extrajudiciais de solução de conflitos quando a Fazenda se encontra como ré em uma ação. Não só em virtude da celeridade e eficiência, mas em prol do interesse público e com supedâneos nos princípios democráticos que revestem todo o ordenamento jurídico.

7.2.5 POSSIBILIDADES, LIMITES E BENEFÍCIOS

Após observar, de forma ampla, como ocorrem os procedimentos de solução extrajudicial de conflitos, e analisar suas incidências nos casos em que a Fazenda é demandante e demandada, conclui-se pela admissibilidade destes métodos em litígios que envolvem o Poder Público. Para Guedes (2017, p. 37):

> A Administração pode utilizar dos métodos alternativos de solução de conflitos. No entanto, respeitando-se a autonomia federativa, faz-se necessária a regulamentação de cada ente, por força do princípio da indisponibilidade do interesse público, determinando em quais situações haverá interesse público na autocomposição. A regulamentação irá preservar a isonomia e a impessoalidade evitando a seletividade de administrados para transacionar com a Fazenda Pública e evitando, assim, violação a igualdade.

Um dos limites para a adoção dos meios alternativos seria a regulamentação de cada instituto perante cada ente que fosse utilizá-lo, a fim de que se evitem arbítrios tanto estatais, quanto por parte dos cidadãos. Desta forma, a regulamentação é essencial para que se preservem os ditames constitucionais de isonomia e impessoalidade, principalmente porque se está falando em órgãos administrativos, atuando de forma discricionária, mas que deve haver certo grau de vinculação às suas obrigações constitucionais.

Ademais, essa normatização seria importante para que não houvesse distinção daqueles cidadãos que utilizaram a máquina administrativa para resolver seus próprios conflitos. O mais importante a se definir com a normatização dos métodos é a imparcialidade que deve haver, quando utilizados meios como a mediação, conciliação e arbitragem. Isto porque se fala de litígios em que a administração atuará como parte, e como julgador, conciliador ou mediador, o que retira sua isenção dentro do procedimento.

Outro ponto importante é a necessidade de publicizar todas estes procedimentos, para que não haja futuro questionamento sobre como as negociações ocorreram, nem sobre a legalidade delas. Mesmo porque, o princípio da publicidade tem como principal função permitir que terceiros tenham ciência e controle sobre a legitimidade dos atos administrativos praticados. Assim, a melhor hipótese seria nomear um terceiro "amigo da justiça", para que atuasse nestes casos, a fim de evitar arbítrios estatais e a parcialidade da solução daquele conflito que se pôs sob análise.

Em relação ao argumento da indisponibilidade do interesse público defendido, quando colocamos em negociação o patrimônio público, este já não merece tanto respaldo, uma vez que a própria solução do conflito já é entendida como o interesse público. Neste caso, a indisponibilidade dos interesses públicos não implica em imediata indisponibilidade de todos os direitos da Administração, como afirma Salles (2011 apud TOMKOWSKI, 2016, p. 14):

> A indisponibilidade material ocorre de maneira excepcional em relação à administração pública, ficando restrita àquelas hipóteses nas quais a um bem político se empresta um caráter coletivo, em decorrência, por exemplo, de uma questão ambiental ou cultural. Nos demais casos existiria apenas uma disponibilidade condicionada ou puramente uma indisponibilidade normativa.

Assim, mais um argumento que inviabilizava a solução extrajudicial de conflitos, envolvendo a Fazenda Pública, é superado com entendimentos doutrinários.

Quanto aos pagamentos provenientes dos meios adotados para se dirimir os conflitos, conforme já mencionado, seriam realizados mediante RPV, dentro dos limites imposto por lei, quais sejam: trinta salários mínimos, a nível municipal, quarenta, a nível estadual, e sessenta, a nível federal.

Esta limitação, embora relevante, não vem a furtar a eficácia das soluções extrajudiciais de conflitos, uma vez que muitos desses litígios acabam se resolvendo dentro dos limites legais. Assim, não configura um grande óbice à disseminação da resolução administrativas das lides.

A fim de condensar o que já fora exposto, evidente que os métodos analisados nesse estudo trazem diversos benefícios à máquina estatal, tanto por dar vazão a lides que sobrecarregam o Poder Judiciário, como por solucionarem, de forma célere e eficiente, os litígios que, antes, seriam apreciados pela Fazenda Pública, satisfazendo tanto demandantes, quanto demandados.

7.2.6 CONSIDERAÇÕES FINAIS

Dentre os resultados encontrados com a pesquisa, é inegável o fato de que os métodos de solução extrajudicial de conflitos são parte essencial para o bom funcionamento da Justiça. Devido à importância e a eficácia desses métodos, seria imprudente deixar de utilizá-los apenas porque uma das partes da lide é a Fazenda Pública, usando como único argumento genérico a indisponibilidade do interesse público.

Assim, percebe-se que não só é possível, mas também necessário que se busque a solução de conflitos extrajudicial também quando a parte em litígio é a Administração Pública. Para isso, são necessários o empenho e a participação dos funcionários e servidores públicos, para que sua proatividade e solicitude evitem que problemas, envolvendo os órgãos administrativos, cheguem ao crivo do judiciário.

Os benefícios das práticas elencadas neste estudo não só possuem incidência na relação micro, existente entre cidadão e Poder Público, mas também numa visão macro, haja vista que desatola o Poder Judiciário de lides, que podem ser resolvidas de forma amigável, trazendo mais celeridade e participação dentro dos procedimentos a serem adotados, além de serem economicamente mais vantajosos.

> É perfeitamente possível que dentro da própria Administração haja empenho em solucionar os litígios de maneira mais eficiente e célere. No entanto, para que o mesmo venha a ocorrer com a Administração Pública e seus administrados, é preciso que exista lei para regulamentar tal ato. Mas, no geral, os preceitos do atual Código de Processo Civil e as poucas Câmaras de resolução de litígios tem produzido impacto positivo em todo o poder público (GUEDES, 2017, p. 46).

Apesar de ser um grande desafio para a realidade brasileira, acredita-se que a solução extrajudicial de conflitos, envolvendo a Fazenda Pública, seja sim uma solução viável e eficiente para vários problemas enfrentados, devido à judicialização desses litígios, embora haja empecilhos técnicos e práticos, mas que podem (e devem) ser superados, através da experiência e do empenho dos envolvidos.

REFERÊNCIAS

BRASIL. Decreto-lei 4.657, de 4 de setembro de 1942. Lei de Introdução às normas do Direito Brasileiro. Diário Oficial da República Federativa. Brasília, 1942. Disponível em: http://www.planalto.gov.br/ccivil_03/decreto-lei/del4657compilado.htm. Acesso em: 15 fev. 2022.

BRASIL. Lei 13.988, de 14 de abril de 2020. Dispõe sobre a transação nas hipóteses que especifica; e altera as Leis 13.464, de 10 de julho de 2017, e 10.522, de 19 de julho de 2002. Diário Oficial da República Federativa. Brasília, 2020. Disponível em: https://www.in.gov.br/en/web/dou/-/lei-n-13.988-de-14-de-abril-de-2020-252343978. Acesso em: 15 fev. 2022.

CAMPELLO, André Emmanuel Batista Barreto; FERNANDES, Helga Letícia da Silva. *Execução fiscal*: o colapso de um sistema. 2018. Disponível em: http://www.quantocustaobrasil.com.br/artigos/execucao-fiscal-o-colapso-de-um-sistema. Acesso em: 15 fev. 2022.

CUNHA, Vinicius. *Execução fiscal*: entenda como funciona o processo e atual cenário da Lei 6.830/80. 2020. Disponível em: https://www.aurum.com.br/blog/execucao-fiscal/. Acesso em: 15 fev. 2022.

FORTINI, Cristina. Solução extrajudicial de conflitos com a administração pública: o hoje e o porvir. *Consultor Jurídico*, 2021. Disponível em: https://www.conjur.com.br/2021-mar-04/interesse-publico-solucao-extrajudicial-conflitos-administracao-publica. Acesso em: 15 fev. 2022.

GUEDES, Italo Machado. *A Fazenda Pública e a celebração de negócios jurídicos processuais*: uma mudança de postura para prevenir conflitos. 2017. Trabalho de Conclusão de Curso (Graduação em Direito) – Universidade Federal Fluminense, Macaé, 2017. Disponível em: https://app.uff.br/riuff/bitstream/handle/1/7978/TCC%20FINAL%20-%20Ito%20Machado%20Guedes%20%28Revisado%20Prof.%20Priscila%29%20Corrigido.pdf?sequence=1&isAllowed=y. Acesso em: 15 fev. 2022.

LEITE, Gisele. *Mediação na Administração Pública*. 2020. Disponível em: https://giseleleite2.jusbrasil.com.br/artigos/779037391/mediacao-na-administracao-publica. Acesso em: 15 fev. 2022.

SARAIVA FILHO, Oswaldo Othon de Pontes; GUIMARÃES, Vasco Branco. *Transação e arbitragem no âmbito tributário*: homenagem ao jurista Carlos Mário da Silva Velloso. Belo Horizonte: Fórum, 2008.

TOMKOWSKI, Fábio Goulart. *A fazenda Pública e os negócios jurídicos processuais no novo código de processo civil*. 2016. Trabalho de Conclusão de Curso (Especialização em Direito Processual Civil) – Universidade Federal do Rio Grande do Sul, Porto Alegre, 2016. Disponível em: https://www.lume.ufrgs.br/bitstream/handle/10183/158803/001022430.pdf?sequence=1. Acesso em: 15 fev. 2022.

8
DEMANDAS ESTRUTURAIS

8.1 DEMANDAS ESTRUTURAIS DO DIREITO À SAÚDE NO CONTEXTO DA PANDEMIA DA COVID-19 E O ESTADO DE COISAS INCONSTITUCIONAIS

Victor Felipe Fernandes de Lucena

Mestrando em Direito pelo Centro Universitário Christus (UNICHRISTUS). Pós-Graduado em Direito Processual pelo Centro Universitário 7 de Setembro (UNI7). Pós-Graduado em Direito Civil e Empresarial pelo Instituto Damásio de Direito. Bacharel em Direito pelo Centro Universitário 7 de Setembro (UNI7). Procurador Jurídico do Conselho Regional dos Representantes Comerciais no Estado do Ceará (CORE-CE). Advogado (OAB/CE 33.933). E-mail: victorfelipejus@hotmail.com.

Resumo: Este artigo aborda assunto referente as demandas estruturais do direito fundamental à saúde no contexto da pandemia da Covid-19, considerando o direito sanitário como mínimo existencial e integrante da dignidade da pessoa humana em face da teoria da reserva do possível, alegada não raras vezes pelo Estado em sua tese defensiva, constituindo-se em entrave para a sua efetivação. Nessa perspectiva, a busca pela realização desse direito tem ensejado inúmeras ações judiciais a fim de compelir o Poder Público à sua prestação, inclusive com manifestações do Supremo Tribunal Federal (STF) sobre o tema. Conclui-se que cabe ao Estado, na condição de garantidor dos direitos prestacionais, efetuar certas escolhas, ainda que trágicas, em face da possível escassez dos recursos públicos, devendo por isso estabelecer prioridades a serem executadas, considerando os bens e interesses envolvidos na contenda, sem deixar de realizar o mínimo existencial da pessoa. Diante da possível omissão do Estado, ou de sua atuação deficitária, cabe o controle judicial das políticas públicas visando à realização dos direitos básicos do cidadão, em sede de microssoluções. No entanto, a solução para o problema estrutural da seara sanitária não reside apenas na ação do Poder Judiciário compelindo os demais órgãos a garantir o acesso dos cidadãos aos seus direitos, mas em uma macrossolução em um processo estrutural, com a possível declaração do estado de coisas inconstitucional favorecendo a realização de um diálogo institucional, uma ação conjunta e integrada de todos os poderes da República no cumprimento de um plano estratégico comum sob permanente jurisdição, objetivando solucionar, por vez, o caos estrutural em que se encontra o serviço público de saúde no Brasil.

Palavras-chave: Direito à saúde – Mínimo existencial – Reserva do possível. Demandas estruturais – Atuação do Poder Judiciário – Estado de coisas inconstitucional.

Abstract: This article addresses the issue regarding the structural demands of the fundamental right to health in the context of the Covid-19 pandemic, considering health law as an existential minimum and part of the dignity of the human person in the face of the theory of the reservation of the possible, often alleged by the State in its defensive thesis, constituting an obstacle to its realization. From this perspective, the search for the realization of this right has given rise to numerous lawsuits in order to compel the Public Power to provide it, including statements by the Federal Supreme Court (STF) on the subject. It is concluded that it is up to the State, as guarantor of the benefit rights, to make certain choices, even if tragic, in view of the possible scarcity of public resources, and should therefore establish priorities to be executed, considering the assets and interests involved in the dispute, without failing to perform the minimum existential of the person. In view of the possible omission of the State, or its deficient performance, it is up to the judicial control of public policies aiming at the realization of the basic rights of the citizen, based on micro-solutions. However, the solution to the structural problem of the sanitary area does not lie only in the action of the Judiciary Power compelling other bodies to guarantee citizens' access to their rights, but in a macro-solution in a structural process, with the possible declaration of the state of unconstitutional things favoring the realization of an institutional dialogue, a joint and integrated action of all the powers of the Republic in the fulfillment of a common strategic plan under permanent jurisdiction, aiming to solve, in turn, the structural chaos in which the public health service finds itself in Brazil.

Keywords: Right to health – Existential minimum – Reservation Possible – Structural demands. Judiciary role – Unconstitutional state of affairs.

Sumário: 8.1.1 Introdução – 8.1.2 Das demandas estruturais do direito à saúde e o sopesamento entre o mínimo existencial e a reserva do possível – 8.1.3 A inoponibilidade da reserva do possível em face do mínimo existencial da saúde – 8.1.4 A atuação específica do poder judiciário na concretização do direito à saúde – 8.1.5 Do estado de coisas inconstitucional (ECI) do direito à saúde no contexto da pandemia da Covid-19 – 8.1.6 Considerações finais – Referências.

8.1.1 INTRODUÇÃO

Em dezembro de 2019 começaram a circular as notícias veiculadas na mídia nacional e internacional do surgimento de um vírus de fácil transmissão e com alta taxa de mortalidade na China, pertencente à família dos coronavírus, o Sars-CoV-2, causador da Covid-19, apto a modificar a rotina e a vida das pessoas.

Após a aceitação do rápido cenário de gravidade ocasionado pela doença, propagando-se para a Europa e para as Américas em razão da globalização, o isolamento social e a constante higienização pessoal e de objetos passaram a ser a primeira grande recomendação para o enfrentamento da epidemia, conforme orientações da Organização Mundial da Saúde (OMS), sendo medidas importantes, mas insuficientes diante do problema estrutural de emergência de saúde.

Inobstante o esforço coletivo e as notícias mundiais de avanço da epidemia, a Covid-19 tornou-se rapidamente um enorme desafio para a saúde pública brasileira, com o aumento exponencial de infectados e o crescente número de mortos diariamente, mormente a minimização, o negacionismo e até mesmo a desinformação causada pelo governo federal quanto à gravidade da situação gerada pela doença infecciosa, relegando a taxa de letalidade de 3,4% e que o número de mortes já ultrapassa a marca de 1.178.475 pelo mundo, segundo dados da Organização Pan-Americana da Saúde/Organização Mundial da Saúde (Organização Pan-Americana Da Saúde, 2021).

Com o aumento de casos de contágio da Covid-19, e de mutações sofridas no vírus, houve a majoração de demandas ao serviço público de saúde, que não conseguiu atender a todos os pacientes, principalmente aqueles que demandavam leito de UTI com o uso de respiradores para poder sobreviver, o que ocasionou verdadeiras demandas estruturais do direito à saúde no contexto da pandemia da Covid-19.

Nesse cenário de grande procura de leitos de enfermaria e unidades de terapia intensiva (UTIs) para pacientes com Covid-19 e escassez de recursos para atendimento pelo Poder Público, o Poder Judiciário foi a última trincheira do paciente para fazer valer o mínimo existencial do direito à saúde.

Com fundamento nesse mínimo existencial do direito à saúde, fica o Estado obrigado a garantir aos seus cidadãos o acesso a serviços e ações de saúde, que devem proporcionar atendimento integral (inciso II do art. 198 da CF/88), nele compreendido uma adequada assistência médico-hospitalar, a qual pressupõe a oferta de procedimentos médicos e igualmente de medicamentos, ainda que sejam de última geração, pouco importando o seu custo, desde que comprovadamente necessários para a preservação da vida e saúde do indivíduo.

Contudo, argumentos como a reserva do possível, tese eminentemente relacionada com o direito financeiro, são comumente apresentados pelo Estado com o fim de não prestar algum serviço ou possibilitar o exercício de direito social ao indivíduo, devendo o Poder Judiciário, quando acionado nesses casos, nortear-se pela busca da efetivação do direito perseguido, vez que assegurado constitucionalmente, a exemplo do direito sanitário, como se propõe a estudar o vertente artigo.

Assim, o direito à saúde, também considerado como premissa básica no exercício da cidadania do ser humano, e presente no núcleo mínimo de existência do indivíduo, constitui-se em direito de extrema relevância para a sociedade, pois a saúde é essencial para uma qualidade de vida mínima, escopo de todo cidadão no exercício dos seus direitos fundamentais, via garantidora da dignidade da pessoa humana.

Com isso, para além da relevância acadêmica e da problemática social, sobretudo no que tange à efetivação das políticas públicas em tempos de crise sanitária ocasionada pela pandemia da Covid-19, os direitos fundamentais sociais a serem estudados em cotejo com a realidade fática e as demandas judicializadas referentes ao estudo em análise, objetiva uma solução estrutural e equânime das demandas estruturais apresentadas.

Ainda, quando se trata de Direitos Fundamentais e Políticas Públicas, inevitável discutir a função jurisdicional do Estado e sua efetividade na sociedade, notadamente no âmbito do direito à saúde de todo cidadão. Versar sobre Democracia e Finanças Públicas, por sua vez, importa abordar a democratização do direito à saúde para todas as pessoas, a quem deve ser garantido o mínimo existencial desse direito fundamental básico, a exemplo do acesso igualitário a leitos em Unidade de Terapia Intensiva (UTI) de pessoas contaminadas pelo novo coronavírus.

Para tanto, necessária a implementação de uma estratégia consistente, uniforme e igualitária em todo o sistema de saúde pública, alicerçada com um financiamento público do Estado em toda a rede atendida pelo Sistema Único de Saúde (SUS), sob pena de demandas individuais acabarem sendo postuladas perante o Poder Judiciário, em virtude de omissão inconstitucional ou proteção insuficiente do Estado na implementação desse direito fundamental, a par da finitude dos recursos públicos.

O presente estudo busca, pois, empreender uma análise do mínimo existencial do direito à saúde no contexto pandêmico da Covid-19, investigando as medidas governamentais de enfrentamento à pandemia do novo coronavírus, notadamente da União Federal como ente central e a (in)eficiência das políticas públicas implementadas durante a gestão da crise, em cotejo com as deliberações judiciais na denominada jurisdição de crise, propondo-se a declaração do Estado de Coisas Inconstitucional (ECI) como solução estrutural para a problemática, almejando-se, assim, pesquisar a efetivação de políticas públicas que beneficiem toda a coletividade de forma ampla, irrestrita e igualitária.

8.1.2 DAS DEMANDAS ESTRUTURAIS DO DIREITO À SAÚDE E O SOPESAMENTO ENTRE O MÍNIMO EXISTENCIAL E A RESERVA DO POSSÍVEL

As demandas estruturais se referem aos processos complexos que envolvem múltiplos interesses, de modo que, como conceituam Meireles e Salazar (2017), são questões típicas de litígios estruturais aquelas que envolvem diversos valores da sociedade, pelo que não só há vários interesses concorrentes em jogo, mas também há a possibilidade de que as esferas jurídicas de terceiros, os quais não integram o conflito, sejam afetadas pela decisão judicial em um processo estrutural (ARENHART, 2017).

As demandas estruturais têm, como ponto de partida, portanto, a sistemática violação aos direitos fundamentais, mas o objetivo não é apenas reparar os danos já ocasionados, e sim promover uma readequação das políticas públicas necessárias à efetivação dos direitos violados ou reorganizar estruturalmente as instituições responsáveis por realizá-las (LIMA, 2015).

Os litígios estruturais são um dado da realidade, ou seja, eles existem ainda que o Direito não forneça instrumentos processuais para que sejam tutelados coletivamente (VIOLIN, 2019).

Contudo, é possível que a ordem jurídica possibilite o recurso a um tipo de processo coletivo específico, capaz de lidar com essa espécie de litígio: os processos estruturais. Tratando da questão, Lima (2020, p. 60) esclarece:

> O processo estrutural é um processo coletivo no qual se pretende, pela atuação jurisdicional, a reorganização de uma estrutura, pública ou privada, que causa, fomenta ou viabiliza a ocorrência de uma violação a direitos, pelo modo como funciona, originando um litígio estrutural.

Na visão de Lima (2020), os processos estruturais têm, como ponto de partida, a sistemática violação aos direitos fundamentais, mas o objetivo não é apenas reparar os danos já ocasionados, e sim promover uma readequação das políticas públicas necessárias à efetivação dos direitos violados ou reorganizar estruturalmente as instituições responsáveis por realizá-las (LIMA, 2015).

Nesse sentido, o modelo tradicional de processo opera o binômio direito-obrigação: caso seja comprovada a existência da violação de um direito, o Judiciário determina a sua reparação. A indenização dos segmentos populacionais afetados, no entanto, não soluciona a omissão política e, por consequência, não impede que as violações continuem ocorrendo (LIMA, 2015). Para resolver o problema, o processo estrutural possibilita o tratamento da origem do litígio: a reestruturação de uma instituição pública.

Nesse panorama das demandas e dos processos estruturais, se apresenta a constante tensão entre o mínimo existencial e a reserva do possível, especialmente envolvendo o direito à saúde, o que tem ensejado diversas demandas judiciais, nas quais o indivíduo busca provimento jurisdicional tendente a compelir o ente estatal, em geral, a uma obrigação de fazer, a fim de que a mora na prestação da obrigação do Poder Público seja sanada, realizando, por fim, o direito constitucional almejado pelo cidadão.

Como regra geral, a pretensão individual é apresentada no juízo de primeiro grau para exigir uma prestação positiva do Estado, e não raro a partir da sentença condenando a parte ré a cumprir com sua obrigação constitucional, essa ação judicial se estende até os Tribunais Superiores, em razão dos sucessivos recursos judiciais interpostos pelo ente público buscando desconstituir ou simplesmente se livrar da condenação imposta.

Vários argumentos são formulados pela Fazenda Pública para esse fim, sejam de índole processual, como a ilegitimidade passiva da parte, sejam de ordem material, como a reserva do possível.

Dessa forma, expõe-se que a tentativa dos entes públicos de não figurar no polo passivo não resiste à responsabilidade solidária que orienta as decisões relativamente ao direito à saúde.

Apesar da tentativa de não figurarem como réus na ação judicial, o Supremo Tribunal Federal (STF) já decidiu que a obrigação concernente à prestação do direito à saúde é solidária, não cabendo, por exemplo, eventual denunciação da lide a outro ente estatal para integrar o polo passivo da demanda, vez que o Estado *lato sensu*, ou seja, em todas as suas esferas, é responsável por essa prestação, seja isoladamente, seja conjuntamente, consistindo em faculdade do indivíduo colocar um ou mais entes públicos no polo passivo da ação, conforme julgado da Suprema Corte colacionado a seguir:

> Agravo regimental no recurso extraordinário. Constitucional e processual civil. Direito à saúde (art. 196, CF). Fornecimento de medicamentos. Solidariedade passiva entre os entes federativos. Chamamento ao processo. Deslocamento do feito para justiça federal. Medida protelatória. Impossibilidade. 1. O artigo 196 da CF impõe o dever estatal de implementação das políticas públicas, no sentido de conferir efetividade ao acesso da população à redução dos riscos de doenças e às medidas necessárias para proteção e recuperação dos cidadãos. 2. O Estado deve criar meios para prover serviços médico-hospitalares e fornecimento de medicamentos, além da implementação de políticas públicas preventivas, mercê de os entes federativos garantirem recursos em seus orçamentos para implementação das mesmas. (arts. 23, II, e 198, § 1º, da CF). 3. O recebimento de medicamentos pelo Estado é direito fundamental, podendo o requerente pleiteá-los de qualquer um dos entes federativos, desde que demonstrada sua necessidade e a impossibilidade de custeá-los com recursos próprios. Isto por que, uma vez satisfeitos tais requisitos, o ente federativo deve se pautar no espírito de solidariedade para conferir efetividade ao direito garantido pela Constituição, e não criar entraves jurídicos para postergar a devida prestação jurisdicional. 4. *In casu*, o chamamento ao processo da União pelo Estado de Santa Catarina revela-se medida meramente protelatória que não traz nenhuma utilidade ao processo, além de atrasar a resolução do feito, revelando-se meio inconstitucional para evitar o acesso aos remédios necessários para o restabelecimento da saúde da recorrida. 5. Agravo regimental no recurso extraordinário desprovido (BRASIL, 2011).

Observa-se, a partir do julgado, a legitimidade passiva de qualquer dos entes federados para figurar no polo passivo de demanda judicial em que se discuta a efetivação do direito à saúde nessas demandas estruturais, sendo essa a posição jurisprudencial da Excelsa Corte, a exemplo do também decidido no RE 808.059/RS-AgR, Primeira Turma, Relator Ministro Ricardo Lewandowski (DJe de 1º.02.2011), no qual se fixou o entendimento no sentido de que "a obrigação dos entes da federação no que tange ao dever fundamental de prestação de saúde é solidária".

Sem embargos, a título informativo, essa também consiste na orientação do Superior Tribunal de Justiça (STJ), que em sede de recurso repetitivo no REsp 1.203.244/SC decidiu que o chamamento ao processo no caso de demandas sanitárias é medida protelatória que não deve ser aceita no processo judicial, mormente quando o autor ajuizou a ação em face de apenas um ente político, tudo com fulcro na solidariedade passiva que rege a questão do direito à saúde.

O direito à saúde, pois, é reiteradamente discutido nos Tribunais pátrios, havendo uma gama de julgados do STF sobre o tema, abrangendo, por exemplo, o fornecimento de medicamentos, a criação de vagas em leitos hospitalares de Unidades de Tratamento Intensivo (UTIs), especialmente no contexto da pandemia da Covid-19, a contratação de servidores da saúde, a realização de cirurgias, o custeio de tratamentos sanitários no exterior, quando prescritos por profissionais médicos, entre outras demandas.

Em audiência pública destinada a tratar do direito à saúde e a sua efetivação pelo Poder Judiciário, o ministro Gilmar Mendes reafirmou que a competência, assim como a responsabilidade, para dispor sobre o direito sanitário é de todos os entes da Federação, em razão de que o princípio da lealdade adotado pela CF/88 aplicar-se-ia a todos os entes federativos, conforme as palavras que seguem:

> O Poder Judiciário, acompanhado pela doutrina majoritária, tem entendido que a competência comum dos entes resulta na sua responsabilidade solidária para responder pelas demandas de saúde. Muitos dos pedidos de suspensão de tutela antecipada, suspensão de segurança e suspensão de liminar fundamentam a ocorrência de lesão à ordem pública na desconsideração, pela decisão judicial, dessa divisão de responsabilidades estabelecidas pela legislação do SUS, alegando que a ação deveria ter sido proposta contra outro ente da Federação. Não temos dúvida de que o Estado brasileiro é responsável pela prestação dos serviços de saúde. Importa aqui reforçar o entendimento de que cabe à União, aos Estados, ao Distrito Federal e aos Municípios agirem em conjunto no cumprimento do mandamento constitucional. A Constituição incorpora o princípio da lealdade à Federação por parte da União, dos Estados e Municípios no cumprimento de suas tarefas comuns (BRASIL, 2009).

Em virtude disso, o STF afirmou que o caráter programático da regra prevista no art. 196 da CF/88, que tem por destinatários todos os entes políticos que compõem a Federação brasileira, não pode converter-se em promessa constitucional inconsequente, sob pena de o Poder Público, fraudando e frustrando justas expectativas nele depositadas por toda a coletividade, substituir, de forma ilegítima, o cumprimento de seu impostergável dever, por um gesto irresponsável de infidelidade governamental ao que determina a Constituição Federal de 1988.

8.1.3 A INOPONIBILIDADE DA RESERVA DO POSSÍVEL EM FACE DO MÍNIMO EXISTENCIAL DA SAÚDE

Quanto à tese da reserva do possível, que se refere à escassez de recursos públicos, notadamente na área da saúde, trata-se de argumento constantemente alegado pelo Estado em sede judicial com o intuito de condicionar a prestação de serviços de sua competência à existência de recursos disponíveis, deixando, com isso, de realizar o direito, ainda que individual, do cidadão, com base na justificativa da impossibilidade de se direcionar uma política pública para um só indivíduo em prejuízo da coletividade.

Dessa forma, embora não caiba ao Poder Público ser uma espécie de segurador universal de todos os indivíduos, prestando-lhes todos os direitos assegurados pelo ordenamento jurídico, não lhe é possível alegar a reserva do possível em face do mínimo existencial, notadamente no cenário brasileiro, por se tratar de instituto importado do direito alemão com algumas distorções, tendo em vista que as realidades e os fatos postos a julgamento entre esses ordenamentos jurídicos foram e são diversos, não sendo correta a aplicação "cega" da teoria, sem que se considere as realidades e peculiaridades de cada país.

Ao se estudar o direito comparado entre o Brasil e a Alemanha, percebe-se que o conflito entre valores constitucionalmente protegidos é outro, vez que no plano pátrio está em jogo o direito à saúde – que se confunde com o próprio direito à vida, em respeito ao princípio da dignidade da pessoa humana – em face da teoria da reserva do possível. Nesse cenário, vale salientar decisão do Min. Celso de Mello, do Supremo Tribunal Federal, ao apreciar a Pet. 1.246/SC, na qual afirma que:

> [...] entre proteger a inviolabilidade do direito à vida e à saúde, que se qualifica como direito subjetivo inalienável assegurado a todos pela própria Constituição da República (art. 5º, *caput* e art. 196), ou fazer prevalecer, contra essa prerrogativa fundamental, um interesse financeiro e secundário do Estado, entendo – uma vez configurado esse dilema – que razões de ordem ético-jurídica impõem ao julgador uma só e possível opção: aquela que privilegia o respeito indeclinável à vida e à saúde humana.

Como resta demonstrado, a argumentação de limitação orçamentária, como acaba sendo traduzida a teoria da reserva do possível no Brasil, ainda que relevante e de observância necessária para a análise da questão, não basta para limitar ou mesmo impedir o acesso dos cidadãos ao direito à saúde, o qual é garantido pela Constituição Federal de 1988 e goza do adjetivo de mínimo existencial, requerendo, portanto, uma implementação imediata para sua satisfação, sob pena de afronta ao próprio direito à vida e à dignidade da pessoa humana.

Por fim, importante salientar, igualmente, que a eventual alegação pelo Estado de violação à separação dos Poderes não justifica a inércia contumaz do Poder Executivo em realizar seu dever constitucional de garantia ao direito à saúde, nos termos prescritos no art. 196 da CF/88, sendo possível a intervenção do Poder Judiciário para efetivar a garantia contida no plano constitucional.

8.1.4 A ATUAÇÃO ESPECÍFICA DO PODER JUDICIÁRIO NA CONCRETIZAÇÃO DO DIREITO À SAÚDE

Em tempos de pandemia, a principal preocupação das autoridades sanitárias é a ausência de estrutura para o tratamento, já que a equipe de profissionais de saúde e a quantidade de equipamentos nem sempre se mostram suficientes para atender à crescente demanda (SANTOS, 2021).

É preciso garantir o direito à vida, sendo certo que viver dignamente, mesmo em períodos como este, não significa apenas sobreviver, o mínimo existencial deve ser analisado em harmonia com o direito à vida e o princípio da dignidade da pessoa humana (SARLET; FIGUEIREDO, 2013).

Não se pode confundir as necessidades humanas com a simples existência humana. A proteção aos direitos fundamentais exige o dever de respeito, proteção e promoção. O Estado não pode violar nem permitir sua violação, além de ter, como obrigação, de proporcionar condições básicas para o pleno exercício dos mesmos (MARMELSTEIN, 2018).

Nesse contexto, quanto à possibilidade de intervenção do Poder Judiciário na concretização do direito à saúde, importante consultar a decisão proferida na ADPF 45/DF, em que se entendeu pela legitimidade da intervenção do Poder Judiciário no controle dos atos administrativos.

Na análise do julgado referido, entende-se que o Poder Executivo não age na implementação dos serviços de saúde com discricionariedade ampla, tendo em vista a existência de dispositivos constitucionais que, se não efetivados, caracterizarão patente abuso governamental, consistente em grave omissão constitucional, ou ainda prestação deficitária do direito almejado pelo cidadão, justificando possível intervenção do Poder Judiciário para saná-la.

Voltando-se os olhos para o direito fundamental social da saúde, há farta jurisprudência do STF sobre o tema, entre uma das quais diz respeito à possibilidade de o Poder Judiciário obrigar a Administração Pública a manter quantidade mínima de determinado medicamento em estoque, tendo assim se manifestado a Suprema Corte:

> Recurso extraordinário. Fornecimento de medicamento e manutenção em estoque. Doença de Gaucher. Questão diversa de tema com repercussão geral reconhecida. Sobrestamento. Reconsideração. Prequestionamento. Ocorrência. Ausência de ofensa ao princípio da separação dos poderes. Constitucional. Direito à saúde. Dever. Poder público. Recurso extraordinário a que se nega provimento. [...] II – No presente caso, o Estado do Rio de Janeiro, recorrente, não se opõe a fornecer o medicamento de alto custo a portadores da doença de Gaucher, buscando apenas eximir-se da obrigação, imposta por força de decisão judicial, de manter o remédio em estoque pelo prazo de dois meses. [...] IV – O exame pelo Poder Judiciário de ato administrativo tido por ilegal ou abusivo não viola o princípio da separação dos poderes. Precedentes. V – O Poder Público não pode se mostrar indiferente ao problema da saúde da população, sob pena de incidir, ainda que por censurável omissão, em grave comportamento inconstitucional. Precedentes. VI – Recurso extraordinário a que se nega provimento (BRASIL, 2014).

Verifica-se que não há que se falar em violação ao princípio da separação dos poderes quando da atuação do Estado-Juiz, pois ao decidir, o Poder Judiciário não está determinando metas nem prioridades do Estado, muito menos interferindo na gestão de suas verbas.

O que se está fazendo é controlar os atos e serviços da Administração Pública que, no caso em análise, atua de modo ilegal e abusivo, já que mesmo o Poder Público se comprometendo a adquirir os medicamentos, há falta em seu estoque, ocasionando graves prejuízos aos pacientes e autorizando, por via de consequência, a atuação do Poder Judiciário.

Em consonância com o entendimento da Suprema Corte o STJ, na mesma esteira, utilizando-se da técnica de decisão dos recursos repetitivos, orientou-se, no REsp 1.069.810/RS, no sentido de que o juiz, ao julgar procedente o pedido de ação para fornecimento de medicamentos, poderá determinar o bloqueio e sequestro de verbas públicas em caso de descumprimento da decisão.

Assim, conforme o STJ, quando a questão se relacionar com o fornecimento de medicamentos, caberá ao juiz adotar as medidas eficazes à efetivação de suas decisões, podendo, se necessário, determinar o sequestro de valores, ou seja, o bloqueio de verbas do ente público, segundo o seu prudente arbítrio, e sempre com a necessária fundamentação.

O Poder Público, em qualquer esfera institucional de atuação no plano da organização federativa brasileira, não pode se mostrar negligente com o problema da saúde da população, especialmente no contexto da pandemia da Covid-19, sob pena de incorrer, ainda que por reprovável omissão, em grave comportamento violador da Constituição Federal de 1988, resultando na necessidade de intervenção do Poder Judiciário para o seu saneamento.

Discorrendo sobre o tema, o entendimento da doutrina majoritária é que não é indevida a interferência de um poder sobre o outro, sendo possível a atuação do Estado-Juiz na busca da realização dos direitos fundamentais sociais em cumprimento ao seu dever de obedecer às normas constitucionais, de modo que "[...] ao impor a satisfação do direito à saúde no caso concreto, em um número significativo de hipóteses, não exerce senão o controle judicial dos atos e omissões administrativas" (MENDES; BRANCO, 2018, p. 639).

Com isso, o que há é a efetivação de uma política pública já contida no corpo da Constituição, em que o Estado-provedor é ausente ou atua mal no seu dever de prestar um serviço público de qualidade para a população, sendo necessário, nessas demandas estruturais e nesse "estado de coisas" que se apresenta, a prudente intervenção do Judiciário para sanar essa letargia do Poder Público, fazendo valer a força dos direitos constitucionais.

Nesse sentido, o Juiz de Direito do Ceará, Dr. Emílio de Medeiros Viana, em sua tese de mestrado, ao tratar do controle judicial das políticas públicas, afirma que:

O reconhecimento de plena normatividade do texto constitucional, o destaque da importância dos princípios nele inseridos, o estudo das peculiaridades de aplicação de tais princípios, a influência, enfim, das correntes neoconstitucionalistas dentre nós, erigiram o Poder Judiciário a situação de proeminência (VIANA, 2010, p. 32).

Na esteira do aduzido pelo mestre é correto afirmar que o Poder Judiciário é legitimado a intervir nas situações de omissões inconstitucionais do Poder Público, ainda que se trate de possível ativismo judicial, conforme posto na pesquisa em análise, na qual considera que "algum grau de ativismo judicial é indispensável à plena efetivação do Texto Constitucional".

Conclui-se, portanto, com tranquilidade, que a reserva do possível não pode ser oposta ao mínimo existencial da saúde, bem como que é legítima a intervenção do Poder Judiciário para concretizar esse direito constitucional.

Para além disso, com o intuito de buscar uma solução para as graves e sistemáticas violações ao direito à saúde, se analisa no próximo tópico a decisão do STF na ADPF 347/DF, julgada em 9 de setembro de 2015, que trata do Estado de Coisas Inconstitucional (ECI) no sistema carcerário brasileiro, cuja aplicação, como se irá demonstrar, é perfeitamente possível no âmbito das demandas estruturais do direito à saúde, a fim de que se chegue a uma macrossolução (sistemática) no âmbito sanitário, conforme analisou o doutrinador e Juiz Federal George Marmelstein (2015), em estudos preliminares na sua página virtual da Internet.

8.1.5 DO ESTADO DE COISAS INCONSTITUCIONAL (ECI) DO DIREITO À SAÚDE NO CONTEXTO DA PANDEMIA DA COVID-19

O que se tem percebido na prática forense são microdecisões a respeito do tema saúde, ou seja, evidencia-se grande número de decisões judiciais para assegurar o direito à saúde do ponto de vista individual, conforme julgados já analisados no decorrer deste trabalho.

No entanto, há mecanismos para ensejar o efeito coletivo dessas ações, a proteção de interesses coletivos, difusos e individuais homogêneos, a exemplo das ações civis públicas, que podem ser movidas pelo Ministério Público.

Igualmente, mesmo as demandas individuais podem propiciar efeito coletivo para todas as pessoas que estejam em semelhantes condições, a exemplo da edição de súmula vinculante pelo STF nas hipóteses de demandas repetitivas, em que a decisão suprema vincularia os demais órgãos do Poder Público, aplicando-se a todas as pessoas, independentemente de terem sido partes na ação originária.

Não obstante os meios citados, que apresentam feição coletiva no seu julgamento, a técnica de decidir referente ao Estado de Coisas Inconstitucional (ECI) vai além, vez que, se assim não fosse, não constituiria novidade a ser utilizada pelo STF no julgamento da ADPF 347/DF, a qual foi deferida em parte em sede de liminar, na questão em que se discutia a crise do sistema carcerário brasileiro.

O que se busca no presente tópico é fazer uma analogia entre o que foi utilizado na ADPF 347/DF concernente à caótica situação no sistema carcerário pátrio e o problema estrutural da judicialização do direito à saúde no Brasil, que reflete uma verdadeira demanda de massa.

Inicialmente, calha trazer à baila que o mecanismo da declaração do ECI surgiu na Colômbia em 1997, com a chamada "*Sentencia de Unificación* (SU) 559", em que a referida decisão colombiana deixou de ser apenas um instrumento individual para conferir feição coletiva a uma demanda subjetiva, tornando-se uma forma mais complexa para a superação de situações de graves e sistemáticas violações de direitos fundamentais, conforme artigo escrito por Carlos Alexandre de Azevedo Campos (2015) sobre a origem do ECI, mais especificamente em relação à *Sentencia de Unificación* (SU) 559, de 1997, quando a Corte Constitucional Colombiana o declarou pela primeira vez e passou a desenvolver e aperfeiçoar o mecanismo em outras decisões similares, como explica o autor:

> Na espécie, 45 professores dos municípios de María La Baja e Zambrano tiveram os direitos previdenciários recusados pelas autoridades locais. A corte constatou que o descumprimento da obrigação era generalizado, alcançando número amplo de professores além dos que instauraram a demanda. Cumprindo o que afirmou ser um "dever de colaboração" com os outros poderes, tomou decisão que não se limitou às partes do processo: declarou o Estado de Coisas Inconstitucional; determinou aos municípios, que se encontrassem em situação similar, a correção da inconstitucionalidade em prazo razoável; e ordenou o envio de cópias da sentença aos ministros da Educação e da Fazenda e do Crédito Público, ao diretor do Departamento Nacional de Planejamento, aos governadores e Assembleias, aos prefeitos e aos Conselhos Municipais para providências práticas e orçamentárias (CAMPOS, 2015, p. 1).

O ECI, como se percebe em sua origem, já buscava um diálogo institucional entre vários órgãos, os quais iriam atuar de forma conjunta para solucionarem uma demanda que atingiria um grande número de pessoas. No decorrer do tempo, a referida técnica de julgamento foi evoluindo e se aperfeiçoando constante e gradativamente para ser melhor utilizada.

Nesse aspecto, conforme analisou o doutrinador e Juiz Federal George Marmelstein (2015), o modelo do ECI, tal como utilizado na ADPF 347/DF, pode ser bastante promissor aqui no Brasil.

Na esteira do declarado no ECI do sistema carcerário brasileiro, há um quadro de violações generalizadas e sistêmicas de direitos fundamentais causadas pela inércia ou incapacidade reiterada e persistente das autoridades públicas em modificar a atual conjuntura do sistema carcerário, de modo que apenas transformações estruturais na atuação do Poder Público, em conjunto com ações de uma pluralidade de autoridades estatais integrantes dos Poderes Executivo, Legislativo e Judiciário, podem alterar a atual situação de inconstitucionalidade das penitenciárias do Brasil, conforme o estudo de Campos (2015) sobre a novel ADPF 347/DF.

Ao analisarem-se os parâmetros utilizados pelo STF na já referida ação concentrada, percebem-se grandes semelhanças quanto ao caos estrutural existente no sistema de saúde brasileiro, especialmente no contexto das demandas estruturais apresentadas durante a pandemia da Covid-19, vez que há um grande número de pessoas cujo direito fundamental à saúde é sistematicamente violado porquanto atingidas pela inércia ou má prestação desse serviço que incumbe ao Poder Público, reclamando, com isso, em igual proporção, soluções estruturais voltadas à formulação e execução de políticas públicas, o que não ocorre por meio das tradicionais decisões de cunho individual.

Assim, por meio da declaração do ECI no âmbito da saúde pelo Poder Judiciário, evoluir-se-á de decisões individuais e pontuais, entendidas como microssoluções, para decisões que envolvam grande número de pessoas, chamadas de macrossoluções, proporcionando, com isso, o benefício de toda a coletividade de forma ampla e irrestrita em um processo estrutural, que poderá se utilizar de um serviço público de saúde com qualidade satisfatória, após o diálogo entre os diversos órgãos da República na busca de uma solução comum para o caos estrutural da questão sanitária.

Como ressaltado, um dos grandes pontos positivos dessa técnica de julgamento é o envolvimento de diversos órgãos públicos para efetivar o que ficou decidido em eventual decisão judicial e a sua manutenção em permanente jurisdição quanto ao sentenciado, garantindo-se, com isso, o efetivo cumprimento do diálogo institucional realizado, não ficando o plano de solução definido apenas no mundo abstrato das ideias.

George Marmelstein (2015) analisou a decisão do STF tomada na ADPF 347/DF, estudando os parâmetros utilizados pelo STF na referida Ação de Descumprimento de Preceito Fundamental e a possível declaração desse ECI no âmbito da saúde, vez que as circunstâncias são bastante semelhantes, conforme as acertadas palavras a seguir transcritas:

> [...] se o ECI for declarado, e o plano de ação elaborado e iniciado, os órgãos envolvidos poderiam, em tese, ter um maior controle da situação, favorecendo a racionalidade no processo decisório. Hoje, como qualquer situação de desrespeito à constituição é judicializada de forma isolada, é impossível alcançar soluções sistematizadas, reinando um verdadeiro caos que pode até aumentar o quadro de inconstitucionalidade. Basta ver o exemplo da judicialização da saúde, em que as microsoluções (caóticas) impedem qualquer planejamento das macrossoluções (sistemáticas). Uma declaração de ECI em matéria de saúde, com a apresentação de um plano de solução global, minimizaria o caos em que se vive hoje, onde qualquer paciente

ingressa com ações judiciais para pedir qualquer remédio, inviabilizando a construção de um plano racional de longo alcance (MARMELSTEIN, 2015, p. 1).

É indiscutível que para sanar o problema da saúde no Brasil é necessária uma ação conjunta e integrada de todos os órgãos responsáveis pela prestação e efetivação desse serviço, como a União, por intermédio do Ministério da Saúde, os Estados e os Municípios, por meio das suas respectivas secretarias de saúde, sem esquecer, no âmbito Legislativo, o amparo legal das respectivas ações a serem desenvolvidas nesse sentido, tudo com a permanente jurisdição e controle do Poder Judiciário, como se apresenta o modelo do ECI.

Importante ressaltar que no julgamento da ADPF 347/DF, o Plenário do STF entendeu que não se pode substituir o Legislativo e o Executivo na consecução de suas tarefas próprias.

Dessa forma, embora o Poder Judiciário deva ultrapassar barreiras políticas e institucionais no enfrentamento de possíveis argumentos contrários à sua atuação na realização dos direitos previstos na Constituição, sob o manto de possível violação à separação dos poderes, não deverá ignorar, por outro lado, a função típica de cada Poder constituído no processo de formulação e execução das soluções necessárias ao deslinde da questão posta a julgamento.

Na esteira da decisão liminar do STF, que se mostra como uma macrossolução, não caberia ao Judiciário definir o conteúdo próprio das políticas públicas a serem executadas, tampouco outros eventuais detalhes a serem discutidos, tanto que, com base nessas premissas iniciais, alguns pedidos liminares na ADPF 347/DF não foram deferidos, pelo menos nesse estágio limiar do processo está em trâmite.

Nesse contexto, não se nega a necessidade de intervenção judicial para solucionar eventuais incapacidades das instituições legislativas e administrativas na realização dos direitos fundamentais sociais; contudo, tal intervenção deve ser comedida, a fim de que não se ultrapasse a linha tênue do controle de constitucionalidade e legalidade na efetivação das políticas públicas para uma eventual violação à separação dos poderes, vez que o Judiciário não pode substituir os demais órgãos da República, conforme a conclusão dos estudos preliminares sobre o instituto do ECI no Brasil:

> Não se pode supervalorizar o papel do judiciário na implementação de soluções de largo alcance. O poder judicial tem uma capacidade limitada de fazer valer os direitos fundamentais, sobretudo quando estamos diante de decisões de alta magnitude, como a que determina o fim das violações dos direitos dos presos ou a efetivação de direitos econômicos, sociais e culturais. Mesmo decisões bem fundamentadas, convincentes e principiologicamente guiadas podem se tornar uma mera folha de papel sem qualquer poder de mudar o mundo se não houver um compromisso mais amplo para fazer valer o direito. Além disso, mesmo que se reconheça um papel restritivo da função judicial no modelo de superação da ECI, é

de que se questionar se o judiciário brasileiro tem estrutura para tanto. E não vai ser apenas criando um instituto com um nome bonitinho que conseguiremos transformar a sociedade. A eliminação por completo das violações sistemáticas de direitos depende de fatores que vão muito além do voluntarismo judicial (MARMELSTEIN, 2015, p. 1).

A técnica de julgamento do ECI é positiva por ensejar o alcance do plano estratégico de ações a um grande número de pessoas, principalmente na seara do direito à saúde e as demandas estruturais durante a pandemia da COVID-19, sendo perfeitamente possível a aplicação do instituto do ECI para a seara sanitária; no entanto, faz-se imperativo, para a realização dos objetivos almejados, a participação de todos os órgãos públicos na consecução desse fim comum, sob pena do plano de ações quedar-se infrutífero e encarcerado nas boas intenções do mundo das ideias, sem qualquer efeito prático na vida das pessoas, o que, definitivamente, não se deseja.

8.1.6 CONSIDERAÇÕES FINAIS

No decorrer do presente artigo buscou-se demonstrar a importância das demandas estruturais do direito à saúde, que vai além do simples mínimo vital na esfera individual, se postulando ações e condições do Poder Público que assegurem a convivência digna do ser humano em sociedade, já que consubstancia um direito fundamental da pessoa, gozando da aplicabilidade imediata que possuem as normas definidoras dos direitos e garantias fundamentais (art. 5º, § 1º, da CF/88).

Ao ser realizado o direito à saúde do indivíduo se estará cumprindo, na verdade, os mandamentos constitucionais presentes nos art. 6º e 196 da CF/88, que tratam esse direito sanitário como fundamental social, bem como os tratados internacionais dos quais o Brasil é signatário, como a Declaração Universal dos Direitos do Homem de 1948.

Ademais, cabe ao Poder Público o dever de prestar esse direito básico pertencente à segunda dimensão dos direitos fundamentais, o que exige uma atuação positiva do Estado, especialmente no contexto dos processos estruturais da pandemia da Covid-19, a fim de concretizar a importância axiológica da dignidade da pessoa humana, um dos fundamentos da República Federativa do Brasil.

A reserva do possível, tese jurídica surgida na Alemanha e importada para o Brasil sem a necessária observância das diversas circunstâncias fáticas existentes nesses dois Ordenamentos Jurídicos, é constantemente alegada pelo Estado para se furtar do dever de realizar suas obrigações constitucionais; no entanto, tal tese não subsiste quando oposta ao mínimo existencial, consistente no núcleo elementar dos direitos fundamentais.

Assim, mesmo com a incumbência de realizar as chamadas "escolhas trágicas" nas demandas estruturais do direito à saúde, o Poder Público terá que atuar na prestação desse direito subjetivo, sob pena de incidir em inaceitável omissão inconstitucional, passível de perquirição na seara jurisdicional.

Em sendo instigado para atuar na demanda pelo direito à saúde, o Poder Judiciário deverá, prontamente, num juízo de proporcionalidade, tutelar o direito sanitário da pessoa, já que, por vezes, o sujeito que busca uma decisão judicial já esgotou todas as tentativas de conseguir seu objetivo na seara administrativa, seja no tocante ao fornecimento de medicamentos, internação em unidades de terapia intensiva (UTIs) para pacientes com Covid-19, o custeio de uma cirurgia ou de um tratamento médico, entre outras necessidades existentes nas demandas estruturais do direito à saúde.

Já estando assente a possibilidade de atuação do Poder Judiciário na realização do direito à saúde, o STF já teve a oportunidade de, por diversas vezes, após a realização de audiência pública para tratar do tema, compelir o Poder Público a assegurá-lo, não acatando os diversos argumentos do Estado, fossem eles de ordem jurídica, como a ilegitimidade passiva de parte, fossem de ordem eminentemente política, como os alegados em sede de suspensão de liminar, a exemplo da grave lesão à ordem, à saúde, à segurança e à economia pública.

Ao revés, o Judiciário, de forma acertada, vem entendendo pela solidariedade passiva dos entes políticos, de modo que qualquer deles, de forma isolada ou conjunta, poderá ser demandado a prestar o direito à saúde, sendo claro, no entanto, que tratamentos de maior porte normalmente são exigidos de todos os entes de forma conjunta, de modo a facilitar a prestação desse direito, a exemplo de a União custear certo tratamento e o Estado, ao receber o repasse da referida verba, executar o que foi determinado na sentença judicial.

Dentre os diversos mecanismos jurídicos susceptíveis de utilização pelas pessoas no atual Estado Democrático de Direito destacam-se as tradicionais ações ordinárias individuais, as ações de mandado de segurança, as ações civis públicas, as súmulas vinculantes, dentre outros que, em suma, normalmente se resumem a microssoluções, por suas feições nitidamente individuais, não gerando efeitos práticos na vida social da coletividade.

Para mudar esse quadro caótico que experimenta a saúde pública brasileira, em um cenário de graves e sistemáticas violações de direitos fundamentais, surgiu a técnica de julgamento oriunda da Colômbia, consistente na declaração de Estado de Coisas Inconstitucional (ECI).

Embora a declaração do ECI no Brasil tenha ocorrido na seara do sistema carcerário brasileiro, nota-se grandes semelhanças quanto aos requisitos ensejadores dessa decisão no âmbito da saúde, vez que há uma grande massa de pessoas que são atingidas pela inércia ou má prestação do direito sanitário no Brasil, gerando um verdadeiro problema estrutural e uma infinidade de ações judiciais que buscam solucionar as defasagens do sistema público de saúde.

Levando-se em consideração que a declaração do ECI gera, como consequência, o diálogo institucional entre as diversas esferas do Poder Público, como o Executivo, o Legislativo e o próprio Judiciário, para a consecução de um fim comum, consistente na solução definitiva do problema estrutural posto a julgamento, verifica-se que essa técnica de julgamento, se efetiva e permanentemente praticada e executada, poderá ser a grande solução para os problemas estruturais do Brasil, atuando não só no caos do sistema penitenciário ou no caótico sistema da saúde pública, mas em diversos outros setores que, porventura, sofram da mesma sistemática e grave violação aos direitos fundamentais.

Conclui-se, assim, que a solução para as demandas do direito à saúde não reside apenas na atuação do Poder Judiciário para compelir os demais órgãos à realização desse direito básico, mas também em uma ação conjunta e integrada de todos os poderes da República.

É fundamental que seja traçado um plano comum por todos esses órgãos estatais, os quais estarão submetidos a um constante processo de jurisdição, para que seja garantido o efetivo cumprimento do plano estratégico na seara do direito sanitário, evitando-se, com isso, eventuais desvios de finalidade ou práticas de corrupção que afetem as boas ideias inicialmente propostas.

Assim, esse controle exercido pelo Poder Judiciário se traduzirá, por exemplo, no real controle do repasse de verbas públicas do ente maior para o ente menor, no efetivo gasto dos recursos no âmbito da saúde, na concreta ampliação e funcionamento dos hospitais públicos, no pleno funcionamento dos equipamentos hospitalares e, principalmente, no elemento humano que irá reger todo esse sistema, devendo haver profissionais qualificados e em número suficiente para atender toda a demanda que se apresenta diariamente no sistema público de saúde.

Saliente-se, por fim, que referido controle judicial exercido em sede da declaração do estado de coisas inconstitucional existirá até que a caótica situação da área da saúde venha a se normalizar, com o consequente reconhecimento dos direitos fundamentais previstos na Carta Magna, os quais, a partir de então, não se restringirão apenas a meras recomendações ou orientações, antes constituindo verdadeiras práticas constitucionais concretizadas pelos Poderes Públicos constituídos, fazendo valer, ao final, o postulado maior da República brasileira, qual seja, a dignidade da pessoa humana.

REFERÊNCIAS

ARENHART, Sérgio Cruz. Processo multipolar, participação e representação de interesses concorrentes. In: ARENHART, Sérgio Cruz; JOBIM, Marco Félix (Org.). *Processos estruturais*. Salvador: JusPodivm, 2017.

BRASIL. Constituição da República Federativa do Brasil. Diário Oficial da República Federativa. Brasília, 1988. Disponível em: http://www.planalto.gov.br/ccivil_03/constituicao/constituicao.htm. Acesso em: 28 nov. 2021.

BRASIL. Superior Tribunal de Justiça. ADPF 347/DF. Relator: Ministro Marco Aurélio. Brasília, 09.09.2015. Disponível em: https://redir.stf.jus.br/paginadorpub/paginador.jsp?docTP=TP&docID=10300665. Acesso em: 28 nov. 2021.

BRASIL. Superior Tribunal de Justiça. REsp 1.069.810/RS. Relator: Ministro Napoleão Nunes Maia Filho. Brasília, 06.11.2013. Disponível em: https://stj.jusbrasil.com.br/jurisprudencia/24588336/recurso-especial-resp-1069810-rs-2008-0138928-4-stj/inteiro-teor-24588337. Acesso em: 28 nov. 2021.

BRASIL. Superior Tribunal de Justiça. REsp 1.203.244/SC. Relator: Ministro Herman Benjamin. Brasília, 09.04.2014. Disponível em: http://stj.jusbrasil.com.br/jurisprudencia/25136664/recurso-especial-resp-1203244-sc-2010-0137528-8-stj/inteiro-teor-25136665. Acesso em: 28 nov. 2021.

BRASIL. Supremo Tribunal Federal. ADPF 45/DF. Relator: Ministro Celso de Mello. Brasília, 29.04.2004. Disponível em: . Acesso em: 28 nov. 2021.

BRASIL. Supremo Tribunal Federal. Agravo de Instrumento. RE 808.059/RS-AgR. Relator: Ministro Ricardo Lewandowski. Brasília, 03.08.2010. Disponível em: http://stf.jusbrasil.com.br/jurisprudencia/15895090/agravo-de-instrumento-ai-808059-rs-stf. Acesso em: 28 nov. 2021.

BRASIL. Supremo Tribunal Federal. Agravo Regimental na Suspensão de Tutela Antecipada 175/CE. Relator: Ministro Presidente. Brasília, 17.03.2010. Disponível em: http://redir.stf.jus.br/paginadorpub/paginador.jsp?docTP=AC&docID=610255. Acesso em: 28 nov. 2021.

BRASIL. Supremo Tribunal Federal. Pet. 1.246-SC. Relator: Ministro Celso de Mello. Brasília, 31.01.1997. Disponível em: http://stf.jusbrasil.com.br/jurisprudencia/21028211/medida-cautelar-na-peticao-pet-1246-sc-stf. Acesso em: 30 nov. 2021.

BRASIL. Supremo Tribunal Federal. RE 429.903/RJ. Relator: Ministro Ricardo Lewandowski. Brasília, 25.06.2014. Disponível em: . Acesso em: 28 nov. 2021.

BRASIL. Supremo Tribunal Federal. RE 607.381 AgR-ED/SC. Relator: Ministro Luiz Fux. Brasília, 26.06.2012. Disponível em: http://www.stf.jus.br/portal/processo/verProcessoPeca.asp?id=87975297&tipoApp=.pdf. Acesso em: 28 nov. 2021.

BRASIL. Supremo Tribunal Federal. STA 175/CE. Relator: Ministro Gilmar Mendes. Brasília, 18/09/2009. Disponível em: http://stf.jusbrasil.com.br/jurisprudencia/19135440/suspensao-de-tutela-antecipada-sta-175-ce-stf. Acesso em: 28 nov. 2021.

CAMPOS, Carlos Alexandre de Azevedo. O Estado de Coisas Inconstitucional e o litígio estrutural. *Revista Consultor Jurídico*, 2015. Disponível em: http://www.conjur.com.br/2015-set-01/carlos-campos-estado-coisas-inconstitucional-litigio-estrutural#_ftn1. Acesso em: 30 nov. 2021.

LIMA, Edilson Vitorelli Diniz. O devido processo legal coletivo: representação, participação e efetividade da tutela jurisdicional. 2015. Tese (Doutorado em Direito) – Curso de Direito, Ciências Jurídicas, Universidade Federal do Paraná, Curitiba, 2015. Disponível em: https://

acervodigital.ufpr.br/bitstream/handle/1884/40822/R%20-%20T%20-%20EDILSON%20VITORELLI%20DINIZ%20LIMA.pdf?sequence=2&isAllowed=y. Acesso em: 30 nov. 2021.

LIMA, Edilson Vitorelli Diniz. *processo civil estrutural*: Teoria e Prática. Salvador: JusPodivm, 2020.

MARMELSTEIN, George. *Curso de Direitos Fundamentais*. São Paulo: Atlas, 2018.

MARMELSTEIN, George. O Estado de Coisas Inconstitucional – ECI: apenas uma nova onda do verão constitucional? *Direitos Fundamentais*, 2015. Disponível em: http://direitosfundamentais.net/2015/10/02/o-estado-de-coisas-inconstitucional-eci-apenas-uma-nova-onda-do-verao-constitucional/. Acesso em: 30 nov. 2021.

MEIRELES, Edilton; SALAZAR, Rodrigo Andres Jopia. Decisões estruturais e o acesso à justiça. *Revista Cidadania e Acesso à Justiça*, v. 3, n. 2, p. 21- 38, Maranhão, jul./dez. 2017. Disponível em: https://indexlaw.org/index.php/acessoajustica/article/view/2454/pdf. Acesso em: 30 nov. 2021.

MENDES, Gilmar; BRANCO, Paulo G. G. *Curso de Direito Constitucional*. 13. ed. São Paulo: Saraiva, 2018.

ORGANIZAÇÃO PAN-AMERICANA DA SAÚDE. *Folha informativa sobre covid-19*. Brasília: OPAS, 2021. Disponível em: https://www.paho.org/pt/covid19. Acesso em: 24 nov. 2021.

SANTOS, Daniela da Cunha. O direito à saúde em tempos de pandemia: os desafios e as perspectivas no âmbito da saúde e da economia. *Intraciência*, v. 21, p. 1-14, 2021. Disponível em: https://uniesp.edu.br/sites/_biblioteca/revistas/20210618131053.pdf. Acesso em: 22 nov. 2021.

SARLET, Ingo Wolfgang; FIGUEIREDO, Mariana Filchtiner. Reserva do possível, mínimo existencial e direito a saúde: algumas aproximações. In: SARLET, Ingo Wolfgang; TIMM, Luciano Benetti (Org.). *Direitos Fundamentais orçamento e "reserva do possível"*. Porto Alegre: Livraria do advogado, 2013.

VIANA, Emilio M. *Políticas públicas e controle judicial*: Ponderação econômica como critério de decisão, para uma atuação judicial social e economicamente responsável. 2010. Dissertação (Mestrado em Direito) – Universidade Federal do Ceará, Fortaleza, 2010.

VIOLIN, Jordão. *Processos estruturais em perspectiva comparada*: a experiência norte americana na resolução de litígios policêntricos. 2019. Tese (Doutorado em Direito) – Curso de Direito, Universidade Federal do Paraná, Curitiba, 2019. Disponível em: https://www.prppg.ufpr.br/siga/visitante/trabalhoConclusaoWS?idpessoal=29282&idprograma=40001016017P3&anobase=2019&idtc=140. Acesso em: 30 nov. 2021.